Wodana

Johann Wilhelm Wolf

Nabu Public Domain Reprints:

You are holding a reproduction of an original work published before 1923 that is in the public domain in the United States of America, and possibly other countries. You may freely copy and distribute this work as no entity (individual or corporate) has a copyright on the body of the work. This book may contain prior copyright references, and library stamps (as most of these works were scanned from library copies). These have been scanned and retained as part of the historical artifact.

This book may have occasional imperfections such as missing or blurred pages, poor pictures, errant marks, etc. that were either part of the original artifact, or were introduced by the scanning process. We believe this work is culturally important, and despite the imperfections, have elected to bring it back into print as part of our continuing commitment to the preservation of printed works worldwide. We appreciate your understanding of the imperfections in the preservation process, and hope you enjoy this valuable book.

WODANA.

MUSEUM

VOOR

NEDERDUITSCHE OUDHEIDSKUNDE,

UITGEGEVEN

Door J. W. Wolf.

Lid der Koninglyke Maetschappy van Letteren en Schoone Kunsten te Gent,
der Société d'Émulation pour l'histoire et les antiqu. de la Fland. Occid.,
te Brugge, der Duitsche Maetsch. voor Geschiedenis en Oudheidskunde te
Wetzlar enz., der Vlaemsche Letterkundige Maetsch. te Gent, Brussel enz.

Eerste Aflevering.

GENT,
BOEK- EN STEENDRUKKERY VAN C. ANNOOT-BRAECKMAN.

1843.

WODANA.

MUSEUM

VOOR

NEDERDUITSCHE OUDHEIDSKUNDE,

UITGEGEVEN

Door J. W. Wolf,

MET BYZONDERE MEDEWERKING VAN DE GEBROEDERS

H., A. en J. Vande Velde.

Tweede Aflevering.

BOEK- EN STEENDRUKKERY VAN C. ANNOOT-BRAECKMAN.

1843.

WODANA.

WODANA.

MUSEUM

VOOR

NEDERDUITSCHE OUDHEIDSKUNDE,

UITGEGEVEN

Door J. W. Wolf.

Lid der Koninglyke Maetschappy van Letteren en Schoone Kunsten te Gent, der Société d'Émulation pour l'histoire et les antiqu. de la Fland. Occid., te Brugge, der Duitsche Maetsch. voor Geschiedenis en Oudheidskunde te Wetzlar enz., der Vlaemsche Letterkundige Maetsch. te Gent, Brussel enz.

Colligite quæ superaverunt fragmenta, ne pereant.   Jon, vi, 12.

Ghedert dat relief, dat ouer bleuen es din uolke.

Het leven van Jesus. ed. Meijer, p. 87.

GENT,

BOEK- EN STEENDRUKKERY VAN C. ANNOOT-BRAECKMAN.

1843.

Het dunct mi wesen schande
Wat die liede van den lande
Anders heesten vele weten/
Ende zy des hebben vergheten/
Wane zy zelve zyn gheboren/
Ende wie zy waren hier te voren/
Die 't land wonnen ende erve.

      MELIS STOKE.

> Er wordt thans niet weinig over nationaliteit en over de noodzakelykheid van een meer eendragtigen volksgeest onder ons geredenkaveld. Men wil weten wat een Belg zy; men begeert een onafhangelyk volksbestaen; men maekt aenspraek op een byzonder naem onder de volken van Europa en men denkt by dat alles niet aen het eerbiedig vasthouden der overleveringen van vroegere Belgen, aen een meer eigenaerdige levenswyze, een eigene letterkunde, een eigene tael!

Deze woorden des Vaders der vlaemsche letterkunde onzer dagen passen zeer wel op de studie der *nederduitsche* oudheidskunde, niet alleen in Belgie maer ook in Holland; ik zeg, der *nederduitsche* oudheidskunde en ik druk op het woord.

Trouwens, men heeft zich lang genoeg alleen bezig gehouden met grondgeleerde nazoekingen over deze of gene verloren romeinsche stad of vesten, over het eene of andere brugsken, dat de wereldoverwinnaren eens gebouwd hadden; men heeft lang genoeg alleen de godenleer, de zeden en het regt van Romeinen en Grieken bestudeerd en met mierepootjes doorkrabbeld, terwyl men met plompe elephantenklauwen over alles, wat de haerdstêe der vaderen aengaet, heentrapte. Geen hoekje in den geheelen Olymp, dat men niet doorsnuffelde; maer de Walhalla? — men kent er nauwelyks den naem van : de geheele levenswyze der vereerders van Zeus en Jupiter van den keizer tot de keukemeid ligt klaer voor onze oogen open; maer het leven der oude Nederduitschers? — wat belang kan die kennis voor ons hebben? Over de wetten der 12 tafelen schreef en schryft men folianten, maer de wetten onzer voorouders — barbarenkraem! En dit alles heet nationaliteit!

Het is waer, en dat misken ik niet, door deze navorschingen over Romeinen en Grieken het zy voor, het zy gedurende het tydstip der romeinsche overheersching by onze voorvaders, moet de geschiedenis van Nederduitschland in de eerste eeuwen na Christus opgehelderd worden; maer heeft het vaderland dan geene geschiedenis vóór dit tydstip, en is het dan sedert de eerste romeinsche voet het betrad, zoo plotselings en zoo gansch verbasterd, dat het niets eigenaerdigs meer behield? Is dan de studie over godenleer, zeden en regt der vaderen min belangryk, als die over dezelfde voorwerpen by aen ons gansch vreemde volken? — Zoude men ook in betrekking op germaensche oudheidskunde in Nederduitschland de vraeg mogen opperen, die Lulofs betrekkelyk de taelstudie maekt: « Voor wie zulk een ondankbaren arbeid ondernemen? Voor de heeren studenten? Die trekt men met reciteren en declameren, met nieuwere poezy en welsprekendheid, maer jaegt men met Mösogothisch en Angelsaksisch de gehoorzalen uit. Voor het Nederduitsch publiek? Schryf daer preken, *romans*, reisbeschryvingen, nieuwspapieren of praktikaelbruikbare, populaire taelgeschriften voor? » — Wat Holland betreft, antwoord ik op deze vrage *neen*, voor

Belgie *ja*. Holland heeft ten minsten reeds teeken van germaensch-antiquarisch leven gegeven, maer Belgie ligt nog dood. Westendorps *verhandeling*, hoe mislukt zy zyn moge, is toch eene proeve; Van den Berghs *volksoverleveringen en godenleer*, hoe zeer zy ook de naem van compilatie verdienen, hoe vol dieveryen zy wezen, bestaen toch; Visschers *historisch tydschrift* verstaet de zaek beter en Hermans *Mengelwerk* belooft er ten minsten iets van te geven; de groote reeks van volksalmanakken uit alle provincien is vol van kostelyke bouwstoffen; enz. Wat heeft Belgie daertegen te stellen? Een dozyn volkssagen in Reiffenbergs te vroeg geeindigde *Archives*, een vyftigtael sagen in het *Kunst-en letterblad* en eenige notitien in Schayes'. anders zoo volmaekt werk : *les Pays-Bas avant et durant la domination romaine*. Wat de geschiedenisschryvers beider staten aengaet, die hebben ons nog niets nieuws geleverd, en dat laet zich ligt verklaren : hun gebied is te groot; zy kunnen niet alle moeite op een bepaeld gedeelte aenwenden, zy moeten raed zoeken by den oudheidskundigen, en dezen?....

Zie daer de redens dezer uitgave aengeduidt : *quod erat demonstrandum*, zal my de eene of de andere toeroepen. Nu ja, dat is zoo de mode, wanneer men een nieuw tydschrift begint, en ik ben hier, zonder het zelf te weten, eens de mode nageloopen; doch ik zal er geenen stap verder meer om doen; en enkel nog zeggen, wat myne lezers in de *Wodana* vinden zullen. Het veld der oudheidskunde is zoo uitgebreid, dat ik wel palen van doen heb, wil ik aen de eene of de andere van hare afdeelingen wezenlyk nut toebrengen.

Geschiedenis en oude letterkunde laet ik buiten myn bereik, zy zyn in te goede handen, byzonderlyk de laetste, wier hoogpriester ik by het begin dezer voorrede reeds aenhalde; wat my dus nog overblyft is *godenleer, zeden* en *regt*, die in enkele verhandelingen onderzocht, of waertoe bouwstoffen uit het volksleven medegedeeld worden. Gaerne zoude ik meer ernstige verhandelingen en min verhalen medegedeeld hebben maer hier te lande is het lezend publiek te groot en het studerend te klein, en de eersten, die vooral naer vermaek zoeken, zyn wel de hoofdsteuners van myn blad. Moest ik ze missen, men zoude over de *Wodana* spoedig, misschien reeds na de eerste aflevering, een de profundis zingen. Vind ik krachtige ondersteuning, dan zal het tydschrift in nog uitgebreider afleveringen verschynen, zonder dat de prys verhoogd worde : want het is geene speculatiezucht, die my voordryft.

Aen het Belgische Ministerie van binnenlandsche zaken, dat myne onderneming op het welwillendste ondersteunde, zeg ik vooral mein diepgevoelden dank. Niet min dankbaer ben ik voor alle bydragen, die my toegezonden zyn, en verzoek te gelyk alle vrienden van vaderlandsche oudheden, my met hunne medewerking te willen vereeren.

VERHANDELINGEN.

HELLIA.

(Dood. — Helle.)

Der overblyfsels van Hellias eeredienst, die Hoogduitschland bezit, zyn zeer weinig : Nederduitschland is er ryker aen. Zie hier hetgene ik tot nu toe er van opdelven kon.

Ik zal vooreerst trachten, de gedaente en het karakter der godin aen te toonen, en dan tot hetgene ons van den naem is nagebleven, overgaen.

De noordsche Hel is *half zwart* en *half* vleeschverwig. Dezelfde voorstelling schynt in Nederduitschland geheerscht te hebben. Zoo « zach Tondalus den *pit der hellen* » en daerin « eene beeste die was *zwart* als een raven of als een atrament; van den voeten tot den hoofde was hi (zy) ghemaect als een mensche, zonder dat hi (zy) hadde *vele handen* ende enen stert. Deze beeste en hadde niet min dan *dusentich handen*, ja, so vele, dat men se niet ne conste getellen » enz. Later wordt dit beest als Lucifer opgegeven. Wy zien hier de *halve gelykheid* aen de gedaente des menschen, als by Hel; de duizend handen passen aen hare gierigheid en onverzadelykheid; Hels schotel heet *honger* (hûngr) haer mes evenzoo (sultr, esuries.) Wat zy in het bezit krygt, houdt zy vast voor eeuwig. Haldi Hel thvi er hefir: haelt Grimm uit Snorro 68 aen.

> Die ter hellen es gedaen,
> Mach hi *nemmermeer* ontgaen.

Luidt het in het oude gedicht van der ziele ende van den lechame. (ed. Blomm. Th. p. 57. v. 257. — W. BM III, p. 57 v. 265).

> Die de helle hevet *beweven*,
> *Emmermeer moet hire in cleven*,
> Hem ne worde niet om al die leven
> Ter hellen eenen dach respyt gegeven.

(ibid B. 265. W. 272.) Zoo ook

> Ene ziele die de helle *dwinct* (B. 272.)

Hier loopen zeker ook mede christelyke voorstellingen onder, maer de heidensche klanken in het *dwingen* en *beweven* zyn toch niet te loochenen. Zien wy verder.

Naer Wuodan *varen* de zielen der helden, die in den stryd gesneuveld zyn, naer *Hellia* die door ziekten of ouderdom op het bed overleden zyn: zoo heet dan *fura til Heljar* sterven. Dit *varen* vinden wy overal in onze oude gedenkstukken; ik wil er eenige proeven van byvoegen:

> Dan dat sys onbaren
> Ende ter *hellen* zouden *varen*. (BT l. c. 788.)
> Als hi *ter hellen* moste *varen*.

(Willem van Hildegaertsberch van S^{te}. Gheertr. minne v. 270.

> Ic moet..........
> ....*varen* op tie *helsche wraken*.

Ibid. 333. cf 216, 288, 292, 357, 409. Vergel. ook « van het ander lant » v. 28, 32, 80, 84, 116, 128, 136, 140 Visscher bydragen p. 325. Troj. oorl. I fragm. ed. Bl. in de OG. v. 2094 en 2095. enz.

Dit varen is bekenderwyze het hedendagsche *ryden*; vele sagen melden van eenen *zielenwagen*, die door de lucht rydt. Ik voel groote verzoeking, hier een weinig breeder over de verscheide *hellewagens* te spreken, die men tot nu toe nog in Nederduitschland kent. Een derzelve rydt elken nacht tot *Overmeire* rond, van *muzyk vergelydt:* een bewys, dat de zielen, die er in zyn, het niet zoo slecht hebben, als die, welke tot de hel der christenen verwezen zyn. Ook hoort men in Belgie een lied *van den Hellewagen*. Willems meent, dat het slechts sedert vyftig jaren bestaet, en ik geef dit toe, voor hegene de melody aengaet, maer het idee, dat er in doorspringt, is zeker van den hoogsten ouderdom. Lucifer namelyk rydt met eenen wagen rond en smyt er menschen op, voornamelyk ambachtslieden, die door hunne langvingerigheid berucht zyn, dus kleêrmakers, molenaers enz. Dit laetste is nieuw, maer het eerste niet. Ik weet niet, of in het geval, dat het eerste jonger ware, de wagen juist *hellewagen* zou genoemd zyn. Dat *Lucifer* de voerman is, daerover moet men zich niet verwonderen: hier heeft hy echt christenlyk de plaets van den heidenschen dood overgenomen, want het is de dood, die de zielen der overledenen tot Hellia voert (1); hy is de *bode* van Hellia. Een merkwaerdig getuigenis daervoor zal ik later bybrengen. *Hellewagen* word eindelyk ook het gesternte « *de groote beir* » genoemd. Hier opent zich eene belangryke conjectuer voor ons: wy hebben gezien, dat op den zielenwagen de overledenen naer « het ander lant varen »; volgens de oude begrippen kunnen de helden die, gelyk ik reeds aenmerkte, naer Wuodan, en de anderen die naer Hellia varen, niet in denzelfden wagen steken. Mogen wy nu aennemen, dat deze *zielenwagen* hetzelfde is als de *Hellewagen*, (en dat is niet onwaerschynelyk, want volgens Saemund reed Brynhildr op eenen *schoon versierden wagen naer Hel*) dan kan de aenneming wel niet meer zoo zeer gewaegd schynen, dat de Valcuriun (by de anderen de dood) de helden op den *Woenswagen* naer *Valhöll*

---

(1) Cf. Der Tod hat ihn geholt. By de Romeinen daed het Mercur: credebatur animas deducere ad inferos. Strabo, 14. cf. Aeneid. l. IV Plut. in græc quæst. enz.

voeren? Heet de Woenswagen toch ook *himelwagen*. (Walth. 54, 3 by Gr. DM. 102). Het noorden kent geenen Odinswagen, maer wel eenen *vagn á himnum*.

Met den Hellewagen zyn nauwst verwant de *Hellewegen*, aen eenige plaetsen in Westfalen de wegen naer het *kerkhof*, dus *wegen tot Hellia*. Ik vind eenen „ helweghe » op de oude stadskaert van Gend (1592); eene *hellestraet* ligt by Zele, eene andere by Dendermonde. Of deze wegen ook naer kerkhoven gaen, kan ik niet zeggen; van de twee laetsten geloove ik het niet. (Cf. Gr. DM. 462 Rechtsalterthumer 552 en 553.)

Bronnen schynen vooral aen Hellia gewyd te zyn: zy ontspringen uit de geheimryke diepte, waer de godin woont en over negen werelden heerscht.

De bekendste onder dezelve is zeker de *Helleborne*, die haren naem ook aen het wonderdadige beeld van *Onse Lieve Vrouwe ter Helleborne* gegeven heeft. Dit beeld hangt in een kastjen aen eenen eikenboom, aen wiens voet de bron ontspringt, die in haren verderen loop den naem van *Hellebeke* ontvangt. Het water van de Helleborne *is goed tegen de koorts*. (V. Wichman Brabantia Mariana. s. v.)

Een hoogst belangryk getuigenis. Het zoude my verheugen, te hooren, dat dit Lievevrouwenbeeld zwart ware. Wy hebben veel zulker zwarte beelden zoo in Belgie [1] als elders; O. L. V. van Loretto is ook zwart. Hier nog eenige getuigenissen voor de hellebeke.

Van Hellebeke heer Arnout
Een starc riddere ende een stout

verschynt in Jan de Klerks brabantsche yeesten, v. 8145 ed. Willems in de collection de chroniques belges publiées par ordre du gouvernem. p. 526, en in de Cortenbergsche wet. Visscher Bydragen p. 386. Hy keert ook weder in den de yeesten bygegevenen Codex diplomaticus stuk CLX p. 793 (a. 1334,) waer ook nog p. 802 Janne van *Heelbeke* (1335) p. 703 Godefridus *de Hellebeke*, senescalcus terræ Brabantiæ (1302) niet gelyk Willems

[1] o. a. dat van Hal.

meent, dezelfde met Godefridus de *Helleke* p. 720 (1312) want dit Helleke is wel hetzelfde, als de « locus cui nomen *hellekin* » by Scriverius Batav. illustr. Lugd. Bat. 1609 p. 29. Ik geloof evenweinig met Willems, dat (Adam et W. Fratres de) *Helberga* p. 642 a. 1234. Hildeberge te lezen is. De naem Helberg heeft niets tegen zich: de bekende verrader van Dixmude hiet van *Helleberg* (1). — Clevis comes de *Helerode* ibid p. 759 (1319). Dese de *Hellerode* p. 624 (1222) Jan van der *Helsout* v. 1340 p. 463 mag niet wel aengehaeld worden, want het brusselsche MS. der yeesten leest Elschout.

Toch, wy hebben onze helleborn verloren. Gelyk deze in zeker betrek tot Hellia voert, zoo ook de *helleput*, dien wy zoo dikwyls in Nederduitschland ontmoeten. Onder N° 22 geef ik eene sage over den helleput by Dendermonde; eene andere over denzelfden kennen wy door Van Duyse, die ze aen onzen collega het kunsten letterblad mededeelde. Eene derde over den helleput by Melden word my zoo even door den heer van den Houte toegezonden en ik zal ze in de naeste aflevering medcdeelen. Voor den oogenblik maek ik geen verder gebruik van deze sagen, want zy hebben minder met Hellia dan met de helle gemeen en op deze zal ik in eene afzonderlyke verhandeling nog terugkomen. (Hellepit, Brandan ed. Bl. OG. I v. 617 II v. 634. Tondalus ibid II § 9 p. 46 Cf. Caesar. heist. XII, 6.) Ik ga tot de godin terug.

Grimm aerzelt in *Helvoetsluis* eene reliquie van den naem van Hellia te zien. (DM 197.) Ik ken geene oude vormen van Helvoetsluis, maer ik vond dikwyls op uithangborden en in naemregisters een *Hellevoet*; by Adrian But ed. Carton p. 135 komt een *Hellebuc* (2) (1295) voor; een Godefridus de *Helmont* (1199) by Bondam Geld. Charterboek p. 276 en Du Mont corps dipl. I p. 122. *Helmond* (3) is een bekende gewestnaem.

(1) Zoude men hier niet aen Patricius vagevier erinneren kunnen?

(2) Deze beeste verslondt alle zielen, ende als si syn verteert in haren *buuc* metten tormenten.... Tondalus § 6 ed. B. OG II p. 42.

(3) Uut haren (der beeste) *monde* quam een afgriselic vier. Tond. § 6, daeromme tooghen si se bernende in haren *mond*. ibid. So hadde eenen *yserinen bec* ende *yserine clauwen*. ibid. cf. Hellevoet.

Hamconius (Frisia p. 77) heeft de volgende versen:

> Pluto sed et Frisiis cultus quandoque videtur
> Atque Holler dictus vulgari nomine, tanquam
> Inferni dominus.....

De vertaling van Holler door Pluto is zeer juist; zoo vertaelt Saxo grammat. Hel door Proserpina: het vermannelyken der godin is niets nieuws en wy vinden het gelykelyk in Hoogduitschland. Zie o. a. Thorg. Arnkiels Cimbria c. 9 § 2 p. 55 ook aengehaeld by Keysler antiqu. septentr. et celticæ p. 181 en Grimm. DM p. 490. Ik schryf de geheele plaets uit.

In ducatu slesvicensi ea superstitio obtinet ut Hel dicant mortem vel spectrum tempore pestis equo (qui tribus tantum pedibus incedit) inequitans mortalesque trucidans. Vico vel oppido fatali hoc contagio afflato, vulgus ait, Helam circumire: *der hel geht umher.* Canes etiam tum ab ea inquietari indicant formula: *Der Hell ist bei den Hunden.* Helam advenisse asserunt, ubi pestis indicia sese produnt: *Der Hell ist da ankommen*; iterum cessante malo Helam abactam affirmant. Morbo ad extremum redacto homine, ab Hela eum afflictum dicunt: *Er hat seine Hellsucht* d. i. *seine krankheit von Hell.* Si forte talis ægrotus vires sanitatemque recipiat, eum cum Hela vel Hell transegisse pronunciant: *Er hat sich mit dem Hell* abgefunden.

Openbaer is hier het idee van Hellia geheel en gansch verduisterd, en haer naem aen een wezen gegeven, dat eertyds onder haer stond; want Hellia is niet de doodende, zy ontvangt maer de zielen der overledenen. Even onjuist is het, dat Arnkiel den dood als *trucidans* uitgeeft: de dood *doodt* zoo min als Hellia, tot wier woonst hy de zielen slechts geleid, gelyk ik reeds aenmerkte: het drybeenige monster is de *pest self*; de oude dood een liefderyke, milde engel, geen leelyk geraemte met grynzenden mond, hetgene de christenen in hem zien. Vroeger noemde ik hem de bode Hellias en beloofde er een getuigenis voor: de naem *Helbodo*, helliae nuntius, vindt zich 1253; Ellebode (voor Hellebode) 1376. v. Adr. But ed. Carton pp. 48 en

77.(cf Gherbodo, Malbodo : waerover Grimm in de Zeitschr. für d. Alterth. 1, 206 spreekt.)

Het merkwaerdige dubbelgenus des doods in het nederduitsche is dus wel verklaerbaer : volgens de oudheidensche leer is hy mannelyk; het later op hem overgedragene idee van Hellia maekte hem vrouwelyk.

J. W. WOLF.

WUODAN.

Reeds gaf ik een getal getuigenissen voor zynen cultus in Nederduitschland by eene kleine verhandeling, die in de bulletins der academie van Brussel t. VIII, N° 11 verscheen. De daer aengehaelde namen zyn : Wodecq — Wodon — Vaudemont — Vaudesee — Vaudelee — Vôneiche — en de steen Brunohaut. Op dezen zal ik nog terugkomen en vaer voor nu voort, verdere getuigenissen te verzamelen.

By Cassel vindt zich volgens de verzekering van prof. Serrure een *Woensberg*. Een dorp Wolsberghe ligt in Braband; is dat *Wodelsberge*?

Een gedeelte van den S. Pietersberg te Gent, waer Amandus het fanum Mercurii verbryzelde, draegt nog heden den naem van *Eekhout*. Cf. Vôneiche. —

« Wes goet man ende vaert *te Gode*! « heet het in Theophilus ed. Blomm. v. 304. « Tot onzen heeren Godt willen wi alle gader *varen*. » Van Sint Gheertruden Minne. Visscher Bydragen p. 431. cf. « far thu til Odhinns! » het fair. « feâr tû teâr til mainvittis. » en het hoogduitsche : fahr zum teufel. —

Te Stavoren was nog ten tyde van Soeteboom (1700) de Woensdag een *geregtsdag*. (Oudheden t. II op en nederg. v. Stav. p. 198.) —

By catten die te dansen pleghen
tswoensdachs.

« bezweert » en « mant » de pape in de « ghenouchelicke clute van nu noch, » by Willems Belg. Mus. II p. 116. — Wat is het met den *schorsel-woensdag* by A. de Rooy Mengelst. p. 15 aengehaeld by Kil. s. v. schorselen?

Het « cronicon S. Bavonis aut. Joanne a Thielrode » ed. van Lokeren. Gand. 1835 c. III, p. 5 geeft my de navolgende belangryke plaets, die ook in het chronicon S. Petri Blandin. (ms. bibl. burg.) overging, waeruit van de Putte ze in zyne annales abbatiæ S. Petr. Bland. in het cap. de exordio civit. Gandens. p. 161. afdrukken liet : « Gayus imposuit nomen castro suo a nomine suo gayo ganda, quod primo appellabatur *odnea*, quod nunc est monasterium s. bavonis, a s^{to}. amando episcopo constructum, ubi prius colebatur *mercurius*. » (Cf. Meyer. p. 20 fland. rer.) Vaernewyk schynt Thielrode of ten minsten het cron. S. Petri gelezen te hebben, want hy geeft deze plaets zoo tamelyk letterlyk weêr (ed. 1574 f. 113) maer hy maekt ongelukkiglyk uit Odnea Oduea. Zoude onder dit *Odnea* geen Wodnehem schuilen? Het verdwynen van W laet zich verklaren (Willem Jelle) en *hem* schynt my in de uitspraek veel aen a te gelyken; en Thielrode heeft dezen naem zonder twyfel uit mondelingsche overlevering geput. Aen Odin mogen wy niet denken. — Verder zegt Thielrode p. 6 o. a. « quod nunc Ganda dicitur, nuncupabatur *herehem* » en p. 9. « locus capellule inter scaldam et legiam fluvios nuncupabatur *herehem*. » Ik geloof, deze namen evenvel op Wuodan te moeten terugbrengen, den *heriafauthr*, *valfauthr*, *sigfauthr* van het noorden die *gefr sigr sonvm* etc.

Van Someren, beschryvinge van Batavia. (Nym. 1657) heeft p. 133 de volgende notitie : « Tot Utrecht na my gezegt is, wort noch gezien in de S. Marienkerck een gegooten metale beelt van *Mercurius*, ten halven lyve, anderhalf span lanck, het welcke aldaar eertijds aangebeden is geweest, werdende alvooren op eenen hoorn, daar op eenige Beelden stonden, geblasen, op wiens geluyt het Volck op de Knien viel, de welcke aldaar mede noch soude syn.... » een ander beeld van Mercurius vond V. S. in het kabinet van J. Smetius, benevens verscheide hoofden van denzelfden god. In elk geval duidt dat op groote vereering van Mercur, den opvolger van Wuodan (1). Maer zulk een beeld van Mercur bestond eertyds ook te Gent. « Den afgod Mercurius, » zegt het volksboek, de schoone historie van Julius Cæsar, « was *van zilver* gemaekt en wierd daerom van die van Gent genaemd **den witten god**, waervan heden nog in het gebruik gebleven is, dat zommige oude lieden zweeren *by den witten god*. » Deze plaets schynt uit Vaernewyck getrokken te zyn, die er byvoegt (f. 113 verso) dat men uit dat beeld later een *manshoog kruisbeeld* goot, hetgene tot zynen tyd nog bestond. Grimm haelt DS n° 370 uit Olympiodor dry *zilvere godenbeelden* aen. Tusschen *Mercur* en den « *witten god* » weet ik geen zamenhang te vinden, maer Grimm citeert uit het Hildebrandslied v. 30 een « *wittu irmingot* » (DM. 219.) Daer zoude zich dus eerder verwantschap met den duitschen Wuodan laten vermoeden.

Ten slotte nog een oud en hoogst belangryk getuigenis.

De sage van Hengist en Horsa bevindt zich in de meeste nederduitsche en byzonderlyk hollandsche Kronyken, dus moet ik dezelve niet in 't geheel hier afschryven en aennemen, dat zy aen myne lezers bekend is; ik merk alleenlyk op, dat de zoogenaemde *Occa* dezelve uit Galfridus monemutensis (lib. 6.) vertaelde en nog daertoe slecht en brokkenswyze vertaelde (ed. leeuw. 1597 f. 9.) De beste navolging er van gaf Ellies de Veert(?) in zyne « Chronycke van Hollant, Zeelant ende Vrieslant. » Delft 1585 f. 27 verso c. 24. Deze noemt Galfridus niet onder zyne bronnen, maer hy volgt hem toch letterlyk. Het schynt my, dat broeder Jan van Leiden, een haerlemsche kloostergeestelyke, uit

---

(1) *Mercurium* etiam loco, ubi nunc archangeli Michaelis templum (Lovanii) adoratum, sunt qui tradunt et vetera Registra pro authore laudant. (Gram. Lovan.)

Nimium exiguus erat campus, in quo *Mercurii*, Junonis, (Jovis?) Martis in una vires suas experturorum labor concluderetur etc. (Gram. Antw. p. 7.)

Templum *Mercurii* fuisse tradunt annales, in hoc dissentientes, quod alii ante natum Salvatorem velint arcem cum fano structam : alii a Romanis in Gallia dominantibus, alii ab Alberone Clodionis criniti filio.) Gram. Namurc. princ. p. 76.)

Mercurium Andowerpa,.... colit. Moraeus in Gram. Antw. 4. etc.

wiens werk de Veert het meest schepde, hem uitgeschreven had. Winsemius zegt niets over de aenkomst van de twee vriessche helden in Engeland. Hier vooreerst de text van Galfrid. By de zamenkomst van Hengist en Horsa met Vortigern zegt Hengist onder anderen: « Ingressi sumus maria, regnum tuum *duce Mercurio* petivimus. Ad nomen itaque *Mercurii* erecto vultu rex inquirit, cuiusmodi religionem haberent? cui Hengistus : Deos patrios *Saturnum* atque ceteros, qui mundum gubernant, colimus; maxime *Mercurium*, quem *Woden* lingua nostra appellamus: huic veteres nostri dedicaverunt *quartam septimanae feriam*, quæ usque in hodiernum diem nomen *Wodenesdai* de nomine ipsius sortita est. Post illum colimus deam inter ceteras potentissimam, cui et dicaverunt *sextam feriam*, quam de nomine eius *Fredai* vocamus. » Ik laet ter vergelyking nog twee andere relationen dezer aenkomst volgen, die ik, de werken, uit welke zy genomen zyn, niet ter hand hebbende, uit Grimm afschryve. Zoo zegt Matheus westmonasteriensis in zyne flores ed. 1601 p. 82. « Cumque tandem in presentia regis essent constituti, quaesivit ab eis, quam fidem, quam religionem patres eorum coluissent? cui Hengistus : Deos patrios, scilicet *Saturnum*, *Iovem* atque ceteros, qui mundum gubernant, colimus, maxime autem *Mercurium*, quem lingua nostra *Voden* appellamus. Huic patres nostri veteres dedicaverunt *quartam feriam septimanae*, quae in hunc hodiernum diem *Vodenesday* appellatur. Post illum colimus deam inter ceteras potentissimam, vocabulo *Fream*, cuius vocabulo *Friday* appellamus. Frea, ut volunt quidam, idem est, quod *Venus* et dicitur Frea, quasi Froa a frodos, quod est spuma maris, de qua nata est Venus secundum fabulas, unde idem dies appellatur dies Veneris. » — Wilhelmus Malmesburiensis (p. 9) zegt : « Erant enim (Hengistus et Horsa) *abnepotes illius antiquissimi Voden, de quo omnium pene barbararum gentium regium genus lineam trahit*, quemque gentes Anglorum deum esse delirantes, ei quartum diem septimanae et sextum uxori eius *Freae* perpetuo ad hoc tempus consecraverunt sacrilegio. »

Dit « *duce Mercurio* » by Galfrid staet in verband met het *min-*

nedrinken (cf. Gr. DM p. 36 en het navolgende S. Geerten minnedronk) en misschien had Udolph Haron, dien de vriessche kronyken als vader der helden noemen, zynen zonen by het afscheid *Wuodans minne en geleid* toegedronken. « Heere godt wil u geleyden! » zegt het wyf in de cluchte van nu noch (Willems BM. II, p. 118.) « Si sprac : Onze Heere Godt moet u geleiden, ende u beschermen onze suete Vrouwe! » Och gedinck myns. Volkslied by L. G. Visscher Bijdragen. p. 256. « Die duivel moet u gheleiden! » eene scone exemple Willems BM. I, p. 327.

Van de afstamming der helden van Wuodan weet niet eene der nederduitsche en voornamelyk vriessche kronyken, maer wel Beda en andere angels. kronykenschryvers « Duces fuisse perhibentur eorum, » zegt de eerste (I, 15 by Gr. DM. IV) « primi duo fratres *Hengistus et Horsus*. Erant autem filii *Vetgisli*, cuius pater *Vecta*, cuius pater *Voden*, de cuius stirpe multarum provinciarum regium genus originem duxit. » Een ander handschrift geeft deze stamlyst zoo : « filii *Victgisli*, cuius pater *Victa* cuius pater *Vecta*, cuius pater *Voden*. » Nennius heeft : *Hors en Henegest — Guictglis — Guicta — Guechta — Vuoden*. Zie meer daerover Gr. l. c. Hier dan ook de stamboom volgens de vriessche kronyken : Friso, Adel, Ubbo, Asinga Ascon, Diocar Segon, Dibbald Segon, Tabbo, Ascon (primus dux) Adelbold, Boiocal, Ubbo, Haron Ubbo, Odilbald, Udolph Haron, Hengist en Horsa. (!?)

Nu willen wy onzen steen Brunehaut weêr opnemen.

De Ram meende niet eenstemmig te kunnen zyn met myne verklaring van dezen steen en verklaerde zich desvolgens voor het gevoelen van den aen de wetenschap maer te vroeg ontrukten bisschop *Nelis* van Antwerpen. Ik heb en had immer de grootste achting voor de diepe kennissen van den geleerden rector der alma mater, maer hier kan ik onmogelyk met hem overeenstemmen.

Het zou my hoogst aengenaem geweest zyn, had De Ram eenige nieuwe steunpunten aen het gevoelen van Nelis gegeven, want de ouden, die deze schryver voor de verklaring van den steen bybragt, zyn zedert lang door onzen De Bast in de « antiquités Romaines et Gauloises » weggeruimd. Ik heb maer weinig aen de erhandeling van den geleerden Canonicus toetevoegen.

De weg, die nog « crête des *Hurelus* » heet, gaet maer tot aen den steen, niet verder. Zouden dus de Heruler maer tot aen den steen gevlugt zyn? Ware het nog een oude heerweg, dan wou ik niets zeggen; maer de eenige heerweg daeromtrent liep langs Hollain. En aengenomen, dat de steen een zegemonument was, warom plaetste men hem niet aen dien heerweg, waerom op een afgelegen veld, misschien in het midden van een bosch, waer niemand hem zag, zonder hem gezocht te hebben. En aengenomen, dat die Hurelus Heruler zyn (!?), dan blyven ons toch nog andere conjecturen, als die van Nelis. In de omstreken van den steen kan de stryd juist zeer bloedig geweest zyn, de overwinnaers kunnen daer volgens de gewoonte van alle duitsche volken hunne gevangenen in een groot getal geoffert hebben, en daerby zyn deze laetsten zonder twyfel niet zeer stillekens gebleven enz.

Ik denk ten minsten dat De Ram met my eens zyn zal over de verwantschap tusschen Wuodan en den beer, den Bruno der fabel [1]. In dit geval blyft my enkel over, in 't korte te bewyzen, dat de steen Brunehaut niet de eenige brune pierre was, dat hem verwandte steenen gewyde steenen waren, en dat steenen aen Wuodan gewyd bestonden.

Een bewys voor het eerste geloof ik in het poorterboek van Gent te vinden [2], waer my voor weinige dagen nog een familienaem *Bruynsteen* tegenkwam. Voor N° 2 kan ik geen sprekender getuigenis bybrengen, dan den naem van het vriessche dorp *Berastein*, waer weleer de landdagen der vrye Vriezen gehouden werden. (Westendorp Myth. p. 311.) Maer landdagen werden alleen by *gewyde plaetsen* gehouden, het meest in *heilige bosschen*.

[1] Ik voege tot de vroeger reeds aengehaelde getuigenissen nog het volgende. Volgens Saxo grammat. en de beide Magnus zyn de koningen der Gothen afstammelingen van eenen *beer* en eene edele jonkvrouw. De nog overige stamtafelen van andere duitsche volken eindigen alle met Odhinn of Wuodan. Odhinn kwam uit Asia, gelyk Saxo meldt, dus door het land der Gothen, voor hy naer het eigenlyke Germanien en het noorden komen kon.

[2] In de stadsarchiven, waer my de vriendelyke gedienstigheid van den archivist, M. Prud. van Duyse zoo dikwyls bydragen tot myne werkzaemheden aenwees.

(leg. Rip. tit. 30 § 1, 2, — tit. 33 § 1 — lex sal. tit. 40, 43 § 4, 6 — tit. 48 § 1 — tit. 76 § 1.) Dat dus deze Berastein in betrek staet met een heilig voorwerp, is klaer en dat hy eene andere brune pierre, een andere Wuodanssteen is, laet zich vermoeden. Nu vindt zich voor het bewys van N° 3 nog heden een groote granietblok — de brune pierre is ook van *graniet* — in het öländische dorp Högbysocken, die *Odinssten* heet en over welken sagen bekend zyn. (Ahlqvist. 2, 79 by Gr. DM. 693). Het zou my grootelyks verwonderen, ware onze *Brunsteen zonder sagen*; ik ben zeker, dat er daer spooken omwandelen: misschien een paerd met acht voeten? er vinden zich veel spookende paerden in Vlaemland. Eenige narigten daerover zullen my zeer willekom zyn.

Maer ik moet my nog tegen eene andere beschuldiging van De Ram verdedigen. Hy meent, dat ik niet zeer nauwkeurig geweest ware in het opzoeken der spreekwoorden, die in betrek tot Wuodan staen, en onze Willems zoude myne verzameling er van wellicht sterk vermeerderen kunnen. Ik geloof het laetste niet, of het zoude moeten zyn, dat Willems nog collectaneen van tot nu toe ongedrukte spreekwoorden bezit, en dat kan ik slecht gelooven. Misschien kon de geleerde uitgever van Reinaerd Vos my nog het oude « by Vids morkelhamer » aenbieden, over hetgene hy in de Nederduitsche letteroefeningen p. 227 spreekt, maer dat moet ik ronduit verwerpen en daerby als advocaet van Thunaer opstaen, van wien Willems zynen hamer nemen wil. Voor het eerste bestaet geen vorm Wodin, gelyk W. meent, en zy kan onmogelyk ooit bestaen hebben; maer dat zelf aengenomen, dan is het weder onmogelyk, dat zich dit Wodin tot *Vids* verkorten kon; Woids zoude alleen Wôds worden kunnen. Ik zie in dit Vids niet anders, dan het oudsaksische *vith*, spiritus, daemon. (Heliand 31, 10 — 92, 2 enz.) niet zoo als W. in het BM 1, 337 meent: « Wicht in de oude beteekenis van het woord, hellewicht, booze geest, » maer gansch rein *geest*. Hel. 141, 11 heet het wel spiritus malus, maer daer staet er nog een *leda* voor, gelyk ook 137, 18, waer *modaga wihti* met hellewicht te vertalen is, toch het adj. modaga geeft er den kwaden zin. Zoo staet ook in *de schone exempel wichte* niet alleen, maer met een *quaet* daervoor; hetzelfde heeft plaets vers 3405 van den Reinaert, dien W. l. c. aenhaelt. Noch hebben wy *wicht* in het hoog-en nederduitsche in de beteekenis van *klein kind*; deze beteekenis leidt haren oorsprong af van eene andere beduiding, die *wicht* nog in het hoogduitsche heeft, en die in het nederduitsche verloren schynt, van die van *dwerg*; een wezen, dat in het oude geloof als bovennatuerlyk vereert was (cf. Gr. DM. 246 en 696).

Het kan dus geen raedsel meer zyn, hoe wy den aengehaelden eed te verstaen hebben: vertaeld zoude hy luiden: « by des (goddelyken of machtigen) geests morkelhamer. » Dat deze geest geen ander is, dan de oude god Thunaer, verstaet zich van zelf.

J. W. WOLF.

JACOBASKANNETJENS.

Jacob Grimm liet in de eerste aflevering van Moriz Haupt's Zeitschrift für deutsches Alterthum de rare verhandeling van Johannes Lasicz « de diis Samagitarum ceterorumque Sarmatarum et falsorum Christianorum » herdrucken, die ook voor ons van het hoogste belang is; want veel van de darin aengehaelde gebruiken, bygeloovigheden enz. vinden zich op het nauwkeurigste by ons weder. Zoo zegt Lasicz o. a. « *Andreas* vigilia festi sui invocatus *a jejunis puellis futuros illarum viros praemonstrat* — *Gregorium* quasi Mercurium colunt ac huius die festo primum suos natos in *scholam* mittunt — *Gertrudis mures* a colis mulierum abigit — Eaedem gentes colunt spiritus quosdam visibiles, qui lingua ruthenica *coltki*, graeca *cobili*, germanica coboldi (kabouters, kaboutermannekens) vocantur. Hos habitare credunt in occultis etiam aedium locis vel in congerie lignorum etc. Maer voor allen riep het volgende myne aendacht op eene in Belgien welbekende sage, namentlyk die van de Jacobaskannetjens

« Die Georgii sacrificium faciunt *Pergrubio*, qui florum, plantarum omniumque germinum deus creditur. Sacrificulus enim quem Wurschaiten appellant, tenet dextra obbam cervisiae plenam, invocataque daemonii nomine decantat illius laudes..... hac cantilena finita dentibus apprehendens obbam, ebibit cervisiam nulla adhibita manu, IPSAMQUE OBBAM, ita mordicus XPOTAM, RETRO SUPRA CAPUT IACIT. »(Lasicz p. 53 — Z. f. d. a. I p, 144, 145.)

Zien wy nu de sage van de Jacobaskannetjens; De Reiffenberg schreef over dezelve een klein artikel in zyne « archives historiques » T. V. p. 334 en 335, waer hy onder anderen zegt :

« La (te Teilingen in het Rhynlant) elle (Jacoba) s'amusait après avoir tiré au perroquet, *à vider une cruche et à la lancer pardessus de sa tête* dans les étangs du vieux manoir.... On ajoute que de pareilles cruches ont été trouvées entre *Leyden* et la *Haye* et dans les fossés du chateau de *Zand*. En 1827 lors de la démolition de l'aile droite de l'hôtel du gouvernement à *Gand* M. Amand de Bast apperçut un de ces vases dans les décombres. »

Inderdaed, een zonderlyk vermaek en zelf zoo zonderlyk, dat het ons zoo gansch onverdacht niet schynt te zyn. Zoude de sage geen ouderen grond hebben en zouden die zoogenaemde Jacobaskannetjens niet oude offerkannetjens kunnen zyn? Zoo men ook aennaem, dat Jacoba zich te Teilingen met het werpen van kannetjens de tyd verdreef, dan zou het toch ten minsten onwaerschynelyk zyn, dat zy hetzelde te Zand en tusschen Leyden en het Haag ook dede. En hoe komt dat laetste kannetjen onder het oude hôtel van het gouvernement te Gent ? — Zoo hetgene met het bekende inschrift (De Reiffenberg l. c.) zelf echt was, zouden wy dan op de vorm van dat eene ons steunend, dien taelloozen hoop van kannetjens voor gelyk echt verklaeren durven ?

Zonder twyfel vinden zich zoortgelyke kannetjens ook in Duitschland en in andere gewesten van Holland en Belgie, die Jacoba nooit gezien heeft, en wy verzoeken alle vrienden van nederd. oudheden, zoo zy elders welke ontmoeten, ons eenige narigten daerover door de redaktie der Wodana te laten toekomen. Eer wy deze notis eindigen moeten wy nog opmerken, dat het *werpen over den kop* in 't algemeen een oud germaensch *gewyd gebruik* te zyn schynt. Zoo werpen kinderen den uitgevallenen tand over den kop, om weldra eenen nieuwen te verkrygen. Soortgelyks zie Gr. DM. Abergl. N° 101, 773, 848, 926, 1059, 1098, 1107.

O.

S. GEERTEN MINNEDRONK.

In N° 2 des tweeden jaergangs van het « historisch tydschrift » vindt zich eene doorwrochte verhandeling over dit onderwerp door den verdienstelyken uitgever, professor L. G. Visscher. Nog meer dank zouden wy den geleerden schryver weten, had hy zich de resultaten der opsporingen van Grimm te nut gemaekt, die St. Geerten Minnedronk als uit het germaensche heidendom ontsproten nawyzen [1]. Zoo haelt Gr. uit Liutprand (6, 7) een « *diaboli in amorem* vinum bibere » aen ; nog klaerder spreekt zyn cap. 11 der Herraudhssaga, waer « *Thors, Odhinn's* en *Freia's* » minne gedronken word.

Voor Nederduitschland voeg ik nog twee plaetsen by, die ik in de « *vita S. Vedasti* » vond, (v. Surius d. col. 1617 II p. 69) en waer het heet : « Quaedam vero vascula ibi cerevisia adstabant plena, sed male gentili errore *daemoniacis incantationibus infecta*. Quae mox ob potentiam sanctae crucis destructa crepuerunt et quicquid liquoris habuerunt, in terram effuderunt.... »

---

[1] Hetzelfde daed Keyssler reeds in zyne antiquit. septent. et celticae. Hanov. 1720 p. 351. seqq. Maer hy dacht daerby niet, gelyk het schynt aen Sinte Geertenminne. Zoo rook Schellinck ook lont, gelyk het 15 kap. der nederl. displ. d. II bewyst, doch hy waegde niet, zyne gissing uit te spreken. Maer niemand kent de zaek beter, dan Bilderdyk, de overgroote Bilderdyk, wiens schoenriemen optelossen, Grimm en Göthe volgens eenige, niet waerdig zyn. Sedert het vloekbaer verraed van Gysbrecht werd de S^t. Geerte minnedronk van naem veranderd en St Jans minne genoemd. (Geschied. v. h. Vaderl. II, 250.)

eenige regelen verder zegt Vedastus: « Per quasdam *maleficorum incantationes* ad decipiendas convivarum animas *diabolica* in his latuit *potentia*, sed virtute crucis Christi territa, sic invisibiliter de domo effugit ista, sicut visibiliter considerastis liquorem effundi in terram. »

Deze *daemoniacae infectiones*, *maleficorum incantationes* en *diabolica potentia* wyzen onwedersprekelbaer op een *minnedronk*; ik erinnere aen *signa full odni*, *minniöl signodh ásom* en *poculum signare* by Gr. By het *signa*, wyden, werd het *hamerteeken van Thor* in het Noorden gemaekt, hetgene later door het bykans gelykvormige *kruis* vervangen werd. Wy mogen aennemen, dat de *malifici* (priesters) by Surius de bekers met het hamerteeken van Thunaer gezegend, en misschien daerby ook een woordjen van Wuodan's, Thunaer's en Fro's minne gesproken hadden. In den tekst word van de tegenwordigheid Vedasts by het incantare geen gewag gemaekt: was het dus gebruik, de bekers voor het mael te wyden, en als *eerstgedronkene* bekers der minne der goden te wyden? want het bleef zeker niet immer by eenen beker. Hoe kon Vedast anders iets van de *infectio* weten? — Evenzoo maekte het Columban met den bierketel der Alamannen: na dat hy hem in stukken geblazen had, bewees hy hun « *diabolum in eo vase fuisse occultatum, qui per profanum litatorem caperet animas sacrificantium.* » (Jon. bobb. in vita. Mabill. ann. Bened. 2, 26.)

Over de schal van Nivelle leze men na Gramaye in Brabanticis: « de patera S. Gertrudis, virginis, clarissimo genere ortae primaeque abbatissae saecularis collegii nivellensis; » dat aen Visschers navorschingen ontsnapt schynt.

Moge deze yverige en grondige geleerde ons nog dikwyls met verhandelingen verheugen, gelyk die over S. Geerten minnedronk.

J. W. WOLF.

MISCELLEN.

1. Hier een kinderspelken, dat ik aen alle hooggeleerde misachters van zulke vodderyen onderdaniglyk te behertigen geef.

      A. Herderke laet u schaepkes gaen.
      B. Ik en darf niet.
      A. Van wie?
      B. Van Mynheer de Wolf.
      A. Mynheer de Wolf zit gevangen
    Tusschen twee yzere tangen,
    Tusschen de zon
      En tusschen de maen:
      Herderke laet u schaepkes gaen.

2. Prof. Bonn in Amsterdam bezit volgens Pougens (in de voorrede tot de mislukte compilatie over Nehalennia Par. 1810) eene ryke verzameling van teekeningen, die autaren en andere gedenkstukken van Nehalennia's eeredienst verbeelden. Eene uitgave daervan zoude om zoo meer te wenschen zyn, als wy nog zoo weinig over deze godin weten en dus alles, wat in betrek met haer staet, van het alderhoogste belang voor ons zyn moet.

3. Dr Hermans had zoo schoon begonnen, ons in zyn geschiedkundig mengelwerk met de volksgebruiken enz. uit Noord-Brabant bekent te maken; waerom gaet hy niet voort?

4. « Item men hiet de Donderstrate (te Gent) die Onderstrate » zegt Vaernewyk f. 118. Welke van deze twee namen is de waere en oudste?

5. By Ronsse vindt zich een naem met Donder zamengezet; men zoude gaerne weten, of dat een *Donderberg* of een *Donderput* is. De mededeeler dezer notis is er niet zeker over. Ook rydt daeromtrent eene witte vrouw in eenen schoonen wagen rond; hoe heet de plaets? en weet men er niet meer van? —

gelyk met den hamer uit den put gehaeld hebben, wat was dit nu eigenlyk? Misschien een dierenhuid.

Alhoewel de cierlyke vorm van den hamer, waervan voor de volgende aflevering eene teekening wordt bereid, hem onder de overblyfselen zoude kunnen doen stellen der Romeinen, by wie de kunst op eenen veel hoogeren trap, dan by ons stond, de ligging en de nam der plaets waer dit merkwaerdig voorwerp is gevonden, schynen integendeel hetzelve als een werktuig onzer voorvaderen te doen beschouwen. De menigvuldigheid der plaetsen, aen welke de naem van *Schrick* is gegeven geworden, zoude naer onze meening het onderwerp van eene niet onbelangryke topographische vergelyking kunnen zyn, want indien de verificatie bewees, dat andere plaetsen, waer soortgelyke ontgravingen gedaen zyn, op dezelfde wyze zyn gelegen en denzelfden naem voeren, dan zouden er eene menigte zaken kunnen verklaerd worden, welke tot heden toe een geheim gebleven zyn.

Dendermonde.   JAEK VANDEVELDE.

Ein frag. Wie hoch vom himel her ab sey.

Diese räthselfrage findet sich unter den sechzig, die Wackernagel aus einem büchlein sonder titel und datum in der zeitschrift für deutsches alterthum band III p. 32 mittheilt. Die antwort ist dort: Das waiss nach got nyemant dann der teüfel der hat es gemessen. Vnnd mag nit wider hin auff kommen. Dieselbe frage mit derselben antwort enthält auch die folgende merkwürdige legende, die wir dem bonum universale des Thomas Cantipratensis entnehmen; so stiege sie denn in das 12. jahrhundert hinauf.

Fuit sacerdos quidam vita et officio dignus, qui beatum Bartholomaeum apostolum specialiter diligebat et in eius solemnitate plures quam alio tempore pauperes recreabat. Accidit autem in quodam huius apostoli festo, ut celebrata missa daemonem in specie pulcherrimae mulieris, honesti habitus et decentis extra ecclesiam stantem invenerit. Quam salutatam rogat, ut secum ad prandium declinaret. Qua annuente introducta est et ad mensam cum sacerdote resedit. Juxta solitum autem nullus tunc pauper fuit invitatus. Non immemor ergo beatus Bartholomaeus devoti erga se presbyteri et frequentissimae servitutis, venit ad portam illius in specie pauperis et mendici. Quo clamante occurrit famulus domus, ingressum negat, praecepit post prandium eleëmosynam expectare. Cui apostolus benigno vultu: Bene, inquit, expecto; sed interim dicas domino tuo, ut respondeat et renunciet mihi, quid illud sit, quod in rebus mundi mirabilius est et tamen unius pedis spacio terminatur. Subridens ergo servus venit ad dominum, exponit illi mendici hominis quaestionem. Cui cum sacerdos respondere non posset, susurravit ei mulier invitata in aure: « Facies hominis est, quae in tot hominibus diversificata consistit, ut nulla sit similis alteri forma, cum in omnibus sit eadem natura. » Quaestionem ergo solutam remittit presbyter et cum solutionem laudasset apostolus; Vade, inquit, adhuc et quaeras ex parte mea, quid sit magis proprium hominibus in rebus habitis. Regressus igitur servus, quaerentis verba proponit. Super hoc etiam nescio sacerdoti mulier in aure respondet: « Propriissimum, inquit, hominis in rebus habitis est peccatum. » Susceptam itaque solutionem a domino refert servus ad portam. Quam cum iterum laudasset apostolus: « Sapienter, inquit, quaestiones duae solutae sunt; adhuc addam et tertiam et tunc quiescam. Vade igitur et quaeras a domino tuo ex parte mea, *quot miliaribus via a coelis ad infernum extendatur ?* » Rediens famulus tertio iam verba proponit et hoc quoque presbytero ignoranti mulier in aure susurrat dicens: « Hoc nemo melius novit, quam qui viam illam saepius eundo ad inferos mensuravit. » Hanc cum servus susceptam a domino suo responsionem retulisset ad portam: » Bene, inquit apostolus, respondit dominus tuus. Vade ergo et dic illi: Et quis est ille, qui viam illam saepius mensuravit nisi daemon nequissimus, qui in specie mulieris prandentis tecum leniter in aure susurrat et te ad concubitum illecturus erat, nisi ego Bartholomaeus apostolus, cui devote servivisti, te misericorditer praevenissem. » Nec mora, ubi haec servus domino suo nuntiarit, statim ab oculis eius daemon evanuit. Qui mire stupens a mensa surrexit et currens ad portam, ut suum liberatorem cerneret, non invenit.

Erwâgt man, dafs die aufrûhrerischen engel sich, wie in den meisten mythologien, so besonders auch in der deutschen, als riesen wiederfinden, dann gewinnt die râthselfrage doppelte bedeutung.

O.

Eddische sagen in Nederduitschland.

Nog niet lang is het, dat men in Nederduitschland begonnen heeft, sagen in het algemeen te verzamelen, en reeds wilt gy terug op uwen oogst schouwen en vergelyken? — Zoo kon men ons met veel regt vragen, maer wy zouden toch stout genoeg blyven, dezen blik te wagen. En daerby, als men slechts weinig bezit, is het dan niet dubbeld zoet, eens van tyd tot tyd zyne kleine schatten te bezien en het opgehoopte na te tellen?

In welk betrek de Gylfaginning tot de Edda staet, daerover kunnen wy hier geene onderzoeking beginnen, wy willen slechts de verwandtschap van verscheide nederduitsche sagen met haer aentoonen.

Reeds in de sage van Radbod en Wulfram (Niederländische Sagen N° 17 Grimm N° 5) vertoont zich deze verwandtschap. In de dertiende eeuw vinden wy eene andere nauw verwandte sage in Duitschland: zy staet in het Bonum universale en mag hier wel een plaetsje vinden:

Anno ab incarnatione Domini MCCXXXI praedicante in Theutonia Magistro Conrado contra haereticos et ab eisdem felici morte perempto, haereticus quidam (ut per fratrem Conradum,

Provincialem fratrum Praedicatorum per Theutoniam, ante multos annos accepi) seductus a daemonibus fratrem quemdam ordinis Praedicatorum ad haeresim invitabat. Quem cum viderit instantissime renitentem, dixit fratri : « Pertinax es valde in fide tua, nec tamen de hac, nisi per scripta quaedam, aliquid certius inspexisti. Credere autem si velles dictis meis, Christum tibi et matrem eius ac sanctos oculata fide monstrarem. » Mox illusionem daemonum suspicatus, volens tamen probare quid esset : Non immerito, inquit, tibi tunc crederem, si promissa duceres ad effectum. Gavisus haereticus diem fratri statuit. Frater vero pixidem cum sacramento corporis Christi clam secum sub cappa portavit. Duxit ergo fratrem haereticus in specu cujusdam montis in amplum valde *palatium, quod claritate mirabili relucebat*. Nec mora, ubi in inferiorem partem palatii pervenerunt, *viderunt thronos positos quasi ex auro purissimo*, in quibus sedebat rex fulgore corusco circumdatus et iuxta eum regina sereno vultu pulcherrima et ex utraque parte sedilia, in quibus seniores, quasi patriarchae, vel velut apostoli, astante permaxima multitudine angelorum, et hi omnes luce siderea coruscantes, ut nihil minus quam daemones putarentur. Hos, mox ut vidit haereticus, cadens in faciem adoravit. Dictus autem frater immotus stetit ; sed tanto spectaculo vehementer obstupuit et mox ad eum conversus haereticus : « Quare, inquit, Dei filium intuens, non adoras ? Pronus accedens adora quem vides et *ab ore eius fidei nostrae secreta suscipies*. » Tunc frater accedens proprius extraxit pixidem et obtulit reginae in solio residenti, dicens : « Si regina es mater Christi, ecce filius tuus quem si suceperis, te velut matrem Dei recognoscam. » Cum hac protinus voce totum illud phantasticum evanescit et adnihilato fulgore tantae tenebrae densuerunt, ut vix frater cum ductore suo ad montis exitum regredi potuerint. Conversus ergo haereticus ad fidem rediit et miram daemonis astutiam stupefactus expiravit (1).

Deze sage gaet nog heden in Duitschland rond, gelyk « der Wiedertäufer und sein Gott, » door B. Baader in Mones Anzeiger

---

(1) Idem refert Antoninus in Chron. III tit. 23 c. 10 parab. 1.

(1834 c. 314 N° 60), medegedeeld bewyst. N° 251 der Grimmsche verzameling van duitsche sagen, N° 1, 6, 16, 23 en 35 der Wodana, 131, 245, 246, 247, 380, 381, 382, 383 en 384 der Niederlandische sagen, zyn openbaer gantsch hetzelfde, versionen die zy in den mond van het volk ondergaen heeft.

De eerste Daemesaga der Snorriëdda vinden wy terug 184 der Niederl. sagen, waer de oude Gefion slechts verduiveld en het localische der sage veranderd is.

Gelyk de eerst aengehaelde, zoo is ook de sage van de duivelsschuren eene der meest verspreidde, geen wonder dus, dat zy ook op een mythus steunt. Grimm bemerkte reeds (myth.) de verwandtschap van 181, 183, en 188 der Duitsche sagen met Snorri 36. — 186 en 187 der Niederl. sagen (Vergel. p. 686) hebben denzelfden gang.

Loki speelt hier de hoofdpersoon; niet min in N° 46 der Snorriëdda, die wy in het sprookje van den schelmvisch (Kunsten Letterblad, 1843, p. 38) letterlyk wedervinden, Sinte Pieter wordt daer door Thorr vervangen; en hoe kan het anders zyn, daer Odhinn plaets maekt voor Christus, de « ware sunne, » of « der ware sunnen schin, » gelyk hy in Conrads goldne schmiede (787 en 1076) genoemd wordt, aller wereld vader, gelyk Odhinn, de Alfadir. Dezelfde vervanging keert in een ander sprookje weder, waerin ons ook een mythus van Thorr bewaerd is.

» Ons Heere ging eens met sinte Pieter reizen en zy kwamen omtrent den avond in een groot woud. Na lang daerin gedwaeld te hebben vonden zy een oud huis en klopten aen de deur; een stokoud wyveken opende hun, maer als het de twee vreemdelingen zag, riep het benauwd : « Och, arme! maekt maer gauw, dat gy van hier komt, want myn man is een menschenvreter en staet op het punt, terug te keeren, en als hy u vindt, dan is er geene genade voor u. » — « Hy zal ons toch niets doen, » zeide Ons Heere, « daerover weest gerust; laet ons maer binnen, en geeft ons wat te eten en een hoekjen om te slapen. » In het begin wilde het wyveken er niet regt aen, maer eindelyk liet het zich toch overreden en nam de twee binnen, gaf hun eten en zette hen alsdan onder eene groote vleeschkuip.

Nauwelyks twee minuten daerna kwam de menschenvreter binnen, snuifde en snuffelde rond de kamer en riep met eene afgrysselyke stem : « Ik rieke, rieke menschenvleesch ! » — « Och zot, » zei het wyveken, « gy riekt myn vleesch; snuffel maer niet langer rond en zet u neder ten eten en ga slapen; » maer de menschenvreter wilde van niets hooren en bromde immer : « Myn neus is gezond ; ik rieke, rieke menschenvleesch » en daermêe snuffelde hy zoo lang, tot dat hy die twee onder de kuip vond. « Aha ! » riep hy toen, « daer zyn de vogels — Ik rook wel menschenvleesch — goede beetjes voor van avond. » Als het wyveken dit hoorde en zag, hoe de menschenvreter reeds naer een mes greep, sprong het toe en bad zoo lang voor de vreemdelingen tot dat de menschenvreter beloofde, dat hy ze wilde laten leven, « maer, » zei hy, « dan moet ik ten minsten het genoegen hebben, hun van dezen nacht eene goede rammeling te geven. » De twee reizigers moesten er wel tevreden over zyn en allen gingen naer bed. » enz.

Wy hoeven wel niet aen Thorrs en Lokis vaert ter terughaling des Miölnir te erinneren ; de overeenstemming is te openbaer.

Zoo hadden wy dus reeds vyf mythen die Nederduitschland met het hooge noorden gemeen heeft; en wy zouden verder nog wanhopen, eens ons oude godenleer hersteld te zien? O dat hangt slechts van ons af; wy waren tot nu toe te koud tegen onze volksoverleveringen, anders zouden wy misschien een stapje verder zyn. Met Smets mogt ik roepen :

>Ihr Sänger mit den harfen,
>Ihr harfner mit dem sang,
>O hebet an den scharfen
>Buszpredigenden klang ;
>Ihr kunst-und weisheitsschulen,
>Auf, schaffet hülf herbei,
>Und regt die federspulen,
>Hebt an ein nothgeschrei;

Ja, eenen noodkreet, want is het niet de alderhoogste tyd, dat wy onze sagen verzamelen ? Toch , wy willen het nog niet , *nog niet* begrypen , dat « *hae nugae seria ducunt*, » en wanneer wy het eindelyk begrypen zullen, dan komen wy misschien te laet.

— 4.

ALLERHAND.

1. In de aenmerkingen tot de Niederländische Sagen heb ik bld. 689 eene bezweering tegen de nachtmerrie medegedeeld. Eene verwandte brengt ons de laetste aflevering der Zeitschrift für deutsches alterthum blz. 360 uit het Meininger unterland. Zy luidt alzoo :

> Das wallala
> Alle berge durchtra ,
> *Alle wasser durchtbat* ,
> *Alle blötlich ablat* ,
> Onnerdesse words tak.

De v. 3 en 4 zyn bykans letterlyk die der nederduitsche bezweering.

2. *Wettermachen*. Vgl N. S. blz. 693 Le Loyer deelt in het Discours des spectres ed. II bl. 337 het volgende uittreksel uit Nicola del Conte's Nell'viaggio delle Indie mede ; « Un patron indien estoit sur mer ou le calme l'ayant pris et craignant d'y demeurer longuement par faute de vent, fit apporter une table au pied du mast de la navire et ayant fait ses conjurations et appellé à haute voix le Dieu Mutthiam, tout aussitost le diable se saisit d'un homme Arabe qui estoit en la navire , le fait crier, sauter et courir comme un fol, tant qu'il fust auprès de la table, où estant, il demanda *du sang de coq* à boire. Incontinent lui est présenté un coq à qui on avait fraischement coupé la gorge, *il en succe le sang* et iette le coq à bas et puis demande au patron Indien, qu'il luy vouloit. Le patron respondit : Nous voulons du vent. Le diable luy promit de luy en faire avoir dans trois iours

et luy fit signe de quel costé le vent devoit venir, afin que le patron fust tout prest de le recevoir.»

3. *Heksendans.* De navolgende niet onbelangryke narigt daerover vindt zich in Alphonsi de Spina's fortalitium fidei l. V consider. X fol. CCCXXXIII s. t. Quomodo daemones illudunt feminas, quae *Bruxe* vel *Kurgone* vocantur.

».... Nimirum habundant tales perversae mulieres in delphinatu et in Vaschonia ubi se asserant concurrere de nocte in quadam planicie deserta, ubi est aper quidam *in rupe*, qui vulgariter dicitur *Elboch de bitne*, et quod ibi conveniunt cum candelis accensis et adorant illum aprum, osculantes eum in ano suo....»

Dit *Elboch de bitne*, *Bruxe* en *Kurgone* te verklaren, moeten wy aen H. Leo overlaten.

4. *Succubus.* Eerst sedert dat de heilige inquisitie hare zegeningen over de germaensche landen verspreidde, vinden wy hier den succubus; zy heeft; om zoo te zeggen, het verdienst, dit vuile spook hier ingevoerd te hebben. Thomas Cantipratensis ten minsten nog hield den duivel zelf niet slecht genoeg, om de rolle van Succubus te spelen: « Et quidem de daemonibus incubis in diversis libris legi,» zegt hy l. II c. XXX § 2, *de daemonibus vero succubis me nunquam legisse memini. Et in hoc notatur, quod vicium contra naturam daemonibus est etiam verecundum.*» En Thomas stierf ten jare 1280. Grimm heeft dus wel gelyk, den Succubus voor *nicht deutschen Ursprungs* te houden.

5. *Dood.* In de « Quatuor novissima cum multis exemplis pulcherrimis.» Dauentriae. 1489, wier mededeeling ik aen Serrure's gedienstigheid danke, vinde ik bl. 13 recto in het cap. « Ex horologio eterne sapientie » de volgende echt heidensche voorstelling van den dood: *Sed nunc mors misera repente quasi in insidiis irrumpens, irruisti super me, comprehendisti me et mille funibus ligasti et in vinculis tecum trahis ferreis, sicut trahi solet damnatus ad supplicium mortis.*» Zoo heet het ook bl. 13 verso l. b. v. o. « *Ach me miserum, punctura mortis amarissime circumdant me et cor debile suffocare nituntur.* Die *puncturæ* herroepen de nederduitsche *doodsnepen*, gelyk men de zwarte plekjes

noemt, die men dikwyls over het lichaem van doodelyk zieken of stervenden verspreid vindt. — In het lied « *van het ander lant*, » Visscher, Bydragen p. 321, heet het alzoo van den dood:

>Die doet compt ende brenget den aven,
>Unde bint uns met eenen so vasten bant,
>Dat he uns thuet in een ander lant.

6. *'S duivels jagtmerrie*, zie NS, blz. 690 In de quatuor novissima zegt de duivel o. a. tot zekeren ridder Walther : « *Fratrem tuum sic sellavimus*, ut nostrum ius evadere non possit. »

7. *Haalt de düvel dat peerd, so haalt het den toom dato*. Dit holsteinsch spreekwort (Schütze's Idioticon 1,279) staet in betrek met N° 389 der NS. die eene soort van nichteken in den Orient heeft; vgl. de aenmerking tot haer blz. 702.

J. W. WOLF.

VERVOLG DER BYDRAGEN OVER HELLIA.

Er is eene *Hellestraet* te Herzele, waer alle nachten zwarte lammeren in verschynen.

Over *Helleblock* ; *Helsteeg*, een elzen schaerbosch ; *Hellemaer* ; *Helleneinsche*; *Lykweg*, zie Hermans Geschiedkundig mengelwerk deel II, pp. 312, 313.

Rubens Steen ligt in het dorp *Ellewyck*. Caesarius Heisterbacensis noemt dit gehucht *Hellevicus*. Dist. mirac. IX, c. bb. ed. Tissier in bibl. patr. Cisterc. tom. II p. 290. Dezelfde schryver kent ook een *Hellendorp*. dist. X c. 40 f. 304.

Elbodo index. Warnkönig Fland. St. u. RG II, 2 st. CXXIX p. 102. Elbodo a. 1138 Adr. But. ed. Carton p. 29. cf. des duvels bode. Braandaen v. 1047.

Een *Hellebosch* vindt zich by Denterghem. Mag hier aen de nom. propr. Elewaldus (a. 1162 Adr. But ed, Carton p. 134) Elewout, Helewout, Hellebaut erinnerd worden? —

Wichmann (Brab. mariana 857) kent een klooster met een *wonderkrachtig lievenvrouwenbeeld* « *in de hage by Helmont.* »

De (p. V) beloofde sage over den *Helleput* te Melden vinden de lezers onder N° 37.

Ten Hellekine. De Smet, Corpus chronicorum Flandriae p. 229.

Aarnd van *Helvoird*. Kemps leven der heeren van Arkel. 71. a. 1346. — Willem *Helman* ibid. 105. a 1385.

Hier dan ook nog een woordje over eenige teregtwyzingen, die my toegezonden zyn.

Ik wil niet afstryden, dat onder de aengehaelde composita van Hel of Helle zich niet het een of het ander vinde, by hetwelk aen de oude godin niet gedacht werd, als het zynen naem ontving; in tegendeel, dat bekenne ik gaerne; ik zal zelf zeer verheugd zyn, van den heer S. eenige verdere narigten daeromtrent te verkrygen en ze met de grootste vreugde een plaetsje onder de verhandelingen geven.

Van eene andere zyde verklaert men de *Helleborne* en de *Hellebeke* als HELDERE borne en beke. Is dat scherts of ernst? ik verhoop het eerste en moet dan bekennen dat de klucht niet slecht is. Zy heeft maer een tegenhanger, Lanssens verklaring van Aalbeke.

Wat de beschuldiging aengaet, dat ik met Onze Lieve Vrouw den spot had willen houden, waer ik van zwarte beelden van haer sprak: die is belachelyk. « Nigra sum, sed formosa, filiae Jerusalem » Cant. cantic. 1, 4. « Nolite me considerare quod fusca sim, quia decoloravit me sol » ibid. 5.

> Du sprichest, frowe reine,
> Daz du swarz und schöne sist,
> Uil gut vrkund du des gist.

(Die goldene schmiede von Conrad von Würzburg ed. W. Grimm. v. 1924 ff).

J. W. WOLF.

WAERZEGGEN. — RUNEN.

In N° 413 der NS, heb ik een belangryk gebruik der belgische vrouwen in de 13 eeuw en in de aenmerking tot die sage eene daermede in betrek staende plaets uit Bernhardinus Senensis medegedeeld. Een soortgelyk gebruik kende reeds de heil. Chrysostomus, die er het navolgende over zegt in zyne homilia XII in epistolam I ad Coriuthios : « Si natus fuerit infans, hic quoque rursus videbis amentiam; et cum infantem vocari oportuerit, mittentes eum vocari a Sanctis, ut veteres primo faciebant, *accensis lucernis et eis nomina imponentes efficiunt ut ea, quae diutissime duraverit eodem nomine appelletur, quo infans,* hinc coniicientes futurum, ut diu vivat. » Zonder twyfel wierden de namen hier ook op de lucernae geschreven, gelyk by Bernhardin en Caesarius, en gelyk by Tacitus de « notae quaedam » in de surculos gesneden wierden. Dit laetste gebruik der oude Germanen brengt my een ander in den zin, dat by de Tartaersche tooveraers in aenzien stond. Le Loyer geeft er de volgende narigten over uit Paulus Venetianus : « Cingis-Chan premier roy des Tartares alloit combattre Vmchan, surnommé le Prestegian ou catholique. Deuant que donner la bataille, Cingis commande à ses magiciens, qui suivoient son camp, de lui faire savoir qui gagneroit la victoire de luy ou de son ennemy. *Les Magiciens fendent un roseau tout du long et en font deux parties, qu'ils mettent à plat de terre distantes l'une de l'autre. En l'une de ces parties ils escrivent le nom de Cingis en l'autre celui d'Vmchan.* Ils advertissent Cingis que celle moitié du roseau, qui monteroit sur l'autre, donneroit la victoire à celuy, au nom duquel elle seroit escrite. Les Magiciens après cecy font leurs charmes et après quelques paroles murmurées les deux moitiez du roseau commencent à s'esbranler de leur place, puis à se lever comme si eussent voulu combatre et ayant choqué et heurté longuement l'une contre l'autre, la moitié où estoit escrit le nom de Cingis monta sur celle d'Vmchan. Cela voyant Cingis et ses Tartares, affrontent de grande allegresse l'armée d'Vmchan, la rompent et mettent en deroute, et demeura Vmchan entre les morts. » (Discours des spectres ed. II p. 333). Zoude men nu nog daeraen twyfelen mogen, dat Tacitus' notae quaedam runen waren? ik ten minsten geloof van neen.

Daer wy toch nu aen de runen zyn, meene ik nog eens te moeten erinneren aen de verhandeling des zoo geleerden als om onze oudheidskunde hoogverdienden Westendorp. « Over het oud runisch letterschrift en ondekte sporen van hetzelve in ons land » in het III° deel, 2 stuk, der verhandelingen van de maetschappy der nederlandsche letterkunde te Leyden, p. 139 en volgg. H. en J. Vande Velde zullen in de naeste aflevering een tamelyk groot getal van runen mededeelen, die zy, op het spoor van den kundigen schryver der genoemde verhandeling wandelende, te Veurne en te Dendermonde gevonden hebben. Mogten zy veele navolgers vinden.

J. W. WOLF.

LITTERATUER.

1. *Bijdragen tot de geschiedenis en oudheden van Drenthe door M. J. de Wal. Groningen, J. B. Wolters, 1842, XVI en 164 bl. 8.*

Een regt goed boek vol grondige nazoekingen en gezonde kritiek; eene proeve meer, hoe verre Noordnederland in betrek op de studie en kennis zyner oudheden boven het nog immer in den gewoonen ouden trant voorts kruipende Belgie staet. Men vreeze niet, in deze bydragen oudheden van 1750 te vinden, gelyk in de « Bibliothèque des antiquités belges » van Bogaerts en Marschall, of romantische halfgeleerdheid en twaelf kwart geleerde romantiek, gelyk in zoo vele onzer franschgeschrevene boeken; evenmin vreeze men er oudhollandsche droogheid en pedanterie aentetreffen; in tegendeel, wy moeten openhartig bekennen, dat het werk ons in alle punten zeer weinig te wenschen overlaet en dat het ons hartelyk verheugen zou, er weldra een vervolg op te zien verschynen.

Eene « proeve eener geschiedenis van het jagtwezen, » opent het boek waerdig. « Iets over § 2 van het Drentsche landregt van Frederik van Blankenheim » volgt. « Cornelius Zantfliet en zyn berigt over de belegering van Coevorden door bisschop Willebrand » is meer van plaetselyk belang. Daertegen was ons « iets over de heilige plaetsen in Drenthe voor de invoering des christendoms » dubbeld willekom, hoewel wy verwacht hadden, meer nieuws daerin te vinden. Moge ook het daerin gezegde voor den eenen of den anderen landsgenoot des schryvers nieuw zyn, hy schryft toch niet uitsluitelyk voor neophyten en wy kunnen juist van hem vragen dat hy ook de niet-neophyten een stapje verder brenge, als zy waren, voor dat zy zyne verhandeling kenden. Het slot maken « opmerkingen betrekkelyk een paer punten rakende het oude strafregt in Drenthe, » die van meer interest zyn.

Met goed geweten mogen wy het boek aen alle oudheidskundigen en oudheidslievenden aenbevelen en inzonderheid ook aen onze hoogduitsche stambroeders. De Wal heeft de melk hunner reuzen-leeuwen gezogen en die heeft hem sterk gemaekt. Grimm en zyne medepriesters zyn in het kleine drentsche Winschoten zelf geene vreemdelingen meer.

— 6.

2. *Annales abbatiae Sancti Petri Blandiniensis edidit reverend. F. van de Putte. Gandavi 1842. 4 pp. XXII en 208. 8 franken.*

Sedert lang had men eene uitgave dezer zoo hoogst belangryke gedenkstukken gewenscht; wy mogen niet ontevreden zyn, dat zy niet eerder verschenen, want in betere handen hadden zy niet ligt kunnen vallen, als in degene, aen die wy hunne bekendmaking nu danken; eene gelukkigere keus uit de zoo zeer ryke overblyfsels der archiven van St. Pieters (in het provinciael archiev te Gent) had moeyelyk kunnen getroffen worden. Voor de kennis van de oude topographie van Vlaenderen is het werk een der kostelykste bronnen; niet min belangryk is het voor geschiedenis en taelkunde.

Zeer verdienstelyk zyn ook de inleiding en de aenmerkingen, die de geleerde uitgever er bygevoegd heeft. In de laetsten verklaert hy bezonderlyk een groot getal van oude gewestnamen, toch laet hy een nog grooter getal onverklaerd; dit is namentlyk het geval by de « historia et privilegia St. Petri Blandiniensis; » ook vonden wy in den index nominum verscheide namen niet, die in den text voorkomen, toch laet zich dit wel verontschuldigen.

Wat den druk aengaet, zoo is het wel genoeg te zeggen, dat het werk uit Annoot-Braeckman's drukpers komt; in dit betrek mag het zich nevens de schoonste Brusselsche uitgaven stellen.

3. *Notes concernant la tradition de Gambrivius, roi mythique de Flandre et de Brabant, par le docteur Coremans.* (Voir t. V des comptes rendus de la commission royale d'histoire, N° 3.

4. *Les contes et traditions populaires considérés sous le rapport de leur importance historique par H. V. D. V. Bruges* 1842.

Het maekt vreugde, zulke verhandelingen in Belgie te zien verschynen, in Belgie, waer — gelyk nog veel in Holland — het grootste gedeelte der geleerden de eenvoudige sage met zooveel minachting aenschouwt. Het verheugt ons woorden te hooren, gelyk de volgende, die de door en door germaensche Coremans in N° 3 spreekt : « La tradition a une valeur historique incontestable; c'est elle, qui fournit à une saine critique les renseignemens les plus précieux sur les idées religieuses, les mœurs, les superstitions de nos ancêtres; c'est elle qui nous permet de suivre les transformations des croyances sous la protection du christianisme, qui tout en rejetant l'erreur et les mauvaises pratiques voulait conserver ce qu'il y a de *vrai*, de bien ou *d'innocent* dans les idées et les coutumes des peuples. » Niet min warm verdedigt de schryver van N° 4 de sage p. 5 waer hy onder anderen zegt : « Ces contes recités partout par nos pères sont sans aucun doute pour la mythologie germanique ce que les légendes apocryphes des saints, ce que les livres sacrés sont devenus plus tard pour la religion catholique, dans ce sens au moins, qu'elles ont également parcouru tous les pays, qui professaient la même religion. »

Wat den overigen inhoud der beide verhandelingen aengaet, zoo behelst de eerste een ryke schat van sagen over den koninglyken patroon der bierbrouwers en bierdrinkers, dien wy tot nu toe als alleen in Belgie gekend aenschouwden, maer die evenwel in Frankonie, Holstein en Ierland, zyne vereeraers en vereeraressen heeft, wiens portrait overal in Duitschland te zien is. N° 4 wendt zich meer naer de mythologie toe en commenteert tot bewys van het belang der sagen die over de roode straet te Veurne, welke wy reeds uit de eerste aflevering kennen.

Beide verhandelingen zyn van hoog belang en wy wenschen uit ter harte, hunne geleerde schryvers nog dikwyls navorschingen dier aerd te zien uitgeven. Spreken wy niet uitvoeriger daerover, dan laten wy dit slechts, om later nog daerop terugtekomen.

O.

5. *Chroniques historiques et traditions populaires du Luxembourg, par Léon Wocquier. Bruxelles et Louvain.* 1° *aflevering.*

Volgens den titel moesten wy in dit werk eene verzameling, gelyk die van Grimm, Bechstein, Kuhn, Wolf enz. verwachten, maer die vonden wy er niet. « L'auteur a voulu donner à l'histoire l'intérêt du roman, au roman la verité de l'histoire, unir l'utile à l'agréable, » (pref. VIII.) en zoo schonk hy ons en zal hy ons nog schenken romantiseerde stukjes uit de Commentarien van Caesar; « voilà l'une des faces du livre, » en deze zyde kan ons zeer weinig bevallen. Voor wien heeft de heer W. zyn boek eigenlyk geschreven? Voor de geleerden? Die danken hem voor zyne romantjes en lezen liever het origineel, waeruit hy schepte. Voor het volk? Dan heeft hy ook ongelyk, want het volk zal hem niet verstaen, noch in zyne tael — want Luxemburg is toch, zoo veel wy weten, grootendeels duitsch — noch in zynen styl. Voor leeszieke petitmaitres en soortgelyk volk? Dan spekuleert hy ook slecht, want die hebben reeds vrees voor die geleerde namen van Indutiomar, Arioviste, Trebata, Eburons enz. Zy zien liever nieuwerwetsche namen, gelyk zy in de romanen van Paul de Kock en Balzac — foei! — te vinden gewoon zyn.

Maer nevens die chroniques historiques zal de schryver ook « traditions populaires » mededeelen. Het zal ons zeer verheugen, die te zien, maer hoe komt het, dat zy zoo dun in het werk gezaeid zyn? Van zestien afleveringen bevatten er dry vyf volkssagen en toch noemt W. de bron der sagen eene « source féconde? » Dat hy ons meer van deze sagen vertelle en min van die romantieke prullen; hy zal aen de wetenschap meer nut toebrengen en men zal zyn boek gretiger lezen, als nu. En zoude het eene schande of eene eere voor hem zyn, op die wyze nevens, mannen te staen, als Grimm, Kuhn, Haupt, Wackernagel, Bechstein, enz.? In der daed, boek en autor konden er slechs by winnen.

6. *Kronyken der straten van Antwerpen door D. Sleekx.* **2 deelen.** *Antwerpen* 1843. 16.

De *Chroniques des rues de Bruxelles* hebben den schryver de eerste gedachte dezes werks doen opvatten, hy bekent dit, maer hy heeft niet met de straten van Antwerpen gehandeld, gelyk Colin de Plancy met die van Brussel. Daeraen deed hy zonder twyfel zeer wel, maer wat hebben wy dus eigentlyk in het boek te zoeken? — « Elk der verhalen heeft eene geschiedkundige gebeurtenis, eene overlevering of eene volkssprook voor grondsteen; » wel, en daerdoor is het werk zekerlyk veel belangryker geworden; niettemin mogen wy er niet mede tevreden zyn, vooral niet met de wyze, waerop hy ons die « *volkssproken* » vertelt. De sage van het melkboerinneken is wel aen iedereen bekend als eene der eenvoudigste, die er bestaen; nu, en die heeft de heer S. tot twee-en-twintig bladzyden uitgerekt. Dat kan toch waerachtig geen christenmensch goedkeuren, want het is meer dan tortuer, zoo voor de arme sage, als voor den goedwilligen lezer. De sage van de gronding der Antwerpsche Cathedrale is noch slechter gevaren, zy beslaet juist acht-en-dertig blz. Zoo is het boek niets meer en niets min, dan een leesboekje, een dier werken, die heden opstaen en morgen vergaen, die men eens voor allemael leest en dan in een hoekje steekt, om ze voor eeuwig in rust te laten. « Antwerpen is mogelyk de rykste stad van geheel Belgie aen plaetselyke overleveringen » zegt de schryver; waerom verzamelt hy dus niet de overleveringen zoo volledig als mogelyk en schenkt ze ons in een gewaed, dat eeuwig nieuw en frisch voor ons alle blyft, in het reine, witte, eenvoudig kleed, wat zy in den mond van het volk hebben? Daerin zyn ze oneindig dichterlyker, dan in de romantische lappen, die hun nu om het lyf slorderen. Buitendien heeft het boek, gelyk het nu is, slechts waerde voor Antwerpen, ten allerhoogste voor Vlaenderen; kon echter de schryver een van Ryswyck in prosa worden, gaf hy ons echte, naekte volks-en historische sagen, dan won het boek een algemeen germaensch belang; de oudheidkundige Oostenryker en Zwitser zou het even zoo gaerne bezitten, als de archeoloog van het verre Ysland.

Wanneer toch zullen wy eindigen, met die ongelukkige franschen zoo ongelukkig na te apen! Zy lachen met ons over die aperyen en gansch Europa, om zoo te zeggen, stemt in dit lachen mede, en wy blyven niet te min de oude apen.

Van dezen jammerlyken hartstogt, libera nos domine.

MISCELLEN.

6. Onder N° 4 der Miscellen vraegde ik naer den waren naem der Onderstraete, te Gent. Van Duyse brengt uit acten van schepenen van der keure 1353 de vorm *d'hongerstrate* by, anders wordt zy doorgaens de *Onderstraet* genoemd en Vaernewyk is dus mis met zyne Donderstraet.

7. Tusschen « ik en darf niet » en « van wie ? » in het kinderspeelken onder N° 1 moet nog de navolgende vraeg en antwoord staen. « Waerom niet ? — Ik ben benauwd. »

8. In een oud reglement van het gasthuis de Byloke te Gent is verboden, « *met eenige evele van Santen*, » besmette persoonen aentenemen. (Reg. SS f. 2 verso stadsarch.). Is dat de sacer morbus ?

9. D' *Snellaert* is, zoo wy vernemen, met een *Kortryksch idioticon* bezig. Adolf Vande Velde verzamelt *Dendermondsche idiotismen, liederen en gebruiken*. Neven Willems zoo lang verwachte *Verzameling van vlaemsche volksliederen*, wier eerste aflevering weldra verschynen zal, zien wy eene andere van *Antwerpsche volks- en kinderliederen* te gemoed. Ook 'het eerste deel van Blommaerts vaderlansche geschiedenis dat onder den afzonderlyken tytel van *Aloude geschiedenis van Belgie* » verschynen zal, wandelt langzaem naer de pers. Hendrickx *Chronyk van Veurne* zal door H. Vande Velde uitgegeven worden; wy hooren met genoegen, dat de brugsche historisch-archeologische maetschappy deze uitgave krachtigst ondersteunt. Het eerste gedeelte van den *Catalogus der provinciael-archiven van Oost-Vlaenderen* door den kundigen *Baron de Saint-Genois*, is afgedrukt en reeds in den boekhandel gekomen. Het *Chronicon Sancti Bavonis*, wiens uitgave *Serrure* over zich genomen heeft, verwacht slechts nog voorrede en inleiding.

10. Den 15 November wierd door Verhulst te Gent een boekje verkocht, wiens tytel was : « De dea Huldea. Trajecti 1746 4°. Zoude de aenkooper ons niet eenige narigt over deszelfs inhoud geven of het voor eenigen tyd aen de redactie toevertrouwen willen ? —

ARCHIVEN.

VOLKSSAGEN.

1. — Malegys Peerdeken.

(Naer handschriftel. bronnen.)

't Was Maendag na kleinen tuindag (kermis) van den jare 1521. Drie jonge dochters, Magdalena Ghyselin, Lucia Larmeson en Maxima Vanden Driessche, uit gebuerzaemheid vereenigd, en door de koelte van den vallenden avond uitgelokt, wandelden langzaem door de stad. In de Tempelstraet gekomen zynde, ontmoetten zy aldaer een klein peerd, dat zonder leidsman was en scheen te dwalen. Dit beest was zoo wonderlyk schoon, aerdig en bevallig van gedaente, dat de drie maegden bleven stilstaen om het te bezichtigen. Het vel van dit peerdeken was wit, zonder hair; en zeer glad; op elke bil vertoonde zich, als of 't borduersel ware geweest, een groene papegaei, en om den buik zag men verscheidene ranken met bloemen hangen; de beenen waren zoo rond als gedraeide pilaren, gouden kwispels vormden de maen, en de steert was van bontkleurige zyden linten samengesteld. Op den rug lag een zadel van rooskleurigen damast.

Terwyl de drie maegden zich aldus door de ongemeene schoonheid van dit peerdeken lieten vervoeren, kwam er van ver een postknecht toegeloopen, die de meester van het verloren beest scheen te zyn. Hy stuerde zich tot die opgetogene vrouwen en vraegde haer of zy wel ooit zulk een welgemaekt peerdeken hadden gezien?

— Neen, antwoordden zy met verrukking.

— Ik geloof het wel, ging hy op eenen beleefden toon voort, want dit peerdeken komt van Japonië. Ik ben er van daeg eerst mede in de stad Ypre gekomen, zyne hoedanigheden maken het nog meer bewonderensweerdig dan zyne uitgelezene gedaente. Het wil zich van geene manspersoonen laten beryden, en werpt degenen er af, die zulks durven beproeven; maer het is byzonderlyk gerigt om jufvrouwen te vervoeren, zoo als gy het aen zynen schitterenden zadel bemerken kunt. Wanneer deze het willen beklimmen, laet het peerdeken zich aenstonds op zyne kniën vallen om haer op zynen rug te ontvangen. En indien het u lustte, jufvrouwen, eene kleine wandeling er mede te doen, zet er u maer alle drie eens op, en zegt waer gy woont of waer gy gaen wilt, het zal er u met alle genoegen heen voeren, als of het zich gevleid gevoelde, tot de dienst der schoone kunne gebruikt te worden.

— Wat dunkt u? zegde Magdalena die de stoutste was, tot hare twee vriendinnen, ik heb nog wel eens te peerd gezeten, en indien gy het wagen durft, zal ik my van voren zetten om te bestieren. Gy zet u van achter en kunt u aen my vasthouden.

— Wy zyn tevreden, antwoordden de twee andere.

— Sa, heb moed, myn Malegyspeerdeken, sprak de postknecht, terwyl hy het beest streelde, buig uwe kniën voor die jufvrouwen, opdat zy u beklimmen mogen.

Aenstonds viel het peerdeken op zyne kniën, en de drie maegden sprongen er op.

— Ja maer, zegde Maxima Vanden Driessche tot den postknecht, gy moogt het peerd niet doen loopen of springen, want ik ben bang van aftevallen.

— Vrees niet, antwoordde de postknecht, het zal niet springen. Zeg maer waer gy zyn wilt?

— Naer huis, spraken de drie maegden te gelyk. Wy woonen nevens elkanders deur in de Recollettestraet.

— Sa, gy hebt het gehoord, myn Malegyspeerdeken, wees gehoorzaem, en ryd met die jufvrouwen voort, zegde de postknecht tot het wonderbare beest.

Magdalena hield zich by den toom vast, die eene gevlochte zyden koorde was, om te bestieren en het fiere beest trad zoo zachtjes voort, dat men ter nauwernood zyne voetstappen hoorde. Maer allengskens-allengskens versnelde de loop des peerds, en 't scheen eindelyk dat het als een pyl langs de baen vloog. Men was reeds de poort uit eer de drie maegden hadden gewaer geworden dat zy misleid waren.

— De avond was gevallen en 't werd onmogelyk den togt aftemeten, dien het peerd aflegde; maer op eens hield het stil, en men bevond zich voor een wonderlyk groot kasteel, waervan de tallooze vensters als zoo vele vuerovens voorkwamen; zoodanig joeg het licht dat binnen in het kasteel was aengesteken zyne stralen er door. De welluidende toonen van duizende muziekinstrumenten bekoorden het luisterend oor der maegden. 't Scheen ook als of men er lustig danste en spronge.

Op eens ging de poort van het kasteel open, en het Malegyspeerdeken met onze drie maegden er op, reed binnen. De postknecht, die niet ten achteren was gebleven, trad ook binnen, en de poort sloot zich van zelfs achter hem toe, zoo dat er niemand meer uit kon. Een oogenblik daerna opende zich eene zydedeur en menigvuldige kostelyk gekleede hof- of jonkvrouwen vertoonden zich aen het oog der Ypresche maegden. In 't midden der kamer stond eene welopgedischte kermistafel, aen welker hoofdeinde een groot heer zat, die de meester van den huize scheen te zyn.

Eenige dier jonkvrouwen stonden op, naderden tot de drie maegden en hielpen haer van het Malegyspeerdeken stappen, dat andermael de kniën boog, en deden ze binnen komen. Maer de Ypresche maegden van hare verbaesdheid nog niet terug gekomen, baden om verschooning voor de ontydige verschyning op de kasteel en wilden het verhael van haer ongeval beginnen. Doch men gaf aen die verschooningen geen gehoor en de maegden waren verpligt het verzoek der jonkvrouwen intewilligen. Zy traden binnen. Haer gezicht was nog niet verzadigd van de uitgelezene kleeding van al die jonkvrouwen, wanneer hare aendacht reeds op den grooten heer was getrokken, uit wiens oogen zulke blikkerende klaerte straelde. Zyne kleeding bestond in eenen grooten tabbaerd van damast, die hem het geheele lichaem bedekte, en op zyn hoofd had hy eene soort van Turksche muts, waer van voren een klein spiegelken uitstak en waeraen van beide zyden diamanten en ander kostelyk gesteente vastgehecht was. Deze heer was niet min heusch dan al die jonkvrouwen en wist door zyne vleijende tael de drie maegden zoo vriendelyk aentehalen, dat zy welstandshalve een plaetsje aen zyne tafel aenvaerdden en een kermisbrokje mede aten.

De drie maegden hadden tot na het avondmael gewacht, om den uitleg van hare wedervaring te geven, en wanneer zy den mond gingen openen om naer eenen leidsman te vragen, die ze weder by hare ouders zoude brengen, welke zich reeds over die langdurige afwezigheid moesten bekommeren, rigtte de groote heer zich van zynen zetel op en sprak:

— Lustig beminde! nu Malegyspeerdeken ons het geluk heeft verschaft, die edele jufvrouwen van Ypre op dit kasteel te ontvangen, mogen wy niets nalaten om haer den avond op eene aengename en vrolyke wyze te laten doorbrengen. — Laet ons pand spelen [1].

En als of al de hofjuffers het gedacht van haren heer riedden, hadden zy zich reeds in eene ronde geschaerd, eer hy die laetste woorden had uitgesproken. Zy lieten een plaetsje open voor de Ypresche maegden en praemden ze zich by haer te vervoegen.

Maer Magdalena Ghyselin sprak: — Ik speel niet mede, want myne ouders zouden ongerust zyn, zoo ik my langer ophielde.

— Ik ook niet, zegde Lucia Larmeson.

— Il wil volstrekt van avond t' huis zyn, zegde Maxima Vanden Driessche, die de jongste was en vreesde bekeven te worden.

Maer op die weigering kregen de oogen van den grooten heer zulk eene helsche uitdrukking, en zyne gelaetstrekken betrokken zich met zulk eene wreede somberheid, dat zy zich weldra in de ronde zetten om zich aen de akelige begoocheling van dit gezicht te onttrekken. De drie maegden meenden eerst dat hare weigering eene onbetamelykheid geweest was, en beschuldigden zich reeds van de ongunstige verandering, die zy in de manieren van die personnagie bemerkten.

Men speelde pand.

Als de beurt aen de drie maegden kwam om de woorden natezeggen, die de groote heer voorsprak, bleef ongelukkiglyk hare gewoone behendigheid in het pandspelen

---

[1] Een spel, waerin men om zekere redenen een voorwerp ten pande geeft. Die panden kunnen niet gelost worden dan by 't volbrengen van zekere straffen, die aen den eigenaer derzelve worden opgelegd. —

in gebrek, en zy waren door zyn gezicht zoodanig onthutst, dat zy telkens misten en moesten pand geven. Dit duerde zoo lang dat de drie maegden alles moesten afgeven, wat zy by zich hadden, zoo dat zy ten laetsten al haer goudwerk, als oorringen, kettingen, ringen en armbanden, zelfs hare kleederen kwyt waren. De maegden wachtten met benepen harte, en in hare hemdemouwen, het einde van dit spel af.

— Nu, zeide de groote heer, eer wy tot de uitdeeling der panden overgaen, moeten wy eens op de gezondheid van het Malegyspeerdeken drinken, dat die jufvrouwen zoo wonderbaerlyk op ons kasteel gebragt heeft.

Op de uitspraek van die woorden, werden de oogen van al die hofjuffers helderder, en schoten vlammetjes, die onze drie maegden schier verblindden. De postknecht trad binnen, schonk de glazen vol, en het schenkboord ging plegtig rond. 'T scheen dat de lippen van den grooten heer eenige geheimzinnige woorden mompelden, en hy, die met onverschilligheid dit tooneel had kunnen bywoonen, zou gezien hebben, dat zyne turksche muts veel hooger stond dan te voren, als of er op zyn hoofd iets verborgens opgroeide, dat haer in de lucht verhief.

Men hief de glazen op en bragt ze aen den mond; maer wanneer de eerste druppel nat over de lippen der maegden had geloopen, schenen zy in eens uit eenen droom te ontwaken en bevonden zich onder den blauwen hemel in het bedauwde gras, dat op den bodem van eene groote diepte groeide. De begoocheling was verdwenen. De drie maegden zaten in eenen put op den Kemmelberg, twee uren van de stad gelegen, alhoewel zy tot nu toe niet wisten op welke plaets zy zich bevonden. Men oordeele met welke verslagenheid de drie maegden elkander bezagen. In 't midden van den nacht, half naekt en op eene onbekende plaets in eene groote diepte gestort, van waer men niets ontdekken kon dan de sterren die aen den hemel glinsterden: Die stomme verbaesdheid maekte weldra plaets aen een wederzydsch beklag over haer jammerlyk lot. Eindelyk zoeken zy eenen middel om uit dien put te klimmen, dwalen hoofd-en blootvoets eenige stonden op den berg rond en ontwaren eene boerenhut, waer zy hare stappen naer toe wenden.

Men klopt aen de deur; de boer staet op en vraegt wat men begeert. De drie maegden verhalen haer ongeval en vragen naer den naem der plaets, waer zy zich bevinden. — Op den Kemmelberg, was 't antwoord, en zoo ik hoor, sprak de boer, zyt gy in de bende der tooveressen geweest, die hier alle nachten op den berg een schromelyk gerucht maken; over een uer zelfs ben ik nog opgestaen, en heb myn hoofd het venster uit gesteken, doch heb niet met allen gezien, dan een groot licht, alhoewel ik gedurig hoorde spelen, zingen en dansen.

De drie maegden baden om kleederen en om hulp; maer de boerinne, die van in haer bed alles gehoord had, riep:

— Neen, Klaes, help ze niet! Ik heb in 't gedacht dat die vrouwen, welke zich zoo naekt aen onze deur durven vertoonen, wel drie tooverheksen zouden kunnen zyn, die komen om ons te bedriegen en ons kind te betooveren, want ik hoor het al schreijen; laet ze ons liever vastgrypen en verbranden.

— Ik geloof dat gy gelyk hebt, vrouw, zegde de man, want het is onmogelyk dat drie Ypresche jufvrouwen, dochters van treffélyke ouders, op zulk een ongevoegelyk uer, en zonder kleederen, op den Kemmelberg komen.

En hy greep Magdalena, die zich het digtste by hem bevond, by haren blauwen onderrok vast. Lucia en Maxima vlugtten en liepen den berg af. Magdalena schreeuwde en worstelde met wanhopigen moed; doch er bleef haer weinig kans van te kunnen ontsnappen over, wanneer by alle gelukke den haek van haren rok lossprong. Dit toeval kwam haer te stade. Zy sprong uit den rok, dien zy in de handen van den boer liet en liep weg.

Na lang door onbekende wegen gedoold te hebben, kwamen onze schamelgekleede maegden met de oogen vol tranen, beschaemde wangen en kloppend harte eindelyk aen eene herberg en klopten daer ook. Zy durfden aen den weerd, die weldra op stond, niet meer vertellen, hoe zy tot dien ellendigen staet gekomen waren, uit vreeze van niet beter dan de eerste mael behandeld te worden, en verzonnen eene leugen. Zy deden den weerd gelooven, dat zy door struikroovers overvallen en uitgestroopt waren geweest. Dit ongeval boezemde medelyden in. De drie maegden werden binnen geleid en van kleederen verzorgd.

— Maer wie zyt gy, vraegde de weerd.

— Ik, sprak Magdalena, ben de dochter van Boudewyn Ghyselin, en deze twee meisjes woonen nevens myne deur.

— Hoe, de dochter van mynheer Ghyselin, myn vriend uit de Recollettestraet te Ypre! riep de weerd uit; indien 't zoo is, ga ik spoedig mynen wagen inspannen, waermede ik verledene week eene vracht hout naer zyn huis gevoerd heb, en u nog van dezen nacht naer uwent geleiden, waer men zeker ongerust zyn moet.

— O doe dit, doe dit, brave man, spraken de drie maegden te gelyk, onze ouders zullen u rykelyk over die daed beloonen.

In min dan een half uer tyds, stond de wagen met een koppel peerden er voor gespannen voor de deur der herberg. De drie maegden, met de kleederen der weerdin gekleed, sprongen er op, en men vertrok.

Men was reeds een uer ver gereden, als de weerd dacht, dat hy van de regte baen was afgeweken.

— Dat is aerdig, sprak hy; ik weet den weg van Kemmel

naer Ypre zoo goed, als mynen Vader-Ons, en nogtans ben ik eene verkeerde straet ingereden.

Men denke hoe bang de drie maegden het kregen, wanneer zy aen het Malegyspeerdeken dachten, dat haer zoo bovennatuerlyk over hek en over haeg had gevoerd.

Dat is aerdig, sprak de weerd weder, ik kan myne peerden niet bedwingen. Wy zyn hier nu in 't midden van eene weide, en ik kan niet begrypen hoe het mogelyk is, dat myne peerden er den wagen kunnen doortrekken.

En de wagen ging sneller om sneller voort en werd met kracht over dyken, door bosschen, over akkers en door beken getrokken. Eene schim vloog gedurig voor de peerden heen. — 't Is de schaduw van Malegys lispelden de drie maegden met beangstheid.

Men kwam eindelyk aen eene breede baen, en de wagen stond stil. De peerden dampten van 't zweet, dat hen afliep. De schim was verdwenen, en de dageraed kwam op.

— De tooverheksen van den Kemmelberg zullen ons misleid hebben, sprak de weerd, die zoo bleek geworden was als de dood; maer haer ryk is ten einde, want ginds in den oosten verschynt reeds het morgenrood.

Op dit oogenblik kwam er een landsman voorby, die naer het veld trok.

— Vriendschap, op wat weg zyn wy hier, sprak de weerd hem toe.

— Op wat weg?

— Ja, ik moet het u vragen, alhoewel het zeer belachelyk schynt, want ik zou den weg van Kemmel naer Ypre blindelings doen, zoo goed weet ik hem, en nogtans beken ik my hier niet.

De landman grimlachte.

— Ik geloof u waerachtig wel, myn vriend; gy spreekt van Ypre, en gy zyt er meer dan tien uren van daen, want gy bevindt u hier op den weg van Steenvoorde naer

Kassel. Ziet gy de stad daer in de lucht niet uitblauwen?

— O Hemel! zuchtten de drie maegden, hoe konden wy toch zoo onnoozel zyn van ons op dit Malegyspeerdeken te zetten; en haer hoofd door te veel ontsteltenis geschokt, zonk op haren hygenden boezem neder.

Wie weet, waer het einde van die wegvoering zoude geweest zyn, indien 't Magelyspeerdeken door 't daglicht niet overrast ware geworden.

'T was met veel moeite dat zy dien dag de stad van Ypre bereikten. Men denke hoe 't by haer terugkomst in 't ouderlyke huis verging. Blydschap en verwondering volgden op kommer en droefheid, by 't verhael van hetgene zy doorgestaen hadden.

Drie jaeren later trouwde Magdalena Ghyselin met Remaclus, en de ongelukkige gebeurtenis, die haer en hare twee vriendinnen wedervaren was, werd op de wanden van de beste kamer geschilderd met de juiste dagteekening. Magdalena legde het onderwerp dier tafereelen aen hare kinderen uit, die dan weder later hetzelfde aen de hunne deden, en zoo is allengskens die geschiedenis tot ons gekomen, met de overtuiging, dat er in vorige tyden nydige tooverheksen haer verblyf op den Kemmelberg hielden, omtrent eenen put, die ter vereeuwiging van het verhaelde, den naem van *Kinderput* heeft verkregen.

JAEK VANDEVELDE.

2. — Sagen van den Langen Wapper, te Antwerpen.

Myn vader zaliger, myne oude moei, de Heer wil hare lieve ziel hebben, alle myne kennissen hebben my in myne jongheid duizendmael van den langen Wapper gesproken, en van de duizende poetsen en grappen en booze stukken, welke dit wonderlyk wezen dag en nacht, hier door geheel de stad Antwerpen aenrigtte. Ik zelf heb er nooit iets van gezien, dat mag ik niet zeggen; maer velen, die het my vertelden, hadden zelven de handelingen beproefd en ondervonden, of waren er ooggetuigen van geweest, of hadden het van de persoonen zelven, die het ondervonden hadden, hooren verhalen.

Het was wel juist altyd geen kwaed, dat hy den menschen deed, het bestond meestal in grappen en spotternyen; nogtans was er onder dit alles iets, dat, zoo ik wel gewaer werd, een ieder kwade vermoedens gaf. Men kon of durfde er het regte niet van zeggen; want hy, die het durfde wagen in den dag eenig kwaed van langen Wapper te spreken, of zyn vermoeden te uiten over hetgeen hy was of kon wezen, wee hem, als hy zich dien avond op straet bevond, hy moest zeker hier of daer door langen Wappers beenen doorgaen, die zich dwars met de voeten aen beide zyden tegen de huizen plaetste, zoo groot, dat hy met het gansche lyf boven de huizen uitstak; en hy brak er menigen in dit doorgaen den nek. Zoo heeft hy al menig burger en burgers kind meêgesleept, wie weet waer! Ik zou toch niet kunnen zeggen, wat hy regt was; en geen wonder, niemand sprak en vry over, als wy nu doen, sedert dat er de stad van verlost is; iedereen had zyne wraek te duchten; wie kon weten of hy niet met hem zelven sprak? Hoe het ook zy, wat of wie hy was, dit bleef steeds een geheim, een raedsel, zoo lang hy in de stad verbleef. Slechts nadat hy verdwenen was, durfde men het wagen, elkander met meer vryheid zyne gedachte over het eigenlyke wezen van dit wonderbaer verschynsel meêtedeelen. Myne schoolmeestersse, die eene kwezel was, sprak er ons zoo dikwyls van, en kon anders niet denken of het was een spook uit de wereld der eeuwigheid; maer ik, voor myn deel, geloof dat het een of ander ryk man van de stad zelve was, die met den boozen een verdrag had aengegaen; ja, zoo ik later zelfs wel gehoord heb, waren er zekere voortreffelyke huizen, die er iets gemeens mede hadden, die van zyne familie waren, en dus belang hadden, de waerheid verholen te houden. God weet, was het niet een of ander geleerde die de zwarte kunst verstond. Velen zegden, het was de duivel zelf. Het gaet allezins zeker dat er de duivel meê gemoeid was; want dikwyls kwam hy uit een rioolgat, van eene kroon groot, te voorschyn.

De Wapperrui en de wallen waren niet de eenige plaetsen, die hy tot tooneel van zyne vreemde bedryven verkoos. Ik heb het reeds gezegd, hy ontrustte de gansche stad. Zoo heb ik wel eens hooren verhalen, dat hy aen de Predikheeren kerk met de kleine jongens diefken speelde; lange Wapper werd in het spel tot beul gekozen; en dat anders zoo al kwansuis gedaen werd, hy hing inderdaed eenen kleinen jongen op, dat hy er den geest by gaf. Lange Wapper sprong in de vliet en liet de speelmakkers verbaesd by het doode lichaem staen kyken. Men zag wel, dat het een duivel was. Eenige dagen daerna huert een kuiper aen St. Pietersvliet eenen gast; deze doet, zoo het schynt, eerst zeer behendig zyn werk; maer de meester beveelt hem, een handvol spaenderen in eene kuip te ontsteken;

en eer de meester het gewaer werd, heeft de gast het vuer in den winkel gestoken, en al de reepen aen stukken gekapt. De woedende kuiper, die dit in eens ziet, wil zyn schelmschen knecht by de haren vatten om zich over zyne schade te wreken; hy ylt hem achterna, terwyl zyn werkhuis in vuer en vlam staet; de gast ontvlugt en springt in de vliet, waer hy verdwynt onder den weerklank van zynen gewoonen schimplach. Toen eerst zag de kuiper, dat hy met langen Wapper had te doen gehad; hy moest zich getroosten met de hulp van zyne geburen, om het vuer zoo haest mogelyk meester te worden.

Kort daerop was hy weêr een brouwersknecht. Hy had op de brouwersvliet reeds eenen geheelen dag gewerkt, wanneer hy eenen zyner maets onder eene gevolde ton, welke hy voortrolde, verpletterde. De gansche hoop vervolgt hem woedende, om den dood van hunnen makker te wreken; langen Wapper springt in het water, in de brouwersvliet; verscheidene brouwersgasten springen hem in hunne razerny achterna en verdrinken.

Gy ziet dat het steeds in nabyheid der grachten, ruijen en vlieten was, dat hy zich ophield. Het was ook dikwyls op de Suikerrui te doen. Er stond daer immers voorheen een beeld van den H. Joannes Nepomucenus? wel nu, dit werd daer geplaetst, om langen Wapper te verdryven. Daervan is het ook, dat gy heden nog dat beeld van den H. Joseph aen den Wapper of oudtyds Wapperrui ziet staen. Sedert dat het daer gezet is, heeft hy de vlugt moeten nemen.

Om nu nog iets optenoemen van de duizende treken, die hy met den klaren dag uitrigtte, hoort wat hy nog al aenving. Hy leurde eens met mosselen en komt voorby een huis, waer vier vrouwen aen de deur zitten te werken, welke hy zyne mosselen aenpryst. Hy steekt er eene open, die hy zeer schoon eene der vrouwen aenbiedt, zy neemt de mossel... en in haer mond was het louter slyk... Hy verschoont zich en maekt er eene tweede open. — Ditmael zien zy alle vier, dat het eene schoone gezonde mossel is. — Eene andere vrouw zou ze inzwelgen. — Wat heeft zy in haren mond? — Eene dikke zwarte spinnekop! Daerop vallen hem de vrouwen te gelyk op het lyf. Langen Wapper verweert zich; zy geraken hevig aen te worstelen. Hy slaet de eene vóór dood de andere na, en verdwynt. — Zoo zaten er ook eens drie jongens in de Ridderstraet: zy zouden gaerne kaertspelen, maer er komt een maet te kort. Lange Wapper komt, en de party vangt aen. Nu dan, na een wyl spelens, geraken de jongens aen het krakeelen, dan aen het vechten. Lange Wapper slaet den eenen na den anderen dood, en verdwynt. Hy was nog al dikwyls van de party by kaertspelers; maer het spel eindigde op allerlei andere wyzen; soms liet hy zich in het krakeel door zyne speelmaets achtervolgen, lokte hen in het water en deed ze versmooren; andermael mengde hy er zich in de herberg mede; zoo als hy eens in den *Hoorn* [1] kwam, daer hy zoo veel gerucht maekte, dat er de anduiten [2] inkwamen, en hy zich door hen doet achtervolgen. Den eenen werpt hy de rui in, de andere springen hem na, allen verdrinken.

In een klein kind vertoonde hy zich wel meer. De lui van Fok vonden eens in de Beddenstraet een versch gebakerd wichtje midden in de straet op een' vuilnishoop liggen; zy haestten zich den armen vondeling in huis te nemen, verwarmen en koesteren hem, geven hem goeden kinderpap van beschuit te eten, en bezorgen hem zoo gedurende tien dagen. Daer wordt hy eensklaps groot en verlaet het huis, al spottende met de goede lui, dat zy hem zoo

---

[1] Herberg waer de Hoorn uithing.
[2] De oude nachtwacht te Antwerpen.

zorgelyk hadden opgepast. Hetzelfde overkwam aen eene waschter, die van de kerk kwam, en onderweg ook een kind vond, dat zy uit medelyden meê naer huis nam, by een goed vuer warmde en met pap voederde van een beschuit, dat zy onderwege kocht. Als hy nu wel gewarmd en gevoed was : « Dank u, moedertje, » zegt hy, « ik had zoo grooten honger en koude; » met deze woorden verdween hy onder zynen gewoonen naren lach door de schouw.

Maer hoor nu, wat er drie jongens wedervoer, die samen over het Kasteelplein uitgingen, om wissen te snyden, en al vloekende hunnen weg gingen. Daer zien zy op eens alweêr een klein net gebakerd kindje midden op den weg liggen. Zy blyven er alle drie verwonderd bystaen, en raedplegen, wat zy met hunnen vond zullen aenvangen. Zy zouden het dan meê nemen naer Pieters huis, en het aen zyne moeder geven. Pieter neemt het kind, dat met een japonneken bedekt was, op beide zyne armen, en zyne twee makkers volgen hem huiswaerts. Al gaende begint Pieter van moeite te klagen; hy kan niet langer, en verzoekt Karel het op zyne beurt te dragen. Het weegt Karel zoodanig op de armen, dat hy er mede valt. Dan dragen zy het met hun tweeën, welhaest moet de derde ter hulp komen. Met hun drieën spannen zy nog al hunne magt in. De eene zegt : « Wy zyn vermoeid van dragen, » en lost daerby zynen gewoonen vloek. De andere zegt : « Ik geloof dat het hier spookt » en wordt bang. Zy kunnen eindelyk niet meer voort en zitten afgemat in het gras neder. Daer rigt zich het kind in de hoogte; het was lange Wapper, die zich met groote schreden en zyn vreeselyk gelach verwydert, en de drie godslasteraers verstomd van schrik liet zitten.

Dan raekte hy weêr het medelyden van den voorbyganger, onder de gedaente van een klein hondje, dat, gedragen, grooter en grooter werd; en ten laetste ontsnapt hy den drager onder zyne gewoone uitermate groote gestalte.

Dat dien armen ouden man weêrvoer was veel erger. Die man had drie kinderen, en geen pyltje stroo om ze op te laten slapen. Op eenen avond vindt hy in het naer huis komen eenen schoonen stroobos. « Nu » zegt hy, den buit verheugd opnemende, « zullen myne kinderen eens zacht in hun leger liggen. » Hy werpt den bos met even veel vreugd in zyne hut op den vloer neêr. Denk hoe hy zich moest ontsteld vinden, als hy zag dat de stroobos leefde en zich oprigtte. De vrouw besproeide het stroo en geheel het verblyf met wywater, en lange Wapper vloog langs den huize uit.

Ja ja, de godvruchtige menschen hadden niet zoo veel te vreezen als de goddeloozen, daer hy volle magt op had; zoo was er eens eene ryke vrouw, die een ongebonden leven leidde en vier vryers had, welke zy beurtelings onthaelde, zonder dat er een zynen medevryer kende. Op eenen avond, dat ieder weêr, elk op zyne bestemde uer, de vryster zou komen bezoeken, had langen Wapper hare gedaente aengenomen. Om tien ure 's avonds komt de eerste. « Wat wilt gy? » vraegt hem de looze Wapper. « Ik wil u ten huwelyk » was het antwoord. — « Gy zult my hebben, op voorwaerde, dat gy op staenden voet naer Onze Lieve Vrouwe kerkhof gaet, en daer gedurende twee uren boven op de armen van het kruis gaet zitten. »
— Een halve uer daerna komt de tweede. « Wat wilt gy? » vraegt de Wapper. — « Met u trouwen » antwoordt de verliefde. — « Dan zult gy eerst op Onze Lieve Vrouwe kerkhof gaen, en daer eene doodkist nemen, daer gy aen den voet van het kruis zult gaen inliggen tot middernacht toe. » — Een halve uer later komt de derde. — « Wat wilt gy? » vraegt de Wapper. « —

U trouwen. » — « Ga dan eerst op Onze Lieve Vrouwe kerkhof, daer zult gy aen den voet van het kruis eene doodkist vinden; daer zult gy driemael met de vuist op slaen, en tot middernacht vertoeven, dan zal ik u trouwen. » — Eindelyk komt de vierde. — « Wat wilt gy? » was alweêr de vraeg. — « U trouwen » — Neem onder in de keuken de yzeren keten, en ga naer Onze Lieve Vrouwe kerkhof, daer zult gy met de slepende keten driemael rond het kruis loopen, en als gy weêrkomt zult gy my trouwen. » — Alle vier de vryers doen wat hun opgelegd was: de eerste was op het kruis gaen zitten, en was van schrik dood ter aerde gevallen, toen hy den tweeden onder hem had gezien, die in de kist was gaen liggen. Deze was van schrik gestorven, toen de derde driemael op de kist was komen kloppen. De derde stierf van schrik, toen de laetste 's middernachts met zyne keten kwam rondloopen. De vierde vond daer nu verbaesd de doode lichamen van drie makkers, welker medeminnary hy geenzins vermoedde. Hy haest zich zyne vryster te gaen vinden om haer het gebeurde te verhalen, en veel meer om het volbrengen der gedane belofte aftevragen. Nu vond hy zyne vryster in eigen persoon, sprak eerst van zyne doode medemakkers, dan van de opgelegde voorwaerde en van de belofte. De vrouw kon van verbaesdheid kikken noch mikken; zy wist nergens van; zy vernam den dood van dry harer minnaren uit den mond van den vierden; zy bezwykt onder de aendoening, en de vryer brengt zich zelven om.

Maer, kwamen de lieden, die van hem achtervolgd of gestoord werden, voorby een Lieve Vrouwe beeld, dan waren zy van zyne listen verlost. Nimmer kon de Wapper voorby een Lieve Vrouwe beeld of een kruis; en het is ook sedert dien dat men begonnen heeft beelden op al de hoeken der straten te zetten, dat hy het hier niet langer heeft kunnen uithouden. Men beweert dat hy thans ergens op den oever van de zee zweeft; sommigen zeggen dat hy te Blankenberg de visschers en hunne vrouwen kwelt.

 Antwerpen.   F. H. MERTENS.

3. — De Scheidspael.

Digt by het dorp *Vierzel*, woonde ten tyde een boer, die door de drift om zyne bezittingen te vergrooten zoodanig was ingenomen, dat hy niet vreesde, om de uitgestrektheid zyns velds te vergrooten, den pael, die hetzelve van dit zyns buermans afscheidde, eene ruimte voorttezetten en op die wyze een goed aental roeden gronds intepalmen. De buerman, die een braef man was en op geene bedriegery dacht, had die onregtvaerdige daed niet opgemerkt, en de bedrieger mogt, zyn leven lang, de vrucht zyns diefstals genieten. Deze laetste stierf eindelyk, en sedert dien tyd zagen de boeren van de omstreek alle nachten tusschen twaelven en één uer een man op het veld rondloopen. Hy torschte eenen zwaren pael op de schouderen en riep gedurig: » waer zal ik hem laten? waer zal ik hem laten?. »

Meer dan één inwooner des dorps had die vervaerlyke verschyning voor oogen gehad en was met angst van de plaets gaen vlugten.

Jaren lang had de schim reeds gezwerfd, toen, op zekeren keer, een boer, door den drank verhit, en wie, zyne beenen in het naer huis gaen niet verder wilden dragen, zich op het gevloekte veld ten slaep nederlegde. De geest verscheen als naer gewoonte met den pael, en riep wederom: « waer zal ik hem laten?. » De dronkaerd hief het hoofd half op, zag de verschyning en antwoordde: « draeg hem, lompert, waer gy hem gehaeld hebt! » — « Nu ben ik verlost! » riep de schim, en zy ging den pael in zyne eerste plaets herstellen en verdween.

De dronkaerd was dusdanig door het uitwerksel zyns antwoords getroffen, dat hy op staenden voet nuchter werd en met de vrees in de ziel zich naer huis spoedde, waer hy het geval aen zyne vrouw herhaelde, die het des anderen daegs het gansche dorp door verspreidde.

Antwerpen.   P. F. VANKERCKHOVEN.

4. — De Brandende Gelei (*schoof*).

(KIELDRECHT.)

Een verongelukte schipper, die tot voortzwerving veroordeeld is, verschynt des avonds, in de gedaente van eenen brandenden *gelei* (schoof), komt uit zee op, verheft zich in de lucht, en neemt somtyds eene rigting naer het dorp *Verrebroek*. Eens vindt hy een' naer huis keerenden schipper, volgt hem op, en verlaet hem slechts by het binnentreden zyner wooning, wanneer de ongelukkige door vermoeijenis en schrik in onmagt ter aerde viel.

Kieldrecht.   H. COPPENS.

5. — De Duivel van Nederbraekel.

De knecht van eenen ryken pachter had al zyn geld verkwist en kwam laet in den avond, wankelbeenend van dronkenschap, naer de hoeve terug. Sombere gedachten speelden in 't hoofd van den armzalige, die voor de roede zyns meesters, zoo wel als voor de gevolgen van eene ledige beurs, beducht was. In zyne zwakke, doch heete geestgesteltenis besloot hy zyne ziel aen den duivel te verkoopen, om zich aen dit droevig uitzicht te onttrekken, wanneer hy eenen kruisweg naderde, waer hy op al de duivels riep, en zwoer, dat hy zyne ziel veil had. Een duivel kwam en zegde hem, dat hy zyn oogwit niet bereiken kon, ten zy hy voorafgaendelyk eene *zwarte hen* aen den opperste van het onderaerdsche ryk opofferde, 't geen hy beloofde te doen. Hiertoe werd 't klokslag van den twaelven des nachts vastgesteld. Tegen dat dit akelig uer naderde, stond onze knecht met de zwarte hen, die hy zyn' meester ontnomen had, onder zynen kiel, op de voorzegde plaets. Ter nauwer nood had de klok den eersten slag gegeven of al de duivels kwamen te voorschyn. De opperste trad voren uit en nam de hen aen, die de knecht sidderend uitstak. Nu werd de koop gesloten; en tot waerborg dier overeenkomst moest de boerenknecht zyn handteeken met bloed op een boeksken zetten, dat de duivel had medegebragt.

De knecht werd van zynen meester niet berispt en zyne broekzakken waren nooit ledig. Telkens dat hy de hand daerin stak, haelde hy er een stuk van *acht en een oortje* (1) uit, waermede hy het gelach betaelde, wanneer hy in eene kroeg had te drinken gezeten. Eens dat hy de schapen van zynen meester wachtte, waren deze door zyne onachtzaemheid op eene vreemde erve geloopen, waer zy groote schade aen de vruchten toebragten. De boer, aen wien deze grond toebehoorde, had zulks gezien en kwam toegeschoten, om zich over die beschadiging op den herder te wreken. De schaepherder kende de licha-

---

(1) Oud geldstuk doende 75 centimen.

melyke kracht van den boer te wel, om ze niet te vreezen, wanneer de list des duivels hem ter hulp snelde. — Schaepherder en schapen waren in mesthoopen veranderd, eer de boer ter plaetse was gekomen, waer hy verwonderd zal hebben staen kyken.

Zoo leefde die knecht immer voort; maer de vyf jaren, na verloop van welke de duivel bezitter der ziel moest worden, waren weldra om, en de verkooper vreesde niets meerder dan dit oogenblik. — Wat doet hy? — Hy gaet by den pastor van Nederbraekel, aen wien hy alles openhartig biecht. Deze, eene christene verdwaelde ziel aen 't helsche vuer willende onttrekken, doet hem eerst eene akte van berouw verwekken, en zegt hem dan, dat hy den volgenden dag, zynde den afgrysselyken valdag, by hem ter pastory zoude komen. De knecht was nog geen half uer by den pastor in huis of men hoorde een groot gerucht van kettingen en spooken in den schoorsteen. De knecht, die er juyst onder zat, werd door schrikbaren angst bevangen, en niet zonder reden, want hy werd van zelfs omhoog geheven en scheen voor eeuwig verloren. Maer de pastor, die op de kracht des gebeds zyne hoop had gebouwd, zette zich ylings op de kniën en murmelde het St. Jans-Evangelie. De knecht, gedurende dit gebed onophoudelyk op en nedergeheven, viel eindelyk half dood van schrik, ellendig gekneusd en bebloed, op den grond, met het boeksken nevens hem. En de duivel was weg en bleef weg.

JAEK VANDEVELDE.

6. — De bedrogen Vioolkrabber.

Een oude vioolkrabber kwam vergenoegd van een' kermisdans te Opbrakel, waer hy veel geld met zyne kunst had byeenverzameld. Hy moest door een bosch naer Nederbraekel terug, waer hy woonde. 't Was middernacht, en Kartof, (zoo was de naem des oude), die van de Amerikanen de drift naer tabak ontleend had, zou gaerne zyn pypje nog eens aengestoken hebben, indien de gelegenheid zich daertoe maer hadde aengeboden. By alle geluk, ontwaert hy in 't midden des boschs een lichtje, waer henen hy zyne stappen wendt, om zynen rooklust te voldoen. Dit licht, wanneer hy nader by gekomen was, was niet min dan een groot houtvuer, om hetwelk mannen en vrouwen dansend rondliepen. Kartof vraegt om wat vuer, en twintig handen zyn gereed om hem te dienen. Lustig trok nu de speelman aen zyne pyp en blaesde genoegelyk de golvende rookwalmen voor zynen mond weg. De vrolyke dansers, een oogenblik in hunne vermakelykheid onderbroken, zien de viool onder den arm van den oude steken, en vragen hem, of hy voor hen ook niet een kadrilleken wilde spelen. Ja wel, was 't antwoord, en men begeeft zich al te gelyk naer de groote zael van een nabyliggend speelgoed of kasteel. De vioolkrabber stemt zyn instrument, en men brengt hem intusschen een kostelyk glas wyn te drinken. Nu aen 't dansen en aen 't springen, terwyl de vedel ronkt. De dansers om den speelman aentewakkeren, staken t'elken reize, dat de boogstreken verflauwden, een stuk goud in de viool, 't geen de arme man met gretige oogen aenzag. Kartof's glas werd ook telkens gevold als het ledig was. Maer die twee dingen werden zoo dikwerf herhaeld, dat de oogen en de vedel van den speler beide om te zwaerder werden, en de eerste eindelyk van dronkenschap toevielen, zoo dat Kartof in slaep geraekte en de dans ophield. —

De zon was reeds hoog gerezen, als Kartof wakker werd, die zyn zwaer hoofd eens opligtte, om te zien waer hy toch zoo lang mogt geslapen hebben, en die zyne gedachten een weinig zocht byeen te rapen. De oude lag in 't midden van 't bosch, omtrent eenen hoop asch, waer nog houtskolen in lagen te glimmen. Hy staet verwonderd op en tast naer zyne viool, want, hoe dronken de sukkelaer ook geweest was, had hy 't gebeurde van den nacht niet vergeten. Hy keert zyn speeltuig om, om er de goudstukken uitteschudden, die hem zoo aenlokkend schoon waren voorgekomen, maer — ô byster bedrog! — het waren niets dan beukenbladeren, die op den grond neêrvielen. By nadere herinnering, moest de man zich eindelyk voor overtuigd houden, dat loutere spooken hem die poets gespeeld hadden, wyl hy in al de omstreken nooit een kasteel gezien had, dan hetgene de geesten er dien nacht hadden doen verschynen en verdwynen.

Jaek Vandevelde.

7. — De Kabautermannekens.

Tusschen Turnhout en Casterlé ligt een berg, welke men tot heden toe nog *Kabautermannekens-berg* noemt, omdat daerin een dwergenstam van dien naem gewoond heeft. Deze dwergen waren zeer talryk, en lieten niet na aen al de inwooners dier streek het grootste ongemak en de grootste schade te doen; zoodra het maer avond was lieten zy niemand gerust en gingen dan overal wat hun het meeste aenstond of bevallen kon, weghalen. Het vee, geld, en alles werd door hen medegenomen; zy waren eene regte plaeg voor de geheele omstreken.

Er leefde alsdan te Casterlé een boerenknecht, welke zeer verliefd was op de dochter van zynen pachter; het meisje ook beminde hem zeer; nogtans wilde haer vader geenzins van hem hooren en weigerde hem stellig zyne dochter, ten zy hy eene zekere som gelds konde bybrengen. Na vele middelen gezocht te hebben, om dit geld te verkrygen, besloot eindelyk de arme knecht zich tot de Kabautermannekens te begeven, hun om genade te smeeken en hun de som te vragen. Tegen den avond raekte hy met het vee binnen in den berg en klaegde, weende en schreide daer zoo bitter, dat zy hem de som toestonden. Hy ging dadelyk naer het huis van zyne geliefde, trouwde met haer, en zy leefden gelukkig.

Brussel. E. E. Stroobant.

8. — De Klok van Vosselaere.

Te Vosselaere (een dorp op één uer afstand van Turnhout) had men eene nieuwe klok in den toren gehangen zonder dezelve te wyden of te doopen. Wanneer zy 's middernachts ophield met de uer te slagen, kwam de duivel, rukte ze uit den toren en vloog er mede weg. Op eenigen afstand van het dorp liet hy ze vallen (achter eenen zavelberg, genaemd Konynenberg) en men ziet nog het gat langs waer zy in de hel gezonken is.

E. E. Stroobant.

9. — De Katten van Ravels.

Op eene weide, genaemd den *langen reep*, te Ravels (een klein dorp op één uer afstand van Turnhout) is een kuil — klein water — alwaer alle nachten eene vergadering van tooverheksen, in de gedaente van Katten, plaets heeft. — Eens had zekere boer eene wedding aengegaen dat hy een' stok in den kuil zou gaen steken. Maer zie, nauwelyks kwam hy terug, of het scheen hem toe, dat eene dier katten hem altyd volgde; en sedert zag hy die Kat altyd aen zyne zyde, tot dat hy, om zoo te zeggen, van schrik is gestorven.

E. E. Stroobant.

10. — De Brandende Heurst (1).

In het gesticht de *Luitagen* niet ver van Antwerpen, leefde over ettelyke jaren een boer, die, zoo als men zegt, noch van God, noch van zyn gebod hield: men herinnerde zich niet hem ooit in de kerk gezien te hebben. Zyn grootste vermaek was niet alleen door woorden, maer ook door werken den spot met de godsdienst en derzelver geboden te houden. Hy werkte drie honderd vyf en zestig dagen in het jaer; dat is te zeggen, dat er voor hem geen zondag bestond. Hy dreef zelfs eens de godvergetenheid zoo ver, dat hy op den heiligen dag van Kersmis met zynen heurst

---

(1) Een wagen, slechts uit twee hooge wielen en een as bestaende, waermede men balken en andere zware gewigten vervoert.

naer het veld reed en boomen, welke hy eenigen tyd te voren had afgekapt, naer huis voerde.

Eenigen tyd daerna stierf die goddelooze, en nog jaerlyks, op Kersnacht, zien hem de boeren met zynen heurst over het veld ryden; vlammen omgeven hem; en het werktuig en het peerd zyn blakend als hy. Wanneer de dag opkomt, verdwynt alles tot het volgende jaer.

F. V. Vankerckhove.

11. — De Hunsberg.

In de gemeente Merchtem (provincie Zuid-Braband, by Brussel) is er een berg, genaemd den *Hunsberg*; volgens eene aloude overlevering zouden de Hunnen zich aldaer opgehouden hebben; de meening van het volk is dat zy er een gouden kalf (hunnen God) onder begraven hebben.

Brussel.   K. F. Stallaert.

12. — De Pensjager van Wetteren-Overbeke.

Pensjagers waren persoonen, welke zonder toelating van den heer op wildvangst uitgingen. Te Wetteren-Overbeke was er een, welke den ganschen dag op de jagt was geweest en niets had geschoten. De tegenspoed maekte hem hardnekkig, en hy bleef den ganschen avond in 't yeld, in de hoop van eenig wild te ontwaren en niet zonder buit naer huis te moeten keeren. Het was juist middernacht, toen hy eenen haes in den maneschyn op weinigen afstand van hem in de klaveren zag spelen. De pensjager legt op het dier aen, en schiet; maer de weerstoot van 't vuerroer tegen zynen schouder was zoo hevig, dat hy omdraeide en omver viel. Hy staet op, onderzoekt zyn wapen, en bevindt dat de loop gansch krom is geworden. Dit voorval kwam hem zeer vreemd voor, daer hy zyne lading niet zwaerder dan naer gewoonte had gemaekt, en hy beschuldigde zyne vrienden reeds van eene onbetamelyke grap, wanneer het dier, dat hy dood waende, opstond en naer hem toe kwam, in steé van te vlugten. Wat ziet hy? de haes was in een zwarten bol veranderd en rolde langzaem herwaerts. De arme jager loopt weg van schrik, want er bleef hem geen twyfel over of 't was de duivel zelf, die hem achtervolgde; doch de zwarte bol rolt hem immer achter na en wordt steeds grooter en grooter. Eindelyk, nadat het hem van loopen het zweet langs alle kanten uitberste, klimt hy op eenen hoogen tronk, waer hy zich vry geloofde; maer de zwarte bol kwam voor den boom gerold en was zoo groot dat het al duister was, dat de jager voor oogen zag. Doodelyke angst beving hem. Dit monster, dacht hy, kan niet anders zyn dan eene waerschuwing van den Hemel, omdat ik de wetten van de heerlykheid had overtreden. De pensjager liet zich op zyne kniën vallen en beloofde nimmer te zullen jagen, en in hetzelve oogenblik verdween de zwarte bol.

13. — De Lange Man.

Aen den Plaetsenberg, te Massemen-Westrem., verblyft een onzaggelyke reus, die men den Langen Man noemt. Wanneer iemand laet in den nacht voorby den Plaetsenberg gaet, wordt hy vergezeld door eene hooge zwarte schim, welke de gedaente heeft van eenen mensch. Die schim gaet niet, maer zweeft langzaem over den grond, met toegesloten beenen, styven hals en hangende armen, immer ter zyde van den wandelaer, die nooit nalaet van haer te groeten; want de Lange Man moet diegenen, welke dringende zaken laet buiten 't dorp hebben gehouden, als een beschermgeest voor alle ongevallen behoeden en hen tot aen de deur hunner wooning vergezellen, waer de reuzenschim zich eens styf omdraeit, het hoofd buigt en verdwynt.

14. — De Zwarte Hoenders.

Te Herzeele is men in 't geloof, dat er alle nachten omtrent den twaelven een zwart hoen op de vier hoeken van elke kruisstraet komt zitten en met den dageraed weder verdwynt.

(Dit hoen hoort byzonderlyk in het land van Aelst te huis, waer het in de spookverhalen zoo onontbeerlyk is, als het handteeken, dat diegenen, welke een verbond met den duivel aengaen, met hun eigen bloed moeten verleenen.)

15. — Het Wit Schaep.

Te Massemen-Westrem, in het Raemstraetje, verschynt alle nachten een wit schaep. Men zegt dat er op de parochie eene verborgene spelonk is, waerin dit dier zich by dage ophoudt. Wanneer het wit schaep te voorschyn komt, hoort men een zoetluidend muziek in de nabuerschap, dat niet zwygt voor aleer de geest verdwenen is. Niemand kan dit vreedzaem beest aenroeren, want by welke pooging, die men daertoe doet, zweeft het als een geest voor de voeten van den vervolger weg en verschynt weêr eenige oogenblikken daerna achter deszelfs rug, op de plaets, waer hy 't schaep eerst gezien had.

Waerom dit wit schaep alle nachten op die gestelde plaets terugkomt, weten de inwooners der parochie niet te verklaren. Denkelyk, zeggen zy, is het een kind of maegdeken, dat de eeuwige rust niet kan genieten, voor aleer eene godvruchtige hand haer zielken uit eenen toestand zal getrokken hebben, waerin eene onverwachte dood dezelve heeft geplaetst.

16. — De Reis naer Egypte.

Pieter van Wetteren ging met den duivel, aen wien hy zyne ziel verkocht had, om. Hy stond zelf met hem zoo nauw in verband, dat hy in de geheime raden der helle toegelaten werd, op voorwaerde van den mond gesloten te houden, zoo lang hy er tegenwoordig was. De plaets waer de onderaerdsche geesten zich vergaderden, was ergens in Egypte gelegen. Hoe oneindig derzelver afstand van Wetteren was, kon Pieter, door toovermiddelen geholpen, denzelven op zoo korten tyd afleggen, dat, wanneer hy een kwaert voor middernacht vertrok, hy nog al den tyd had om de vergadering bytewoonen, welke op klokslag van den twaelven met hare beraedslagingen aenvang nam. Eens was Pieter met zynen vriend ter herberge gezeten, en beiden hadden zoo lang geklapt en gedronken, dat het zeer laet geworden was zonder dat zy het wisten. In 't midden van een hevig gesprek, trekt Pieter zyne horlogie uit den zak, en ziet dat het maer tien minuten voor den twaelven meer is. Vriend, zegt hy, neem het niet kwalyk dat ik u spoedig verlate, want myne tegenwoordigheid wordt ergens anders vereischt, ik vertrek. — Waer wilt gy henen op dit uer, zoo het niet naer huis is? — By uwe vrouw, die zeker reeds lang naer u wacht? — Neen, vriend, daer is myn wyf aen gewoon, want die ziet my nooit voor den dageraed. — En waer gaet gy zoo lang? — Naer Egypte. — Naer Egypte? gy lacht met my, want daer kunt gy nooit geraken, ten ware dat er de duivel u naer toe voerde. — Juist geraden. — Wat zegt ge? — Hoe, gy verschrikt! nu, vaerwel tot morgen. — Neen, ik verlaet u niet, Pieter. — Dan gaet gy mede. — Ja. — Dit is my aengenaem; kom en gy zult zien. De twee vrienden trokken de herberg uit en kwamen aen eenen kruisweg. — Zyt gy nog altyd voornemens my te volgen? — Ja, Pieter, waer gy gaet, ga ik, want wy zyn vrienden tot in den dood. — Nu, zet u op den bussel stroo, dien gy daer ziet liggen, want dit is myn peerd; maer eer wy vertrekken, moet ik u verwittigen, dat, zoo lang gy op deze plaets niet terug zyt, het op doodstraf verboden is te spreken. Beiden zetten zich neder, en Pieter riep met luider stemme: « Over bosch, over berg en over dal! » en zy vlogen de lucht in.

Eer de middernachtklok zich had laten hooren, waren zy in de vergaderzael van Egypte. Geen mensch zou kunnen vertellen wat duivelsch rumoer er al omging. De twisten eindigden gelukkig met eenen lekkeren maeltyd, waeraen onze nieuwe gast, die van reizen afgemat was, zynen buik eene zielmis dede, en in de kostelykste spyzen eene vergoeding zocht voor de stilzwygendheid, waertoe hy veroordeeld was. Eindelyk komt er voor 't nageregt eene groote schotel met spys op, waervan de reuk zeer onaengenaem was. Pieters vriend bedient er zich een weinig van, sipperlipt er eens aen, maer spuwt het weder uit. Er schoot hem een afgryselyk gedacht te binnen, dat hem walgen deed. — « Ei, Pieter, 't is menschenvleesch! » roept hy; die onvoorzichtigheid stond hem duer. De zael verdween als een droom, en Pieter was weder te huis in zyn bed, waer hy te zweeten lag, dat de droppelen hem 't lyf afliepen. Zyn vriend was in Egypte gebleven. De dag ging in angst en droefheid voorby. — « Hoe! geen middel om myn vriend te redden, » zuchtte Pieter, « hoe zal ik my over zyne afwezigheid verontschuldigen! » — De nacht was wedergekeerd en Pieter zette zich schrylings op zynen stroobussel en vertrok nogmaels om eene pooging ter verlossing van zynen vriend te doen, want dag op dag moest de overtreder geregt worden. Alles was tot de onthoofding gereed gemaekt, en een der duivels hief het zwaerd reeds op, om 't gebukte hoofd afteslaen, als Pieter nog een kwart uers van Egypte was en dit zag. — « Ju, Ju! » riep hy driftig tegen zyn paerd, en in een vlugt schoot het stroo juist met de haren onder 't zwaerd van den beul, toen het nederviel. Door dit toeval was de slag gebroken en de vriend van eenen zekeren dood gered. Nu togen beiden weder gerust naer Wetteren, en het verbond, dat Pieter met den duivel had aengegaen, werd door het godvruchtig toedoen van zynen dankbaren vriend vernietigd, en zyne ziel uit de klauwen van de verdoemnis verlost.

17. — De vreemde Dans te Herzeele, in den Daelmeersch.

Drie jongheden van Herzeele gingen eens te samen naer de kermis van Hillegem en zagen er eenen vreemden dans dansen, waervan de herinnering hun gedurende den ganschen avond, verleidend voor den geest zweefde. By 't terugkeeren, moesten zy door den Daelmeersch trekken, en bleven in midden van denzelven staen. « Indien wy gevieren waren, » zegde een der knapen, « zouden wy den vreemden dans eens kunnen dansen, welken wy te Hillegem gezien hebben ». Het woord was nog zoo gauw niet uitgesproken of een vierde persoon trad by, nam de drie jongelingen by de hand en danste met hen in eene ronde, zoo lang en zoo vlugtig, dat hun hoofd begon te draeijen en alle drie eindeling zonder kennis op den grond nedervielen. Wanneer zy weder tot zich zelven kwamen, was de zon reeds opgestaen en de geest verdwenen.

18. — Het Ryzende Kruis, te Herzeele.

In de Molenstraet, te Herzeele, staet tegen de baen een kruis geplant, ter gedachtenis van eenen man, welke aldaer is verongelukt. Aen dit kruis verschynt er alle nachten eene schim, dan eens onder de gedaente van eenen pastor en dan eens onder die van eenen heer, doch altyd in 't zwart. Men weet niet wat die nachtverschyning beduiden mag, maer men bemerkt dat het kruis na verloop van weinigen tyd tot aen den voet ontbloot is, en dikwyls op de rybaen omvergeworpen ligt (1).

19. — De Duivel van Massemen-Westrem.

Jan was voor een dronkaerd en een' vloeker gekend. Eens was hy weder zoo stom dronken, dat de herbergbaes, by wien hy zich tot die buitensporigheid had overgegeven, hem by de kraeg vatte, op straet wierp en de deur toesloot. Jan trok, zoo veel het zyn toestand toeliet, naer huis al sukkelend en vloekend terug, tot aen de Molenbeekbrug, waer een bosch staet en zyne vloeken een' echo in het duister ontmoetten. Hy, verschrikt, blyft staen, en ziet een vervaerlyk dier, dat kruipend naer hem toe toog, en hem met vurige oogen beziet. Hy maekte zich een kruis, doch 't dier werpt hem, spottend, vuer en rookwalmen uit den muil toe. Hy las eenen Vader Ons; en nog bleef by dit gebed het dier hem by voortduring tergen. Hy dacht dan aen de kracht van St.-Jans Evangelie, zette zich op zyne kniën, murmelt de eerste woorden van hetzelve, en de duivel verdween. Jan gevoelde, in 't naer huis gaen eene huivering door al de leden, welke hem aentastte telkens dat hy de Molenbeekbrug overtrad. Hy schreef dit pynelyk gevoel aen de boosheid van den duivel toe en hing een kapelleken ter zyner beschutting aen een' der boomen van het bosch. Sinds komt de duivel daer niet meer terug.

J. Osschaert.

(1) Die sagen 12-19 zyn medegedeeld door J. Vandevelde, in Dendermonde.

20. — De Koordendansers, te Herzeele.

Daer waren eens Bohemers te Herzeele gekomen en sloegen hun kamp neder in eene vallei. In die vallei hadden ze ook eene koorde gespannen, waerop zy zich in 't dansen oefenden. — « Ei, kyk zegde een jongen, die daer voorbyging en dit zag, » zoo zou ik willen leeren dansen ». — Dat kunt gy gemakkelyk, » antwoordde een Bohemer en deed den jongen nader komen; » daer is een poederken, eet dat op, en dan kunt gy zoo goed dansen, als den besten van onder ons. » De jongen at dit poederken op en werd in eens zoo ligt te been, dat het scheen dat hy op de aerde niet meer gaen kon. De minste beweging, die hy maekte, ging hy omhoog en danste op de korenaren, op den toren, op de boomen, op de takken, ja zelfs tot op de bladeren toe. De inwooners van het dorp hadden dit lang bemerkt, en gingen eindelyk by den pastor om hem van den bovennatuerlyken danslust van dien jongen te spreken, en ten zelven tyde te zeggen, dat sinds hy die kunst aengewonnen had, hy ook niet meer naer de kerk ging. De pastor deed den jongen by hem komen, las het St. Jans Evangelie over hem en joeg alzoo den duivel, (want hy was bezeten, zegden de inwooners) zyn lichaem uit. De jongen werd als te voren, en liep weder met logge voeten over de aerde.

J. V. D. V.

21. — De Helleput, te Dendermonde.

De oorsprong van die benaming wordt op twee wyzen verhaeld. De eerste heeft de heer Van Duyse in het kunsten letterblad medegedeeld, de andere is deze:

Men had den aenkoop gedaen van eene nieuwe klok voor den toren der groote kerk van Dendermonde. Korts na dat dezelve gehangen was, moest er eene begrafenis met de hoogste dienst gebeuren, en de klok werd, te dien einde, in beweging gezet. Maer hoe hevig er by de koorde werd getrokken of niet, de klok bleef stom. De verwondering was groot. Men klom ten toren in om te zien wat er aen haperde; niets ontbrak er aen de werktuigen, en de klepel sloeg wel degelyk tegen den buik van het brommetael, maer zonder eenig geluid voorttebrengen.

Onze hedendaegsche waenwyzen hadden zonder aerzelen de fout daervan op den hals van den klokgieter gelegd. Maer onze goede voorouders oordeelden er geheel anders over, en herinnerden zich weldra, dat, de klok nog niet gewyd zynde, de duivel er wel mede zoude kunnen bemoeid zyn. Dit gedacht werkte zoo krachtdadig op hunnen bygeloovigen geest, dat er zonder uitstel tot die kerkelyke plegtpleging werd overgaen. De uitslag deed zien, dat hun vermoeden niet geheel ongegrond was, want de doop was nog niet ten einde, als men een gerucht in den toren hoorde. De klok had zich van zelfs in beweging gezet, en 't gebrom hief zoo geweldig aen, dat de kerk daverde. Op eens vloog de duivel, onder de gedaente van eenen grooten zwarten klomp de klokgaten uit, zweefde over de stad en plofte plotselings op den grond neder, waerin de geest verdween. Voor eeuwig vormde zich te dier plaetse eene peillooze holte, die vol vuil water schoot, en aen welke tot heden toe de naem van Helleput is bygebleven.

V. D. V.

22. — Het Jippenesse-straetje, te Audegem (by Dendermonde.)

In de eerste helft der voorgaende eeuw waren er nog, zegt men, Bohemers, zigeuners, of zoo men ze hier noemt, Jippenessen in de omstreken van Dendermonde.

Te Audegem is een straetje, dat te dien tyde over heuvelen liep; deze heuvelen hadden de Jippenessen met holen doorboord, waerin zy, jaer in jaer uit, hun verblyf hielden.

't Grootste wonder, dat de ouderlingen van dat zwervent volk vertellen, is, dat zy altyd hun vuer tegen schuren en graenmyten maekten, zonder dat nogtans de vlam aen die ligtontbrandende stoffe schaedde; op dit vuer werden de katten gebraden, die zy des nachts op de pachthoeven stalen.

Die kattevangers verdwenen omtrent 1740 en de heuvelen na hen; maer de plaets, waer zy verbleven, heeft den naem van Jippenesse-straetje behouden.

J. V. D. V.

23. — God Zegene U!

Een man van Verrebroeck ging eens naer Vracene, en het werd avond, eer hy al zyne bezigheden daer verrigt had. In het wederkeeren verdwaelde hy van den regten weg, en kwam eindelyk in eene herberg, waer hy een gezelschap van deftige persoonen vond, die onder het ledigen van eenen beker Champagnewyn zich vrolyk verlustigden. Nauwelyks hadden zy hem gezien, als een van hen op hem toekwam en hem ook eenen beker aenbood.

Daer hy grooten dorst had, nam hy den beker gulhartig aen, trok zyne muts af en zeide met veele beleefdheid tegen het gezelschap zyn gewoonlyk : « God zegene u, myne hooggeëerde heeren en vrouwen : » Maer hy had het laetste woord nog niet uit den mond, als het gehcele gezelschap verdween, en hy zat met zynen beker in de hand, niet meer in de herberg, maer op eenen elshouten struik.

De beker is tot eene herinnering lang te Verrebroeck te zien geweest,

Lodewyk Vermeiren.

24. — De Tooveressen van Doel.

In het begin van de laetste eeuw was de gemeente Doel de verblyfplaets van eene groote menigte van tooveressen. Deze verzamelden zich elken nacht op eene bygelegene weide en begonnen daer lustig te dansen, maer dat gebeurde altyd juist op dezelfde plaets. Tot heden toe heeft er daer geen gras gegroeid.

H. Coppens.

25. — De Roodestraet, te Veurne.

Ten oosten der stad Veurne ligt eene straet, bekend van aloude tyden onder den naem van *Roodestraet;* deze leidt door de weiden naer het *Duivekot,* eene groote hofstede met kapel, die toebehoord heeft aen het klooster der predikheeren. Alle nachten zag men, vóór de fransche ontwenteling, eenen wagen zonder paerden uit die straet komen, op de markt te Veurne eenigen tyd blyven staen en verdwynen. In de weiden rond de voormelde hofstede ontmoette men dikwyls, wanneer men des nachts alleen was, de gedaente van een kalf, van eenen os of van een schaep, maer deze geesten deden geen kwaed en waren niet meer zichtbaer als men dezelve naderde. De boerin der hofstede ontwaerde alle nachten iets, dat zich op het voeteinde van haer bed kwam leggen, en als zy de beenen uitstak, dan gevoelde zy het vel van een beest. Over den ingang der hofstede bevindt zich een straetje, *Tooveressestraetje* genaemd, waer men des middernachts in het donker de tooveressen zag in eenen kring dansen; zy maekten somwylen zoo een gehuil en getier, dat er niemand durfde voorbygaen.

Een boerenknecht, ten twaelf uren des nachts voorby de balie der hofstede gaende, hoorde aldaer een paerd *neijen* (henniken); hy zag om, en 't was geen paerd, maer hy kon, hetgene hy zag, niet beter dan aen een paerd vergelyken. De boerenknecht was ongerust en zette zich aen het vlugten, wanneer het paerd hem achtervolgde en bleef naloopen, staende op zyn achterste beenen, en gereed om met de voorste beenen hem op het hoofd te vallen. Toen het hem al ver gevolgd had hoorde hy niets meer. Om zeker te zyn, dat het weg was, keerde hy eindelyk zyn hoofd; dan hoorde hy eene *tolle*, (rollend werktuig voor den akkerbouw, om de *raisels* of aerdklompen mede te breken,) die hem alleen en zonder paerd najoeg. Vlugtende al wederom tot aen de balie der hofstede, waer hy woonde, en meenende binnen te gaen, zag hy daer eenen grooten *rooden man* staen zonder hoofd. Hy stelde zich zeer aen 't loopen met dezen man achter de hielen, tot in den koestal, waer hy zich haestig in bed schikte, bevangen van schrik, doch verlost van al die vreeslyke verschynselen.

Veurne.   H. De Wandele.

26. De Krokodil van Kerselaere.

Voor ruim vyftig jaren bestond nog het slot der baronny van Pamele, ter plaets waer nu eene der schoonste straten onzer stad gemaekt is, genaemd de Kasteelstraet. De ouderlingen dezer stede herinneren zich nog levendig de prachtige en gottische bouworde van deze burgt met hare hooge torens en verhevene wallen, die aen den aenval eens vyands konden weerstaen, en spreken zoo gaern van derzelver baronen, die reeds uitgestorven zyn, en van het wonder, dat eenen derzelven wedervaren is.

De baron Onraed, vertellen zy, had door eene godvruchtige verpligting eene pelgrimsreis naer het heilige land ondernomen, en werd in zyne terugkomst aen de boorden van den Nyl door eene verschrikkelyke krokodil aengerand: twee van zyn gevolg waren reeds de prooi van het woedende dier, en de baron stond hetzelfde lot te ondergaen, toen hy, door eene tegenwoordigheid van geest, zyne toevlugt tot de H. Moeder Gods nam, welker beeld, in zyn bosch van Edelaere aen eenen wilden kerselaer hing, alwaer hy, ter jagt zynde, nimmeer voorby ging, zonder er een vurig gebed voor uit te storten en haren bystand af te smeeken.

In het akelig oogenblik dezer aenranding was zyne eerste verzuchting tot de H. Maegd in het bosch van Edelaere: de Moeder van den Heer, die nimmer hare opregte dienaers verlaet, kwam den ridder hier wezenlyk ter hulp. Reeds was zyn laetste schildknaep moedeloos geworden en van schrik bevangen, die welhaest door de scherpe tanden van het wangedrogt ging verslonden worden, toen het den ridder, door de wonderbare hulp van Maria geluktte, zyne speer in den gapenden muil van dit monster te booren en het eene tweede steek in den onderbuik toe te brengen, waerdoor het zyn bloed verloor, en, onder groot gehuil, zieltogend ter aerde viel.

In deze benouwdheid had de baron beloofd eene kapel te stichten, ter plaets waer het beeld der H. Moeder Gods zeer nederig in het midden des boschs aen eenen wilden kerselaer hing, en, getrouw aen zyne belofte, werd deze bidplaets met groote kosten opgebouwd, waerin de medegebragte krokodil, als een zegeteeken, met eene yzeren keten aen het gewelf werd gehangen: zy is aldaer verbleven tot den jare 1800, wanneer zy naer Gent overgevoerd is geworden, om het *Kabinet der Natuerlyke Historie* te versieren.

Velen onzer tydgenooten hebben dit schrikkelyk wangedrogt aldaer nog bewonderd, en blyven staren op de blyken der mirakelen, door de Moeder des Zaligmakers verrigt op die, welke haer in deze kapel komen aenbidden[1].

J. K.

27. — Koppel-Maendag.

» Op maendag na drie koningen, eens in gezelschap zynde, hoorde ik eene bejaerde vrouw zeggen: « Op koppel-maendag dan zyn de vrouwen baes. » Ik vroeg haer, of zy daervan den oorsprong wist, en ik kreeg ten antwoord: eens werd eene stad belegerd en tot de overgave genoodzaekt. De gebelgde vyand wilde de stad uitmoorden. De vrouwen verwierven door haer smeeken, dat zy het

---

[1] Ook medegedeeld door de gazette van Audenaerde.

dierbaerste pand met zich uit de stad mogten dragen. Aenstonds torschte eene vrouw haren man op den rug en de stad uit: al de vrouwen volgden dit voorbeeld, en de meeste ingezetenen raekten hierdoor koppel by koppel buiten de stad. De dankbare mannen besloten aen hunne vrouwen jaerlyks op dien dag alle magt af te staen, en zy noemden dien ter gedachtenis *koppel-maendag*. »

D^r. C. R. Hermans: Geschiedkundig mengelwerk over de provintie NoordBrabant. 's Hertogenbosch. 1839. 1^e stuk p. 96.

28. — De getrouwe Borg-vrouw van Haarlem.

« Het is gebeurd dat de heer van het kasteel van Haarlem door zyn wreedheid en geweld den regtvaerdigen haet en de gramschap van 't meeste volk op zich getrokken had, waerdoor hy ook welhaest met eene harde en strenge belegering is aengetast en begroet geworden; daer deze lang duerde, hadden de belegerden geen hoop meer te ontkomen, want er ontstond groot gebrek aen leeftocht, en de heer was gedwongen, zich in de ongenade des woedenden volks over te geven. Maer dat wilde zyne vrouw niet, en zy nam voor hem van den dood te bevryden. Zy kwam met den vyand op dusdanige wyze overeen, *dat het haer geoorloofd zyn zoude, op eenmael uit het kasteel te dragen al de juweelen, die zy het liefst hadde.* Nadat de vyand dit ingewilligd had en alles met eed bevestigd was, sloot zy haren man in eene male, en droeg hem met hulp van hare dienstmaegden uit het kasteel, achterlatende alles wat zy anders nog had, om haren dierbaren man maer te behouden. Daerna zyn de vyanden in het kasteel gedrongen en hebben het geheele gebouw omvergeworpen. »

> H. Soeteboom, Oudheden van Zaanland, Stavoren, Vronen en Waterland. Amsterdam, 1702. Eerste deel. II boek p. 89.

29. — Het Wapen van Westzaanden en Crommenye.

« De ouden vertellen dat dit wapen zyne afkomste had van eenen bootsman en van eenen leeuw. Het is eens gebeurd, zeggen zy, dat een reizend gezel van Knollendam (Kerspel van Zaandam) in regenachtig weder, met een' pye aen, door het een of ander bosch geloopen kwam, daer hem een brieschende leeuw ontmoette, hebbende den mond wyd open gedaen, om den man te verslinden. Maer die man schoot zyne pye uit en wond die om zyn linker arm, vatte het mes in zyne rechter hand, daermede hy den leeuw toevoer; dan stiet hy zyn omwonden arm in de keel van den leeuw en stak hem van onderen opwaerts in zynen buik, dat het beest daeraf stierf. De man behield daerna maer eenen styven arm, dewyl de leeuw met zyn byten en sleuren denzelven verwrongen had. »

> H. Soeteboom, Oudheden van Zaanland, Stavoren Vronen en Waterland. Amsterdam. 1702. Eerste deel. p. 315.

30. — De Verjaegde Katten.

Er was eertyds te Erondegem een kasteel, waerin het alle nachten spookte, en zoodanig spookte, dat er niemand in had durven verblyven. Eindelyk kwam er een, die zich den stouten Jan noemde, en deze bood zich aen, in het kasteel te vernachten, op voorwaerde, dat men hem het noodige tot koeken-bakken zou verschaffen. Daermêe was men tevrede en Jan trok naer het kasteel, ging er in de eerste de beste kamer, maekte daer een vuerken, en begon lustig te smullen. Als hy even daermêe bezig was, opende zich de deur, en er verscheen eene zwarte kat, die zich aen het vuer zette, om zich te warmen, en onzen die Jan vraegde, wat hy daer maekte. Ik bak koeken vriendje; gaf Jan ten antwoord. In hetzelfde oogenblik ging de deur wêer open, en eene tweede kat kwam er in, en vroeg hetzelfde, en dan verscheen er een derde en vierde en vyfde en zesde en zevende kat, die al hetzelfde vroegen en hetzelfde antwoord verkregen. Als dat gedaen was vatten al de dieren elkander by de pooten en begonnen in het ronde te dansen en te miauwen, dat Jan geloofde zinneloos te worden; maer hy wist immers nog wel, wat hy dêe. Stillekens smeet hy een' goeden klomp boter in de pan en liet die regt heet worden; dan nam hy de pan en wierp de gloeijende boter naer de katten, die alle tegelyk onder het afgryselykste gehuil verdwenen.

's Anderen dags lag de vrouw van den schoenmaker met nog zes andere vrouwen verbrand in het bed; met het spooken op het kasteel was het voor immer gedaen.

H. Coppens.

31. Erasmus van Rotterdam.

Op eene der bruggen van Rotterdam staet een beeld van den beroemden Erasmus, dat een open boek in de hand houdt. Wanneer dit het laetste blad van het boek omslaet, dan is de wereld ten einde.

Godfried.

32. — Sinte Nikolaes te Dixmude.

In de groote kerk van Dixmude ziet men een beeld van den heiligen Nikolaes, welks hoofd naer de linker zyde gekeerd is. Eertyds stond hetzelve regt, maer als by een vreeslyk onwéer eens de bliksem in de kerk viel, en het beeld voorbyschoot, draeide het zyn hoofd, om niet getroffen te worden, en sedert dien tyd ziet het naer de linker zyde.

M. VAN ACKERE geboren DOOLAEGHE.

33. Onze lieve Vrouwe te Kortryk.

De zalige Martinus van Kortryk was in zyne jeugd de grootste deugeniet, die ooit geleefd had. Eens was hy zoo zat van bier, dat hy niet meer gaen of staen kon; en in dezen toestand ging hy in de kerk voor het beeld van Onze Lieve Vrouw en zeide daer spotswyze:

O Maria, gy zyt zoo vol van gratie en ik ben zoo vol van bier.

Maer Onze Lieve Vrouwe woû dezen schimp niet dulden, en zy gaf den zatlap eenen kaekslag, dat hy zinneloos nederzonk. Sedert dien houdt zy hare regter hand omhoog, gelyk men nog alle dagen zien kan.

Dixmude. BRUNO VAN ACKERE.

34. — De Jager en de Haes.

Te Ottergem, omtrent Aelst, trok eens een man met het geweer op de schouder ter jagt. In het veld getreden zynde, ziet hy een' haes naer hem toekomen, maer, byna in het bereik van het schot wederloopen, nog eens terugkeeren, en nog eens verder loopen. Dit verwonderde den jager grootelyks, maer zyne verbaesdheid was ten hoogste, toen hy een weinig daerna een' buitengewoon grooten haes naer hem zag toesnellen en hoorde, hoe dezelve met eene klare stem vroeg : « Zyn de anderen reeds lang vertrokken ? » Gy kunt wel denken, dat onze goede jager niet lang over het antwoord nadacht.

G. Coppens.

35. — De lange Man te Zele.

Elke gemeente heeft haer spook, wit konyn, haren held der oudheid of andere geesten der duisternis. Zele heeft ook zyn Nachtridder. Een overgroote man, van boomslengte, doorkruist, tydens het spookuer, de zeelsche straten, en is ombeschaemd genoeg om zyne nieuwsgierige oogen in de bovenvensters der wooningen te slaen. Kwaed is hy niet, maer om den duivel wil hy niet lyden, dat een ander hem in den weg komt; en zoo iemand dit waegt, mag hy tot straf de straet in de breedte over en wêer wandelen, tot dat heer Reus van zyne gramschap afziet en den ongelukkigen aen zich zelven terug geeft, of hem, voor boete, den afgelegden weg doet inslaen, waerdoor hy zich des morgens niet zelden op de plaets bevindt, waer hy des avonds vertrokken was. Op het land is onze Nachtlooper onverzoenlyker; en wee hem, die zich des nachts, in zyne tegenwoordigheid, met het beploegen der velden bezig houdt; de vermetele mag den geheelen nacht zyne paerden voortstuwen, dat hem het zweet langs lyf en ziel uitberst, en, voor gedane moeite ziet hy, by de aenkomst des lichts — dat hy volstrekt niets verrigt heeft.

De Truy.

36. — Huis Benthem.

't Is een erfgerucht van ouders en voor-ouders, tot de kinderen overgegaen, dat de *droes*, nadat hy het huis Tecklenburg gebouwd had, ook dat van Benthem zou gebouwd hebben. En dit wordt nog bevestigd door den naem van de zeer steile en hooge steenklippe, staende digt onder 't huis Benthem aen de Noord-west-zyde, en welke van ouds *Droesstoel* is genoemd geweest. De platte steen, die daer boven ligt, heet *Droeskussen*; anderen noemen hem *Duivelskussen*, want de duivel heeft er eens op geslapen, en nog heden kan men zien, waer hy met zyn oor lag, dat diep in den steen gedrukt is.

J. Picardt, Korte beschryving van eenige vergetene en verborgene antiquiteiten etc. ed. II. Gron. 1732 pp. 142 en 144. Cf. Grimm Deutsche Sagen. I p. 272.

SPROOKJES.

1. — De historie van Dertien.

Er was eens een smid, en die had eenen knecht, en die knecht hiet Dertien, en had zulken forschen arm, dat het aembeeld onder den slag van zynen hamer bersten moest of brak. Hy was onbetaelbaer voor zyne magt, want hy kon zoo veel werk afleggen als dertien gewoone menschen, maer in tegendeel kon hy ook zoo veel eten, en daerom werd hy Dertien genoemd. Eens riep de smid hem ter zyde en sprak : — Dertien, jongen, ik ben over u altyd tevreden geweest; gy hebt my altyd gediend als een brave, getrouwe en werkzame knecht, maer ik heb geen werk genoeg meer voor u, en gy moet den helft van den tyd met uwe armen gekruist staen. Gy kunt smeden voor dertien mannen en ik heb maer werk voor vyf; dit ware nog het minste, maer gy kost my te veel van eten : Daer, Dertien, daer is uwe huer en nog eenen goeden drinkpenning bovendien, omdat gy met geduld eene andere dienst zoudet kunnen te gemoet zien. Dertien nam het geld aen, sprak niet, maer wischte met den rug van zyn hand eenen traen af en ging door. Juist toen hy buiten de deur was, kwam er een reiziger voorbygegaen, die naer eenen sterken kerel zocht om hem te huren. Hy zag Dertien, en zyn gezicht stond hem aen. — Hoe is uw naem, vroeg de reiziger. — Men noemt my Dertien, Heerschap, omdat ik zoo veel eet; maer kan ik veel eten, ik heb ook veel magt. — 't Is juist datgene, wat ik moet hebben, sprak de reiziger; wilt gy in myne dienst komen, ik zal u wel te eten en te drinken geven, maer ik moet door groote en zwarte bosschen reizen, en ik reken op uwe magt, om my van de wilde dieren te bevryden. — Is 't anders niet, dan geloof ik, zegde Dertien, dat gy van my niet zult te klagen hebben, want ik sla met myne vuist eenen beer dood, gelyk een vlieg. En Dertien trad in de dienst van den reiziger. Na lang reizens, gedurende 't welke Dertien zoo groote blyken van zynen eetlust als van zyne magt gegeven had, waren zy door het bosch geraekt, en de reiziger, die nu van alle gevaren bevryd was, zocht zich van zynen knecht, die door zyne onverzadelyke maeg, zyne beurs al vry ver had gezet, te ontmaken. Hy bedankte hem dus, en Dertien bevond zich op nieuw zonder dienst. Na lang gezocht te hebben, kwam hy eindelyk by eenen boer, die hem aenvaerdde. Den eersten avond, dat hy by de andere knechten van den boer aen tafel zat, had hy zoo veel geëten dat er voor zyne nieuwe kamaraden maer weinig meer overig bleef. Zy verdroegen dit geduldig, en dachten dat het de verre gang was, die hem met zoo veel smaek had doen eten; maer toen zy zagen dat het alle dagen 't zelfde liedeken was, begonnen zy te saêm tegen hem intespannen, en zochten een middel om hem levendig of dood van de hoeve te krygen. De boer in tegendeel was zeer tevreden over hem, omdat hy uitnemend goed kon werken, en koesterde reeds het ontwerp, om eenige van zyne oude dienstboden weg te zenden. Op eenen zekeren keer zegden de knechten tegen hem; Dertien gy moest den steenput eens uit kuischen, terwyl wy naer het land zyn. Dertien daelde in den steenput neder, en terwyl hy zeer vlytig bezig was met het vuil er uit te scheppen, waren de knechten stil genaderd, en lieten in eens eenen grooten molensteen in den put nederploffen. Zy dachten niets beter of Dertien was dood; maer in 't geheel niet. De molensteen was met het gat over zyn hoofd gevallen, en rustte op zyn schouders, en Dertien deed als of hy niets gevoeld hadde; hy kuischte altyd voort, zonder eens omhoog te zien, van waer dit gewigt mogte gekomen zyn, en wanneer hy gedaen had, kwam hy uit den steenput gekropen, en zegde tegen de knechten, die van hunne verwondering niet terug kwamen: « Maer ziet eens jongens, wat voor een schoon kraegsken ik aen heb! »

Als de knechten nu zagen, dat zy op die wyze hem niet konden kwyt geraken, zochten zy een beter middel. Niet verre van de hoeve stond een molen, waer sedert lang niemand meer durfde opgaen, omdat er duivels op woonden. « Wacht, » spraken zy tegen elkander, wy zullen Dertien met eenen zak graen naer den molen zenden, om te malen; daer komt hy zeker niet meer van terug, want al degenen, die vóór hem er henen gegaen zyn, zyn altemael verworgd. » Zoo gezegd, zoo gedaen. Zy roepen Dertien en zeggen: « Gy moest dien zak met graen eens naer den molen dragen om te malen, want wy hebben geen meel meer. » — « Goed, » antwoordde Dertien, pakte den zak met graen onder zynen arm en ging naer den molen. Maer als hy ginder kwam, zag hy wel honderd zwarte koppen met hoornen door de gaten liggen, die lachten als ze hem van verre zagen afkomen. Hy was wel verwonderd van zoo veel volk op den molen te zien en dacht: « dat is goed, die mannen zullen mynen zak helpen ophalen, » en nader komende riep hy : » Jongens, haelt mynen zak eens op? — Maer de duivels spraken niets en verroerden zich niet. — « Gaet gylie my helpen, luije schobbejakken, » riep hy, « of ik smyt den eenen voor en den anderen na van den molen af. » Maer de duivels bleven hem roerloos bekyken. Als Dertien zag, dat men hem niet helpen wilde werd hy boos, zette zynen zak op den grond en klom den molen in. Daer stonden al die duivels gereed om hem aentegrypen, en bestaerden Dertien met oogen gelyk kolen vuer; ook grimden zy met eenen spottenden lach, want zy meenden, dat zy reeds hunne prooi beet hadden; maer Dertien, die niet wist wat bang zyn was, speelde niet mis en pakte eenen van die duivels by den staert. Hy sloeg hem eerst met zyn hoofd tegen eenen balk, en wierp hem dan met zoo veel geweld van boven tot beneden den molentrap af, dat de duivel zynen poot brak en al huilende wegliep. Toen veranderde de kaert, en al de andere duivels, die eerst te grimmen stonden, waren van schrik de eene achter een wiel, de andere achter eenen zak gekropen en op 't laetst was er niet een meer te zien. Maer Dertien deed ze weder te voorschyn komen, om zyn graen te malen. Gy moest ze eens in de war gezien hebben, om aen de stem van Dertien te gehoorzamen. Daer waren duivels, die den zak ophaelden, daer waren er, die de zeilen in beweging zetten, en andere, die den zak aennamen en het graen maelden : op een, twee drie had Dertien zyn meel en ging naer huis.

De knechten stonden stom als ze hem voor 't hekken zagen staen met zyn meel onder den arm. Nu wisten zy niet meer, hoe zich van hem te ontmaken; maer zy spanden nu alles in, om zynen yver te overtreffen en hem alzoo in de gunst van hunnen meester te doen verliezen.

Dan moesten er eens boomen naer de hoeve gebragt worden, die in het bosch geveld lagen. Al de knechten waren 's morgens vroeg stil met den heurst doorgereden en lieten Dertien slapen; zy waren al lang weg eer hy wakker werd. Als hy nu eindelyk zyne oogen open dêe en zag, dat zyne kameraden vertrokken waren zonder hem te roepen, zeide hy in zich zelven « ah! die jaloersche kerels meenen my eene poets te spelen en zouden gaerne met hunne boomen eer t'huis zyn, dan ik; maer wacht! ik zal hun leeren valsch zyn; » en hy staet op, neemt kar en peerd en rydt hen achter na. Half wege gekomen zynde, ziet hy reeds de knechten met hunne vracht terug keeren, houdt stil, trekt eenen eiken boom uit en legt hem dwars over den weg. « Laet ze nu maer doen, » zei hy, en reed gerust voort. Als de knechten met hunnen geladen heurst Dertien tegen kwamen, en reeds uitcyferden, hoe lang na hen hy maer zoude kunnen te huis zyn, wreven zy in hunne handen en lachten in de vuist. Maer onze Dertien zegde niet met allen, en vervorderde stil zynen weg. Als hy nu zynen boom geladen had en terug op de plaets kwam, waer hy dien eik over de baen had geleid, zag hy al die slimme gasten, die werkten dat het zweet hun lyf afliep, om den eik uit den weg te ruimen. Nu lachte hy op zyne beurt en vergoedde zich hartelyk voor den spot, die men met hem had gedreven. De knechten dachten: nu kunnen wy toch nog eerder t'huis zyn dan Dertien, want hy zal ons moeten helpen om dien boom te verleggen, en 't zal dan van de kracht onzer paerden afhangen, om het best voorwaerts te komen. Maer Dertien die dit bemerkte, wilde hun die voldoening niet geven en nam kar, peerden en boom op, en zette alles aen de andere zyde van den eik, dien hy onaengeroerd liggen liet, en toog naer huis.

Toen was de boer overtuigd, dat de arbeid van Dertien alléén toereikend was, om de pachthoeve in gang te houden en zond al zyne andere knechten weg. Dertien ploegde op een' dag zoo veel als dertien knechten op eene gansche week konden gedaen krygen; hy oogstte zoo veel als dertien, en dorschte zoo veel graen als dertien; maer zyn onderhoud kostte aen den boer ook zoo veel als of er dertien monden moesten tevreden gesteld worden, en zyne maeg werd nog dagelyks onverzadelyker.

Eens zegde de boer: » Dertien, jongen! ga de varkens hoeden. » — » Ja, meester! » antwoordde Dertien en trok met de kudde, die uit dertig hoofden bestond, naer de weide. Hy bleef daer den ganschen dag en kreeg grooten honger, want de boer had hem geen eten medegegeven, en vergat ook van er hem te zenden. Dertien kon zyne maeg niet meer doen zwygen en at al de verkens op. Zyn eetlust voldaen zynde, begon zyn geweten hem te knagen, en hy wist niet, hoe hy hem in de oogen van zynen meester zou verontschuldigd hebben. Eindelyk vond hy raed, plantte al de staerten van de varkens in den grond en ging naer huis. » Meester, » zegde hy met een droef gelaet, « er is een ongeluk voorgevallen; al de verkens zyn verzonken en zy steken niet meer als met hunnen staert boven de aerde uit. » De meester liep spoedig naer de weide en zag al de varkenskoddekens, die in den grond geplant waren. — Hy ging naer eenen staert, en trok er met groot geweld aen, als of hy het varken uit den grond wilde halen; maer de staert alléén bleef in zyne hand en hy zelf plofde ruggelings over. — « Meester, gy hebt het verken den staert uitgetrokken, » zegde Dertien — en de boer ging naer eenen anderen staert, en 't was wederom hetzelfde, en zoo verging het met altemael. — » Dertien, wy zyn geruïneerd, » sprak de boer, » en zoo gy geen geld in de hel kunt krygen, kan ik u den kost niet meer geven. »

Dertien spande de paerden voor den wagen en reed naer de hel. Onderwege zag hy eene arme vrouw, die bezig was met eikels te rapen. — » Waerom doet gy dit? » vraegde hy. Och! 't is voor mynen ezel; ik heb geen ander voedsel voor hem te geven, en het arme beest is myne brood-winning. — » Wacht, ik zal u wat helpen, » zegde Dertien, sprong van zynen wagen, pakte den ezel by den staert en wierp hem in de kruin van den boom, waer hy eenige oogenblikken tusschen de takken bleef spartelen, dan neder viel en zyn been brak. De vrouw begon te zuchten, omdat zy haren ezel niet meer kon gebruiken, en weende. — » Ween niet vrouwken! » zei Dertien, « ik zal u uit den nood helpen; wacht my hier maer op, ik ryd naer de hel en als ik weêr kom, zal ik u geld geven. » De vrouw zette zich ter zyde der baen, om te wachten, en Dertien reed met zynen wagen voort. Als hy aen de poort der hel kwam, deed hy de paerden stil staen, en belde. 't Was juist de duivel, aen wien hy een been had gebroken, die kwam opendoen. Hy keek eens door 't sleutelgat en zag Dertien staen. » Och! jongens, jongens, Dertien is daer! » riep hy en liep weg. — » Gaet gy open doen, » sprak Dertien, » of ik stamp de poort in! » — » Ja, ja, wy zullen open doen, Dertien! als ge ons geen kwaed en doet. » — » Ik zal u geen kwaed doen, « hernam Dertien, maer gy moet my eenen wagen met geld geven. » — » Oh! is 't anders niet? dat zult gy seffens hebben. » En de poort der hel werd wyd open gezet. Al de duivels kwamen tegelyk geloopen, elk met eenen zak geld, en legden dien op zynen wagen. Dertien was tevreden en reed terug. Toen hy by de vrouw kwam, die naer hem zat te wachten, deed hy haren voorschoot open houden en vulde hem met goud. » Daer, » zegde hy, » koop u nu eenen anderen ezel, » en hy vervorderde zynen weg.

De boer en Dertien leefden eenigen tyd met het geld, dat de laetste naer huis had gebragt; doch hy had zulk eene verslindende maeg, dat er op 't eind eenen hongersnood in 't land kwam. De boer kreeg armoede, maer durfde Dertien niet meer wegzenden, en hy wist niet hoe hy zich van hem ontmaken zoude. — « Maek my eens eenen ketel, » zegde hy, « die zoo groot is, dat, indien er honderd man aen werken, zy elkander niet knnnen hooren. » — « Goed, » antwoordde Dertien, en de ketel was op korten tyd gereed. — « Zet er nu eene stad in, » zegde de boer en draeg ze op gindschen hoogen berg. — « Goed, antwoordde Dertien en hy zette er eene stad in, en ging naer den berg toe; maer als hy aen den voet van den berg kwam, schupte hy tegen eenen molshoop en viel. De stad viel op hem, en Dertien was dood [1].

JAEK VANDEVELDE.

2. — Smeke-Smeé.

Onz' Heer ging met St. Pieter eens reizen. Onder wege verloor zynen ezel een hoefyzer. Juist toen men dit gewaer werd, waren de beide reizigers voor de deur van Smeke-Smeé gekomen, die bezig was met werken, en onz' Heer vraegde hem om zynen ezel te beslagen.

---

[1] Ik geef aen dit schoone sprookje, voor welks mededeeling ik byzonder op het hartelykste dank, met regt de eerste plaets in deze verzameling; want wie, na hetzelve gelezen te hebben, nog niet overtuigd is, dat die hier zoo verachte en miskende sprookjes van het hoogste belang voor de duitsche oudheidskunde zyn, heeft zyn leven van geene duitsche *Heldensagen* gehoord; voor dien is de duitsche voortyd een chineesch dorp.

Men vergel. over hetzelve GRIMM; *Kindermärchen*, II, 90 p. 22 en III p. 162. Het sprookjen by Gr. « der junge Riese » is veel uitgebreider als het onze, maer *sonder slot;* in de hoofdzaek stemmen beide overeen. Een soortgelyk hoorde ik by Munster; vier verwante duitsche merkt Gr. aen l. c. p. 164-166. een ander uit Serbien geeft by III, p. 429, « *der Bärensohn.* » Cf. volkssagen N° 30 de verjaegde katten en « Hexe verbrannt » in het tweede deel van myne weldra verschynende « Niederdeutsche Sagen. »

W.

— Komt binnen en zet ulie wat neêr, zegde Smeke Smeê, gy zult seffens gediend zyn.

Onz' Heer en St. Pieter zetten zich wat neêr, en Smeke Smeê besloeg den ezel met een zilveren hoefyzer. — Hoe veel is het? vroeg onz' Heer. — Niet met allen, antwoordde Smeke àmeê, die meende dat hy twee arme menschen vóór had.

Onz' Heer wist wel dat Smeke-Smeê dit peinsde; maer hy liet er toch niets van blyken. — Omdat ge zoo goed en zoo braef zyt, zegde hy, moogt gy drie wenschen doen.

— Goed, zegde Smeke, en begon te overdenken wat hy zoû gewenscht hebben.

— Kies den Hemel! fluisterde St. Pieter in zyne ooren.

— Ten eersten, sprak Smeke, ik heb eenen grooten zetel, en ik zoû gaerne hebben, dat al degene, die er zich in neêrzetten, niet meer op kunnen, voor aleer ik wil.

— 't Is goed, zegde onz' Heer.

— Ten tweeden....

— Kies den Hemel! riep St. Pieter luider op, en trok den smid by zyne mouw.

— Laet my gerust, gy, antwoordde Smeke, half misnoegd, omdat men zyne rede afbrak — ten tweeden, ging hy voort, ik heb eenen notenboom in mynen hof staen, en ik zoû gaerne hebben, dat al degene, die er op klimmen, er niet meer afkunnen, voor aleer ik wil.

— 't Is goed, zegde onz' Heer.

— Ten derden....

— Kies den Hemel, dommerik! riep St. Pieter ongeduldig.

— Daer ben ik niet bang voor, sprak Smeke — ten derden, ik heb hier een klein leêren borzeken, en ik zoû gaerne hebben, dat al 't geen dat er in kruipt, er niet meer uit kan, voor aleer ik wil.

— 't Is goed; 't zal alles zoo geschieden, gelyk gy begeert, sprak onz' Heer, wenschte Smeke-Smeê goeden dag, en vertrok met zynen misnoegden apostel.

Eenigen tyd naderhand zonk Smeke-Smeê in armoede, en had 't laetste yzer verwerkt, dat er in zyne smis lag. 't Was tegen avond, Smeke-Smeê smeet zynen voorhamer weg, en zette zich schrylings op zyn aembeeld. De man was bedroefd, omdat hy niet meer te werken had en 't begon hem te spyten, dat hy niet liever wat geld gevraegd had, dan die drie dingen, die hem tot nu toe tot niets hadden gediend. Op het oogenblik, dat hy bezig was met dit aerdig geval nog eens geheel te overpeinzen, werd er aen de smisdeur geklopt, en Smeke-Smeê riep dat men maer zoude binnen komen.

De klink werd opgeheven, en daer trad een oude manke binnen die hem aensprak:

— Smeke-Smeê, gy ziet er zoo bedroefd uit?

— Ja, antwoordde deze, ik ben van myn leven eens ryk geweest, maer nu ben ik arm, en daerom ben ik droef.

— Is 't anders niet? Daer is middel voor, sprak de oude manke; want ik kan u zoo ryk maken als de zee diep is.

— Zoo gy dit kunt? zegde Smeke-Smeê verwonderd, dan waert gy de beste vent van de wereld.

— Ja, dat kan ik. Maer op ééne voorwaerde, dat is, dat gy na tien jaren my uwe ziel zult leveren.

— Wat moet ik daervoor doen?

— Niets, dan met bloed uwen naem van onder op dit perkament zetten, zegde de oude manke.

— Geef hier, sprak de smid, liever myne ziel aen den Duivel te verkoopen, dan geheel myn leven arm en ongelukkig te zyn. En hy sloeg zyne kneukelen tegen 't yzeren aembeeld, dat er 't bloed uitsprong — hy teekende, en de oude manke ging met het perkament weg.

Nu had Smeke-Smeê zoo veel geld als hy wilde. Alle morgenden staken zyne zakken vol. Hy deed niets meer dan eten, drinken en zingen, tot dat hy slapen ging, en 's anderendaegs was het weêr 't zelfde liedeken. Zoo verliep de tyd. 't Was een schoon ding, hadde het maer kunnen blyven duren; maer de tien jaren waren al ras om, en de duivel kwam terug onder de gedaente van den ouden manke, om de ziel van Smeke-Smeé te haelen.

— Zet u wat in mynen zetel, zegde Smeke, als hy den oude binnen geleid had, want gy moet vermoeid zyn van reizen. Gy moet u ook wat ververschen; ik heb daer nog eene lekkere hesp staen, en myn kelder is wel voorzien van bier.

De duivel zette zich in den zetel van Smeke neêr, stak zyn manken poot uit om wat te rusten, en gevoelde er de deugd van door al zyne leden. Terwyl de duivel daer geheel op zyn gemak zat, was de smid in eene andere plaets gegaen. De oude manke peisde niet beter of hy was de hesp gaen ophalen. Maer het was wat anders; Smeke had aen zyne vorige wenschen gedacht en in de smis eene yzeren roede genomen, waermede hy al schuifelende weder binnen trad.

— Eer dat wy van de hesp eten, moeten wy elkander van andere zaken spreken, sprak Smeke-Smeé op eenen spottenden toon, en begon op 's duivels rug te dorschen, dat hy blauw en grauw werd. De duivel grynsde van gramschap, woù van den zetel opspringen om Smeke-Smeé vasttegrypen, maer hy kon niet, en 't scheen of hy aen den stoel was vastgelymd. Smeke sloeg maer altyd toe.

— Och, laet my los! laet my los! riep de duivel, ik zal u nog tien jaer uitstel geven.

— Dit is treffelyk gesproken, zegde de smid, ik zal u niet meer slaen; maer eer ik u van mynen zetel laet opstaen, moet gy my eerlyk beloven, dat ik gedurende die tien jaren weder zoo veel geld zal hebben als te voren.

— Ik beloof het u eerlyk, sprak de manke.

— Nu, vertrek dan, oude schobbejak! riep Smeke; en de duivel verdween.

Smeke ging weêr denzelfden trein als de voorgaende jaren; doch 't tweede tiental was ras verloopen, en, niet de oude manke, want hy was bevreesd, maer een zeker getal frissche kerels uit 't onderaerdsche verblyf, met hoornen en een langen staert, klopten aen de deur van den smid.

— Jongens! sprak Smeke-Smeé huichelachtig, 't is juist in den notentyd, en een lekkere noot is een beetjen, dat er in de helle niet veel te knabbelen is; indien 't u lustte, op mynen boom eens te klimmen, doet het — ik zal my intusschen wat gaen aenkleeden.

De duivels lieten het zich geen tweemael vragen: op min dan éénen minuet tyds zaten allen op den boom. Middelerwyl was Smeke in de smis gegaen, en het vuer, dat in geen twintig jaer gebrand had, werd aengestoken.

A-bss-a-bss, zuchtte de blaesbalg, en de lange roede, waermede hy den oude zoo deerlyk had afgerost, werd aen het eene einde gloeijend gemaekt. Met dit stuk yzer gewapend, liep Smeke naer zynen boomgaerd en prikkelde die bokspooten zoo driftig, dat ze moord en brand schreeuwden. Doch Smeke hield niet af, dan op voorwaerde, dat zy hem nog tien jaren zouden laten leven en wederom zoo veel geld leveren als voorgaendelyk. 't Akkoord werd gesloten, en de onderaerdschen gezanten vertrokken al mankbeenende. Smeke-Smeé at, dronk en zong lustig gedurende 't derde tiental jaren, dat ook weldra om was. Nu scheen het, als of de geheele hel ware uitgelaten geweest: Lucifer kwam met een groot leger af. Als Smeke dit zag was hy een oogenblik bang, maer hy verzon zich al spoedig.

— Ik heb hooren zeggen, sprak hy tot Lucifer, die met een grimmend gelaet vooruit trad, dat gylie u altemael zoo klein kunt maken, dat dit borzeken nog niet zoude vol zyn, indien gy er met uwe geheele familie inkroopt. Indien dit waer ware, zou 't een gemakkelyk ding zyn, om ongehinderd te reizen; ik zoude u zelfs alleen een eindje wegs dragen, tot dat ik vermoeid zou zyn.

Lucifer had wel een kwaed oog in Smeke, maer hy kon niet begrypen dat er bedrog onder schuilde. Ten anderen, hy was als beduiveld om te laten zien wat hy kon. De geheele bende kroop in het borzeken, en Smeke-Smeé knipte het toe.

Dit zal u gedenken, hoornbokken, sprak Smeke en liep de smis in. Hy legde alsdan het borzeken op het aenbeeld, en hief met forschen arm den voorhamer omhoog, die daverend op de helbewooners nederplofte. Het duivelenrot was zoo plat geslagen als eene vyg. Er steeg een gekerm uit het borzeken op, als of de aerde barstte; al de duivelen riepen tegelyk om genade.

— Geen genade, of myn schrift weder! antwoordde Smeke.

— Ja, ja! schreeuwden allen overhoop.

Smeke ontknoopte het leéren borzeken, en het schrift werd Smeke, ten teeken van verbond-verbreking, overhandigd. Het helsch gebroed trok met tuitende ooren naer zyn zwart verblyf terug.

— God zy geloofd! ik ben van dit gespuis ontslagen, dacht Smeke, en hy leefde nog eenige jaren ongestoord met het geld, dat hy over had. Eindelyk was zyn laetste uer gekomen, en Smeke-Smeé stierf met een onbezwaerd geweten; aldus mogt hy gerust aen de deur des Hemels kloppen. Ongelukkiglyk had de Apostel-sleuteldrager hem nog in 't geheugen, want toen hy den man zag, die naer zynen raed niet had willen luisteren, zegde hy met eene barsche stem:

— Styfkop! gy moogt hier niet binnen! Gy hebt den Hemel niet willen kiezen, zoo als ik u gezegd had. En zonder verdere plegtpleging werd Smeke-Smeé afgewezen.

Die les stond den smid niet altewel aen; doch hy moest zich onderwerpen en ging naer 't vagevuer.

— Gy zyt zuiver van zonden; en voor zulken is er hier geene plaets, riep men hem toe, eer hy aen de poort was.

— Dan blyft er my niets over dan naer de hel te gaen, zuchtte Smeke-Smeé.

Aen de deur gekomen zynde, trekt hy by de bel, en een arme duivel, die met het opendoen gelast was, keek eens door 't sleutelgat, en bemerkte den schrikverwekkenden smid, van wien hy eens zoo veel klop had gekregen. De arme duivel voelt de kracht niet om den sleutel in 't sleutelgat te steken, en zinkt in onmagt op den grond neder. Er blyft hem slechts moed genoeg, om zyne kameraden toeteroepen, dat zy niet mogen opendoen, want dat Smeke-Smeé voor de poort staet. Op dit gezegde durfde niemand eenen voet meer vooruitzetten, en de rampzalige Smeke-Smeé, na lang wachtens, was verpligt naer de zalige woon terug te keeren, waer hy het eerst om herbergzaemheid had gesmeekt, maer daer hy zoo onbarmhartig was weggezonden. Hy klopte andermael aen den Hemel, en S. Pieter snauwte hem andermael toe, dat er geene plaets voor onwillige luiden by Onz' Heer was.

— Och! als 't u belieft, zet dan toch de deur eens met een spleetjen open, opdat ik moge zien, hoe schoon het daer binnen is, en ik zal getroost henen gaen.

De Apostel stond hem die gunst toe, en trok de deur een weinig open. De smid stak zynen arm door de spleet. — Ahi, ahi! schreeuwde hy, zoo hard hy kon, doe toch wat verder open, dat ik mynen arm er uit trekke. S^t. Pieter doet het, en Smeke-Smeé steekt er zyn hoofd door.

— Trek uw hoofd terug, onbeschaemde ziel, sprak de apostel.

— Ik kan niet! Gy verplet my! Doe in Gods naem nog wat verder open!

S‌t. Pieter was andermael verpligt die vraeg intewilligen, en de deur ontsloot zich wyder; Smeke-Smeê de kans schoon ziende, springt nu het voorhof der zalige woon binnen, spreidt zyn schootsvel open, en zet er zich op neêr.

— Hier uit, vermetele! roept de Apostel.

— Ik zit op 't myn, was 't antwoord van Smeke, die op zyn schootsvel wees.

De sleuteldrager gloeide van gramschap, en riep zynen Goddelyken Meester, aen wien hy de norsche daed verhaelde. Onz' Heer daelde van zynen zetel, om de stoute ziel te zien en haer het overweldigde voorhof des Hemels uittejagen; maer toen hy den smid erkende, die zynen ezel eens besloeg en zoo edelmoedig het loon van zynen arbeid weigerde, liet hy Smeke gerust op zyn schootsvel zitten, en sprak lachend tot den Apostel: Laet hem zitten, hy zit wel [1].

Jaek Vandevelde.

2. — Roosken zonder Doornen.

Daer was eens een heer, en die was zoo ryk, och zoo ryk, dat het niet te zeggen is, en had daerby nog drie schoone dochters. Nu gebeurde het eens, dat die heer

---

[1] Uit Dendermonde Cf. Gr. KM. I, 82 De Spielhansl (uit Duitschbohemen) en III pag. 135 waer nog tien verwante sprookjes uit het Munsterland, Hessen, Duitschbohemen, Hannover, Zuid-duitschland, het Paderbornsche, Beyeren enz. medegedeeld zyn. In het Walenkwartier leeft Smeke-Smeê onder den naem « le maréchal de Tamines. » V. Legendes namuroises p. 206. Ons vlaemsch sprookje is intusschen veel schooner en origineeler. De aenmerkingen, die A. Borgnet op zynen maréchal maekt, getuygen van zeer weinig zaekkennis en oordeel: hy ziet er eene soort van *ouden bandiet* in.

W.

een groote reis ging doen; maer voor hy vertrok, liet hy zyne drie dochters voor zich komen, en zeide: « Nu zegt, wat ik u voor een' koek moet meebrengen. » Dan sprak de oudste: « Lieve vader, ik zou gaerne een gouden spinnewieltje hebben. » « Goed, » antwoordde de heer, « dat zult gy hebben. » Dan kwam de tweede dochter en zeide: «en ik had gaerne een gouden naeikusseken, vader, » en de heer antwoordde: « Goed, dat zult gy ook hebben. » — « En ik, » sprak de jongste, « ik wensch my een roosken zonder doornen. » « Dat zal ik u brengen, » gaf de vader ten antwoord, en hy vertrok. Als hy in de eerste stad kwam, ging hy op de markt en kocht daer een gouden spinnewieltjen, en in de tweede stad kocht hy een gouden naeikusseken; maer als hy in de derde stad was, kon hy geen roosken zonder doornen vinden, hoewel hy eene geheele week daernaer zocht en in alle winkels er naer vraegde. Dat speet hem zeer, want hy had de jongste dochter buitengewoon lief, en daerom besloot hy, immer verder te gaen, tot dat hy het roosken zonder doornen zou gevonden hebben. Als hy nu reeds zeer verre gereisd was, kwam hy voorby eenen hof, waer in roozen stonden; en wyl de deur open was, trad hy regt binnen, en zag tot zyne grootste vreugde, dat die roozen geene doornen hadden. Hy aerzelde niet lang, en plukte zich eene van den eersten den besten struik, maer toen hy dit deed, sprong er in eens een leelyk monster van achter den struik op, en vraegde hem, met wiens veroorloving hy die roos durfde aftrekken. De heer verschrikte en zeide: « Dat roosken is voor myn jongste dochterken, die ik buitenmaten lief heb, maer ik wist niet, dat het verboden is, hier een bloempje te plukken. » Dan antwoordde het monster: « Nu, het doet niets, houdt maer die roos; maer geef my ook de belofte, dat ik uwe dochter na zeven jaer zal hebben. » De heer was zoo droef, als hy dat hoorde, dat hy meende, het hart in zyn lyf zou hem breken, maer hy had doch gaerne dat roosken meêgedragen, en daerom deed hy de belofte, dat zyn jongste dochter na zeven jaren aen het monster behooren zoude, en keerde naer huis terug.

Nauwelyk was hy aen de deur gekomen, als zyne drie dochters hem reeds tegensprongen en hem vraegden, of hy ook alles meêgebragt hadde? Dan sprak hy, « Ja wel, dat heb ik, » en gaf aen de oudste het gouden spinnewieltje en aen de tweede het gouden naeikusseken; maer als hy het roosken zonder doornen aen de jongste gaf, liet hy eenen grooten zucht. Dan vroeg de jongste dochter: « Lieve vader, waerom zucht gy? » maer hy woû het niet zeggen; eindelyk toch sprak hy: « Myn lief kind, ik mag wel zuchten, want na zeven jaren komt een leelyk monster, om u te halen. » Het arme meisje verschrikte bovenmaten, als zy dat hoorde, maer zy troostte toch haren vader zoo veel zy kon. Allengskens, allengskens vergaten zy het monster, en als die zeven jaer om waren, dacht er niemand meer aen; in tegendeel, het werd er een groote maeltyd opgerigt, en vrienden en magen daertoe genood, en elkeen was lustig en verheugde zich op het beste. Maer als zy nu altemael aen tafel zaten, hoorden zy een groot gerucht in de lucht, en dat kwam nader en nader tot aen de poort van het kasteel. Een van de knechten deed de deur open, om te zien, wat dat was, maer hy viel in onmagt van schrik, want het was een monster, dat een grooten blok met ketens achter zich slepen had en binnen in de zael sprong, waer de maeltyd was opgerigt. Als de arme vader dit zag, verschrikte hy en pakte zyne dochter vast; want hy woû liever met haer sterven, als het meisje aen het monster geven; maer zy sprak: « Laet my los, lieve vader! want het is myne schuld, dat gy die roos afgeplukt hebt, en ik moet er voor boeten; wees daerom niet droef, ik zal in elk geval meêgaen. » En nauwelyks had zy die woorden gesproken, als het monster haer vast greep, ze op den blok smeet en ze daer met ketens op bond; dan sleepte het ze weg, en zoo verre, zoo verre, tot dat zy aen een hol kwamen, dat zeven uren onder de aerde gelegen was. Daer moest nu dat arme meisje met het monster woonen, maer het deed haer geen kwaed, neen, in tegendeel, deed het alles, wat zy maer wensehte. Dit beviel het meisje niet slecht, en zy gewende zich langzaem zoo zeer aen het beest, dat zy eindigde met het gaerne te zien.

Als zy nu al langen tyd zoo te samen gewoond hadden, kwam het monster eens naer huis en zeide : « Jufvrouw, ik weet groot nieuws. » « Wat nieuws is er dan? » vraegde het meisje. « Ach! dat durf ik u niet zeggen, » antwoordde het monster, « want gy zoudt altyd willen naer huis gaen. » « Dat zal ik niet doen, » sprak het meisje, « maer zeg het my toch? « Eh wel, » zeide het monster, « ik doe het : uwe oudste zuster gaet trouwen. » Als het meisje dat hoorde, begon het zeer te zuchten en te weenen, zoo dat het monster vraegde, wat er was? « Ach! » zeide ze, « ik zou toch zoo gaerne naer de bruiloft gaen; en laet ge my niet gaen, dan sterf ik van treurigheid. » Dan stond het monster het toe, maer het zegde : « Ik doe het onder een besprek, en dat is : het eerste glas dat gy op het bruiloftfeest zult drinken, moet op myne gezondheid gebeuren. « Dat beloofde 't meisje met vreugde, en het monster haelde zynen blok en ketens uit, bond er haer op, en sleepte ze naer haers vaders kasteel. Als de knechten dat gerucht van het monster in de lucht hoorden, keken zy naer omhoog, en zagen het meisje op den blok zitten; dan maekten zy de groote poort open, en het monster kwam binnen en maekte ze van den blok los. Maer wat was er vreugde! en het is ook niet te verwonderen, want elkeen meende, dat zy sedert lang van het beest verscheurd was. Als de vader en de twee zusters ze nu regt hartelyk omhelsd en gekust hadden, leidden zy haer in de kamer, waer de tafel met kostelyke spyzen opgedischt stond, en allen zetten zich neder ten eten. Gy vraegd, waer het monster bleef? Het kwam stillekens nader en legde zich in een hoekje van den haerd, tot dat al de vrienden en magen zaten, dan kroop het onder de tafel en de een smeet hem een been, de ander een graet toe en daer lekte en knaegde het aen. Als nu al de gasten regt vervrolykt waren, stelde men de gezondheid voor van den bruidegom en de bruid. Nu had de jongste dochter aen hare belofte moeten denken, maer dat deed zy niet, en dronk gelyk de anderen; maer zy had hare lippen zoo gauw niet nat gemaekt, of het monster sprong van onder de tafel, greep haer vast, bond ze met de ketens op den blok en vloog hou-hou door de lucht en naer 't hof terug. Daer begon het arme beest droef te zuchten en te klagen, en het meisjen moest alle moeite gebruiken om hem te troosten. Zoo leefden die twee nu weêr lang te samen. Eens was het monster weêr uitgegaen en als het naer huis terugkwam, zeide het: » Jufvrouw, ik weet groot nieuws. » « Wat is dat dan? » vraegde het meisjen. « Ach dat durf ik u niet zeggen, » antwoordde het monster, « want gy zoudt weêr willen naer huis gaen. » « Neen, » zei het meisjen, « dat zal ik niet doen, maer gy moet het my ook zeggen. » « Eh wel, » sprak het monster, « dan zal ik het doen; uwe tweede zuster gaet trouwen. » Zoodra zy dat hoorde, werd zy zoo droef, dat zy in onmagt viel, en meende te sterven; en als zy weêr tot zich zelve kwam, begon zy te weenen en het monster te smeeken, om toch nog eens naer huis te mogen gaen; maer het hielp niet. Eindelyk viel zy op de knieën en sprak: « Ik heb nu zoo lang reeds met u gewoond en heb u altyd zoo lief gehad, ach wil my toch dit genoegen niet weigeren. » Daerop antwoordde het monster: « Nu ga, ik zal het u nog eens toestaen; maer let wel op, dat het eerste glas op myn gezondheid gedronken worde. » Dat beloofde zy gaern en het monster haelde zynen blok en zyn ketens, bond ze daerop en vloog met haer naer 't kasteel. Als de knechten het gerucht van verre hoorden, deden zy al de deuren open, en het monster kwam binnen, en zette zich weêr in het hoekje van den haerd; en als de vader en de zusters het meisje gulhertig ontvangen hadden en al de gasten aen tafel gezeten waren, kroop het er onder, en de een smeet hem een been, en de andere een graet toe en daer lekte en knaegde het aen. Allengskens-allengskens werden zy al weêr vrolyk en men droeg de gezondheid voor van het huwelykspaer; maer de jongste dochter, die ditmael hare belofte niet vergeten had, stond regt en dronk op de gezondheid van het monster. Dat had zy zoo gauw niet gedaen, of daer stond, niet het monster, maer de schoonste koningszoon voor haer, dien men maer met oogen zien kon, en die zeide: « Liefste, gy hebt my verlost, » en vroeg om met haer te trouwen. Terstond werd de bruiloft geviert en als de feeste gedaen was, stond er voor de deur een koets met vier schoone peerden. De koningszoon trad met zyne vrouw in de koets, en men reed denzelfden weg in, langs waer men gekomen was; maer in plaets van 't hol stond er een schoon, schoon kasteel en daer leefden zy gelukkig en vrolyk, en zyn ze niet dood, dan leven zy er nog [1].

Veurne.   S. W.

[1] In het begin hervindt men het duitsche sprookjen « *Rapunsel* » (v. Gr. KM I, 12 p. 66 en III p. 23.) en het italiaensche : « *Petrosinella* » Pentamerone II, I, Gr. l. c. III, 299.) Ik heb Büschings volkssagen niet by de hand, anders zoude ik zeggen kunnen, of de aldaer p. 287 mêegedeelde sage in verband staet met Roosken zonder doornen. Eene notitie daerover zoude ik met dank ontvangen. Een my door Mej. A van S. uit Brussel toegezonden sprookje kent de twee bruiloften niet; de verwandeling valt er in voor, nadat het meisje (eene koningsdochter) ingestemd had, met het monster te trouwen.   W.

4. — De Dankbare Dieren.

Er was eens eene moeder, en die had een kind, en was zoo arm, dat zy geen eten voor den jongen bytebrengen wist. Daerom gaf zy hem op een morgen een mes, en zeide : » Lief kind, gy ziet, dat ik u geen eten meer geven kan; ga dus in de wereld en zie, hoe gy er doorkomt; het eenige, wat gy van my meeneemt, is dat mes en een kus. » Zoo ging die jongen dan voort, en immer verder en verder, totdat hy in een groot bosch kwam. Nauwelyks was hy daer in getreden, als hy eenen dooden ezel op den grond liggen en drie dieren er by zitten zag, namelyk eenen leeuw, eenen arend en eene mier. Als de dieren hem zagen, riepen zy : « Jongsken, jongsken, kom eens hier, wy kunnen niet eens worden over dezen dooden ezel en gy moet ons helpen deelen. » — « Goed, » sprak de jongen en hy kwam, zette zyn mes aen, sneed den ezel in drie stukken en gaf er een aen den leeuw en een aen den arend; maer als hy het derde aen de mier geven zou, zeide hy : « Gy hebt toch niet zoo veel van doen, want gy zyt een zoo klein dierken; daerom laet my een stuksken van uw deel over. » — « Neen, » antwoordde de mier, « dat ga ik niet doen, gy moet regtvaerdig zyn; het is immer uwe schade niet? » Toen gaf de jongen het gansche stuk aen de mier, en te gelyk kwam de leeuw tot hem, en sprak : « Jongsken, wy zyn u dank schuldig, » en hy gaf hem een leeuwenpoot en ging voort; « zoo gy in gevaer zyt, roep dan de kracht en de magt van dezen poot aen, en gy zyt zoo sterk, als de sterkste leeuw. » En als de leeuw dat gezeid had, kwam ook de arend en die zei : « Jongsken, ik ben u ook dank schuldig, » en hy gaf het jongsken eenen arendvleugel, en voer voort : « zoo gy in gevaer zyt, roep dan maer de kracht en de magt van dezen vleugel aen, en gy kunt zoo hoog vliegen, als de sterkste arend. » Nu kwam de mier ook en zei : » Om dat gy jegens my zoo regtvaerdig waert, zal ik u ook iets geven, » en zy stak hem een mierenvoetjen in de hand, en sprak daerby : » Zoo gy nu eens in gevaer komt, roep dan de kracht en de magt van dat voetjen aen, dan zult gy zoo klein worden, als de kleinste mier. » En als de dieren zoo gesproken hadden, pakte de leeuw zyn part tusschen de tanden en stapte in het bosch, en de arend sloeg zyne klauwen in het tweede stuk en vloog in de lucht en de mier riep ennige duizende van hare magen en vrienden byeen, die haer het derde stuk helpen opeten.

Het jongsken stak de drie wonderbare stukken in zyn zak en ging voorts en immer verder en verder tot dat hy aen het strand van de zee kwam. Daer zat er een draek zoo groot, oh zoo groot, dat het niet te zeggen is; die bewaekte eene overschoone koningsdochter, welke hy uit haers vaders paleis geroofd had; maer de draek woonde niet aen de zee, hy lag maer een weinig daer te rusten, want het was zoo heet, dat de lucht sidderde en beefde, en het afgrysselyk monster had met zyne prooi reeds eenen zoo grooten weg gemaekt, dat het al redelyk vermoeid was, en zonder het te willen in slaep zonk. De jongen ging op de teenen tot by de schoone koningsdochter, en vraegde ze, van waer zy was? doch hy had nauwelyks het woord uit den mond, als de draek begon, zich te rekken en te strekken en niet lang er na zich opterigten, zoodat de jongen ter nauwer nood nog tyd genoeg had, om de kracht van den mierenpoot te aenroepen; daerdoor werd hy in een oogenblik zoo klein, als het kleinste mierken, wat maer met oogen te zien is. » Wie was daer? » brulde de draek, en de koningsdochter antwoordde: » Niemand, gelyk gy ziet. » Als de draek dan nog overal gezocht en niemendal gevonden had, pakte hy de schoone koningsdochter tusschen zyne klauwen en vloog er mêe in de lucht. Maer de jongen riep tegelyk de kracht en de magt van den arendsvleugel aen en vloog hem na, totdat hy zag, hoe de draek in een hol nederdaelde en daer de koningsdochter vastzette. Dan riep hy de kracht en de magt van de leeuwenpoot aen, stortte zich op den nek van den draek en hakte hem de oogen uit den kop, en dan beet en klauwde hy hem zoo lang, totdat het monster leevenloos op den grond nederplofte.

Als de koningsdochter dit zag, viel zy in onmagt van verrukking en vreugde; maer als zy wêer tot zich zelve kwam, vloog zy haren bevryder om den hals en kustte en drukte hem. Deze vatte haer liefderyk in zyne armen en vloog door de kracht en de magt van den arendsvleugel met haer weg en over zee en land, en berg en dal tot in haers vaders paleis. Daer vertelde de koningsdochter alles, en zeide tegelyk aen haren vader, dat zy nooit met eenen anderen man zoude trouwen. De oude was er gaerne mêe tevreden, en de bruiloft werd dadelyk gevierd en het arme jongsken was een magtig prins; en als de vader dood was, werd hy koning van het gansche land, en leefde gelukkig tot aen zyn zalig einde[1].

    Gend.   W.

5. — Van Servetjen, Stok, Viool en Mantelken.

Er was eens een zeer magtig koning die dry zonen had. Op eenen vroegen morgen riep hy den oudsten tot zich, en sprak: Myn zoon, ik wil u eene gift doen,

[1] Eenigzins verwandt met N°. 60 en 104 by Gr. KM. I p. 310, II p. 97 en III pp. 105 en 191.   W.

alsook aen uwe twee andere broeders, die ik, benevens u, zeer lief heb. Ik heb u ieder een zeer schoon zeeschip laten maken; ga hael nu uwe twee broeders, opdat elk my zegge, wat hy met het schip doen wil. Als nu de dry koningszonen voor hunnen vader kwamen, sprak de koning : Gy, myn oudste zoon, wat zult gy met het schip, dat ik u geven wil, doen? Vader, sprak de oudste, ik zal er zoo ver mede reizen, totdat ik het met schatten beladen terugbreng. En gy, wat gebruik wilt gy van myne gift maken? vragde hy den tweeden zoon. Vader, was het antwoord, ik zal ver, zoo verre reizen, tot dat ik ruim zoo veel schatten als myn oudste broeder terug breng. En gy myn jongste kind, wat zult gy uwen vader medebrengen? Vader, zegde de jongste, ik zal trachten my uwe vaderlyke goedheid waerdig te maken. Goed, zegde de koning. Toen werd er een groot feest in het hof gehouden en des anderendags staken de dry gebroeders met hunne schepen in zee. Als zy nu zeer verre reeds gevaren waren, ontdekten zy eene zilvermyn. Hier, sprak de oudste, wil ik myn schip laden. Wy willen meer hebben, of niets, was het antwoord der jongste broeders. Toen vulde de oudste het schip met zilver, en trok terug naer zyns vaders kasteel, en de andere vaerden wyder voort. Als zy nu weder geheel, geheel verre gevaren waren, ontdekten zy eene goudmyn. Hier, sprak de tweede zoon, wil ik myn schip laden. Ik wil meer hebben of niet, antwoorde de jongste; de andere vulde zyn schip met goud, en voer naer zyns vaders hof; en de jongste vaerde al weêr voort. Als hy nu weêr zeer verre gevaren was, begon hy gebrek aen levensmiddelen te krygen. Toen klom hy op het bovenste des masts van het schip, keek met zynen verrekyker in het rond, en zag een klein eiland voor zich. Moedig stuerde hy voort en op zes uren tyds was hy aen den oever. Als hy nu dry dagen lang op het eiland gezocht had, had hy nog geen levend wezen gezien, noch een enkele vrucht gevonden om zyn honger en dorst te verzadigen. Daer wierd hy zeer bedroefd, zette zich op eene rots neder, en viel in slaep. Wanneer hy ontwaekte, stond er een jong meisje voor hem, die hem met wellust bekeek. Hoe komt gy hier, myn vriend, sprak zy, hier waer nog niemand, dan myne moeder en ik, den voet gezet heeft? De koningszoon wees haer op het schip, wiens vlagge men nog in de verte wapperen zag. Arme jongeling, volg my, sprak het meisje, en zy trok hem by zyne kleederen voort. Na een kwaert uer gaens kwamen zy aen eene hut. Daer opende het meisje de deur, en sprak tot hare oude moeder, die bezig met spinnen was: Moeder, ik breng u een ongelukkigen vreemdeling: geef hem in Gods naem wat eten. Neen, neen, niet met al, zegde de oude, ik heb daer zoo even myn servetjen in de schrapraey gelegd, en ik hael het voor niemand weêr uit. Toen vloog het meisje haer moeder aen den hals, en bad haer zoo vurig, dat eindelyk de oude knorrende opstond, het servetjen uit de kas haelde, het zelve op een tafel legde, en sprak: Uit de kracht en de magt van myn servetjen, dat er goed eten en drinken opkome voor één man! — En reeds stond de tafel rykelyk opgedicht. De koningszoon at en dronk smakelyk, bedankte vriendelyk de oude en het meisje, en vertrok.

Nauwelyks was hy een halve myl voortgegaen, of hy hoorde hem het meisje van uit de verte toeroepen: Sta! sta! sta! De dolende koningszoon zette zich neder, en weinige stonden daerna vloog hem 't meisje in de armen: En gy wilt my alzoo verlaten? nokte zy; O! dan zal ik van droefheid sterven. Waerom moest ik in myn leven een man zien, als hy my niet beminnen wil? En de tranen liepen van haer wangen. Ik verlaet u nimmer, zegde de koningszoon; zoo haest ik een vaste rustplaets gevonden heb, kom ik u halen. Toen nam 't meisje een ander servetjen uit den zak, schonk het aen den koningszoon, en keerde naer de hut terug.

Als de koningszoon weder eetlust kreeg, zette hy zich op den kant van een gracht neder, legde 't wonderbaer servetjen open en vroeg naer eten. Zoo haest hy gesproken had, stond de gevraegde spys voor hem; op dit oogenblik naderde een man met een reisstok in de hand, en vroeg hem, hoe hy op dit eiland aen die uitgezochte spys kwam? Toen verhaelde deze de geschiedenis van het servetjen en noodigde den man uit om met hem te eten. Als zy nu wel geëten en gedronken hadden, sprak de man: Uw servetjen kan veel, maer myn stok kan nog meer; en hy trok den appel van den rietstok, en riep: Honderd duizend mannen te peerd! En de mannen stonden daer als wel opgeschikte ruiters. Toen stak de man weder den appel op den stok en de ruiters waren verdwenen. Wilt gy met my ruilen? vroeg de koningszoon, en de man was te vrêe, gaf den stok, aen den koningszoon, en ging met het servetjen voort. Maer zoo haest de man uit de oogen van den koningszoon verdwenen was, trok deze den appel van den stok, vraegde duizend man te peerd, en riep hun toe: *Marsch, marsch*, en haelt my myn servetjen weêr! Op één minuet waren de mannen voort en met het servetjen by hunnen nieuwen meester terug.

Tegen den avond bevond de koningszoon zich in het midden van een bosch; daer legde hy zich neder tusschen de struiken, en viel in slaep. Eenige oogenblikken daerna ontwaekte hy by het zoet geluid eener viool; hy rigte zich op, zag in het bosch rond, en vond eindelyk den vioolspeler op eene steenrots zitten. Vol verrukking vraegde hy aen den vremdeling, of hy hem nog eens met zyn spel wilde verlustigen; dat hy hem ter vergoeding met kostelyke spyzen en drank onthalen wilde. Ja, sprak de man, myn viool is zoo krachtig, dat wanneer ik de achterste snaer aenraek, al die het geluid hooren door ontroering dood ter aerde vallen, en wanneer ik de eerste snaer aenraek, ryzen zy weêr levende op. De spelman bewees aen den koningszoon de kracht van zyn speltuig, en deze toonde hem de magt van zyn servetjen; toen aten zy lustig te samen en by het afscheid ruilde de koningzoon zyn servetjen tegen de viool; waerna de spelman voort ging door het bosch. Maer zoo haest hy uit de oogen van den koningszoon verdwenen was, trok deze den appel van zynen stok, riep duizend mannen te peerd, en sprak: *Marsch, marsch*, en haelt myn servetjen weêr. Een oogenblik daerna waren zy met het servetjen by hunnen meester terug.

Met vreugde zag de koningszoon nu op het servetjen, dan op stok en viool, en zegde tot zich zelf: Ja deze voorwerpen zyn zeker zoo veel waerd als het goud en zilver van myne broeders; en in deze gedachte stapte hy moedig voort na den zeekant. Des anderendags morgens ontmoette hy een arme vrouw met een mantel uit allerlei lappen by een genaeid om het lyf. De vrouw wenschte den koningszoon den goeden morgen en vraegde hem een stuk brood om gods wil. De koningszoon legde zyn servetjen open, liet haer redelyk eten en drinken en wilde voortgaen; maer de vrouw hield hem by den mantel vast, en sprak: Ja, vriend, uw servetjen kan veel, maer myn mantelken kan nog meer; en daermêe sloeg zy haer mantelken open en ieder lap veranderde in een kasteel met hovingen en boschaedjes, zoodat beide zich in de schoonste stad van de wereld bevonden. Op zyn voorslag ruilde de oude haren mantel tegen het servetjen, en ging voort. Maer nauw was zy uit zyn gezicht verdwenen, of hy trok op nieuw den appel van zynen stok, riep duizend mannen te peerd, en sprak: *Marsch, marsch* en haelt myn servetjen weêr. Spoedig waren zy met den kostbaren pand terug, en de koningszoon zette zynen weg naer de zeehave voort.

Als hy aen het water kwam, was er juist een schip in gereedheid, om naer zyn vaderland te vertrekken, en hy vraegde vriendelyk aen den scheepskapitein, om hem mede te voeren. Maer de kapitein weigerde zyne vraeg en sprak: Wy moeten met dertig man overvaren en hebben geen beschuit meer voor vyf. Hierom moet gy niet verlegen zyn, zeide de koningszoon; ik zal al de manschappen gedurende den overtogt van eten en drank onderhouden, al waren er nog zoo veel. Op deze belofte nam de kapitein hem mede op het schip, en de koningszoon bevond zich welhaest met servetjen, stok, viool en mantel voor een boschaedje van zyns vaders kasteel. Daer het reeds laet in den avond was, legde hy zich in een gracht te slapen.

Des anderendags morgens bereidde de koning zich met zyne twee andere zonen tot de jagt. Zoohaest de jagthonden ontbonden waren, vlogen zy regelregt naer den gracht, waer de jongste koningszoon nog sliep; daer blaften zy en kwispelsteertten van vreugde, liepen nu tot hunne meesters, dan tot den slapenden terug, en waren niet tevreden, vooraleer de oude koning genaderd was. Hy wierp eenen blik op den met lompen gekleeden reiziger, herkende zyn jongste zoon, sprong op van woede en riep: Hebt gy u op die wyze myner gifte waerdig gemaekt? vertrek uit myn gezicht, en toef niet langer in deze streek!

Dan stond de jongste op, boog zich voor zynen vader, en sprak op zachten toon: Bedaer u, vader, ik heb u grootere schatten dan die myner twee broeders meêgebragt; en dit wil ik u op het oogenblik bewyzen. Daerop haelde hy de viool uit zyn reiszak, roerde zachtjes de achterste snaer, en zyn vader en broeders vielen dood voor zyne voeten; dan roerde hy weder de voorste snaer, en allen stonden levende en gezond als voren. Zoo kan ik een geheel leger verslaen, zegde hy; maer ik heb u nog meer meêgebragt. Toen trok hy den appel van zynen stok, riep honderd duizend man te peerd, en de mannen stonden op het oogenblik voor den verwonderden koning; toen zette hy ook den mantel open, en in verrukking riep de koning uit: O nooit, nooit zag ik schooner stad! Dan nam hy voor het laetste het servetjen, en vroeg spys voor honderd duizend man, en de spys stond er. Toen drukte de koning hem in de armen, en men leidde hem in volle triomph naer het koningshof; maer hy vond daer weinig rust, en vroeg weldra aen zynen vader oorlof om het meisje te gaen halen; zeggende, dat hy haer alle deze voorwerpen verschuldigd was. De koning stond dat gaern toe, en reeds des anderendags stak de koningzoon met een schoon schip in zee, en na dry maenden bevond hy zich met het meisjen in zyns vaders hof, en er werd een groot feest gehouden, want men vierde de bruiloft van den koningszoon met het meisjen.

Ik en gy, wy zouden er ook wel gaern by geweest zyn, niet waer [1]?

J. D. B.

[1] Verwandt met, « der Ranzen, das Hütlein und das Hörnlein » by Grimm. KM I N°. 54 p. 274; III p. 93, waer een soortgelyke « Schwank » van Hans Sachs, Sinte Pieter en de landsknegten, medegedeeld word. In Denemark vindt ons sprookjen zich ook maer met kleine veranderingen; de Knüppel aus dem Sack van Grimm, N°. 36, onze stok, verschynt evenwel in N°. 1 van den *pentamerone*, « *del huerco*, » waer ook een *wenschservetjen* voorkomt. Het laetste kenden de welsche Barden reeds. Volgens Jones relicks of the welsh bards II, 47 was onder de dertien koninglyke schatten van Brittanien ook het tafeldoek of de tafel van Rhyddrich; wilde men eten, men had maer te wenschen, en het stond er op. (Gr. l. c. III, p. 68 en 281.)   W.

VOLKS- EN KINDERLIEDEREN.

1. — Van het Maegdeken.

1.

Daer was eens een maegdeken jong en teér,
zy bemindege zeer
Haren god en haren heer;
zy bad gedurig zonder ophouden :
heere, laet my,
heere, laet my u eens aenschouwen.

2.

Jesus heeft aen haer gevraegd :
« zuivere maegd,
« die my zulke liefde draegt,
« hebt gy my liever als uw leven,
« wil my dan het seffens geven. »

3.

Het maegdeken, met vlytigheid,
heeft gezeid.
« heere, daertoe ben ik bereid;
« van liefde moet myn hertjen breken, »
en terstond is zy bezweken.

4.

(Andere Melodie.)

« Wie klopt er hier op dat deurken,
« en die hier zoo lustig zyt? »
«« en 't is en zoo proper maegdeken,
«« en 't zou zoo geren binne binne bin,
«« en 't zou zoo geren binne binne bin,
«« haren bruidegom is er in. »»

5.

« Is 't een zoo proper maegdeken,
« en zou het zoo geren bin,
« en staet op myn engelkens altesam,
« en gaet haelt de schoone maegd binne binne bin,
« en gaet haelt de schoone maegd binne binne bin,
« haren bruidegom is er wel in. »

6.

En als de schoone maegd binnen kwam
en daer was er al een vreugd!
en de engelkens dansten daer hand aen hand,
heere jesus droegere den roozenkrans,
en Maria die ging voore voore voor
en het maegdeken wierd gekroond.

2. — Van den Schryver.

1.

Daer was een schryver, een ryke schryver,
die zat te schryven op zyn kantoor.

2.

Daer kwam een arme, een g'heele arme,
om hem te vragen een snêeke drooge brood.

3.

Hy heeft het brood van de tafel genomen
en dat gesmeten ter venster uit.

4.

Ons heere die wist wel waermêe hem te straffen,
hy heeft hem met eene ziekte gestraft.

5.

't was nachts omtrent den twaelf ure,
de schryver die gaf zynen geest.

6.

De duivel meende het lyk optenemen
en daermêe te vliegen ter venster uit.

7.

« Wel duivel, wel duivel, wacht nog een letseke,
» tot dat ik myn' broeder gesproken heb. »

8.

« Wel broeder, wel broeder, vergeet niet den armen
» van hem te geven een snêeke drooge brood. »

9.

« Had ick den armen ja nooit vergeten,
» ik had niet moeten branden in 't helsche vier. »

10.

De duivel meende het lyk optenemen
en daermêe te vliegen ter venster uit.

11.

» Wel duivel, wel duivel, wacht noch een letseke,
« tot dat ik myn' moeder gesproken heb. »

12.

« Wel moeder, wel moeder, vergeet niet den armen
» van hem te geven een snéeke drooge brood. »

13.

« Had ik den armen ja nooit vergeten
» ik had niet moeten branden in 't helsche vier. »

14.

De duivel meende het lyk optenemen
en daermée te vliegen ter venster uit.

15.

« Wel duivel, wel duivel, wacht noch een letseke
» tot dat ik myn vader gesproken heb. »

16.

« Wel vader, wel vader, vergeet niet den armen,
» van hem te geven een snéeke drooge brood. »

17.

« Had ick den armen ja nooit vergeten,
» ik had niet moeten branden in 't helsche vier. »

18.

Daer heeft de duivel het lyk opgenomen,
en is daermée gevlogen ter venster uit (1).

3. — Meilied.

1.

Ei wy zingen de mei, sasa,
ei wy zingen de mei!
paterken neemt een nonneke mée,
ei wy zingen de mei, sasa,
ei wy zingen de mei!

(1) N° 1 en 2 dank ik aen Mev. Courtmans, te Gent.

2.

Ei wy zingen de mei, sasa,
ei wy zingen de mei!
paterken doet u kappeken af,
ei wy zingen enz.

3.

Ei wy zingen de mei, sasa,
ei wy zingen de mei!
paterken geeft het nonneken een zoen;
ei wy zingen enz.

4.

Ei wy zingen de mei, sasa,
ei wy zingen de mei;
paterken laet het nonneken staen,
ei wy zingen de mei, sasa,
ei wy zingen de mei [1].

Aenm. Paterken staet in het midden van een ronddansenden kring van jongens en meisjes; na het slot van de laetste strophe treedt paterken tot de dansers en het lied begint al wéer van voren, maer met dat verschil dat men nu zingt: « nonneke neemt een paterken mée, » waerop het in het midden staende meisjen zich eenen jongen verkiest.

[1] Ik heb gezet ei *wy singen de mei*, want het *ei basinne de mei*, dat ik in de my over het liedeken medegedeelde notis leze, kan ik niet anders verklaren. — Het gansche is eene variante van Paterken langs de kant.

4. — Meilied.

1.

« Danst, danst, kweselken,
ik zal u geven een peerd; »
daer sprak dat loddelyk kweselken:
« dat is het dansen niet waerd;
ik en kan niet dansen,
ik en kan niet springen,
dansen is onzen regel niet,
nonnen en paters dansen niet, »

2.

« Danst, danst, kweselken,
Ik zal u geven een koe; »
daer sprak dat loddelyk kweselken:
« ik ben het dansen moe;
ik en kan niet dansen,
ik en kan niet springen,
dansen is onzen regel niet,
nonnen en paters dansen niet, »

3.

« Danst, danst, kweselken,
ik zal u geven 'ne man; »
daer sprak dat loddelyk kweselken:
« ik zal al doen, wat ik kan;
ik kan wel dansen,
ik kan wel springen,
dansen is onzen regel ook,
nonnen en paters dansen ook. »

5. — Meifeest.

(West-Vlaenderen.)

Ik heb den meiboom in myn hand,
aen wien zal ik hem geven?
aen de jufvrouw, die daer staet,
zal ik hem presenteren.
danst eens, springt eens,
gaet in de ronde, kust daer eens :
als gy dat zult hebben gedaen,
achter myn hondje zult gy gaen (1).

6.

1.

Ik heb op myn slaepkamerken
nog een yvoore lierken,
het eerste kindje, dat ik koop,
en dat zal heeten Pierken :
alzoo............ Pierken.
op zyn yvooren lierken.

2.

Ik heb op myn slaepkamerken
nog een yvooren klooterspan,
het eerste kindje, dat ik koop,
en dat zal heeten Adriaen :
alzoo speelt Adriaen
op zyn yvooren klooterspan.

(1) Elders *zult gy van myn handje gaen.*

3

Ik heb op myn slaepkamerken
nog een yvooren beezeken,
het eerste kindje, dat ik koop,
en dat zal heeten Threseken:
alzoo knabbeld Threseken
op haer ivooren beezeken.

4.

Ik heb op myn slaepkamerken
nog een yvooren doosken,
het eerste kindje, dat ik koop,
en dat zal heeten Soosken:
alzoo snuift Soosken
uit haer yvooren doosken.

5.

Ik heb op myn slaepkamerken
nog een yvooren kapelleken,
het eerste kindje, dat ik koop,
en dat zal heeten Nelleken:
alzoo leest Nelleken
voor haer ivooren kapelleken.

7. — Verlorene moeite.

Onder de aerde en boven de aerde,
daer staet een steenen voute,
ik heb myn zoete lief aen de hand,
ik zou haer gaerne kouten.

ik kout haer : myn hartelief, myn zoetelief —
« Ga van kante,
gy vuile marante,
gy dient my niet! » (1)

KINDERLIEDEREN.

1. *Nieuwejaerslied. Brussel.*

Nieuwejaerke zoete,
het verken heeft vier voeten,
vier voeten en eenen steert;
is dat geen koek weerd (2)?
Het heeft niet lang in de stal gestaen,
Jan Cosyn heeft het dood gedaen,
Geeft my 'ne koek en laet my gaen.

A. v. S.

2. *Een ander, uit Dendermonde.*

Op nieuwejaerkens avond
de bakker sloeg zyn wyf
al met eenen dikken kluppel
zoodanig op haer lyf:
de kluppel en wou niet breken,
de vrouw en wou niet spreken;
de kluppel, die brak,
de vrouw die sprak,
zy kreeg al op haer p.pp.rg.t.

---

(1) N° 5 en 7 zyn my medegedeeld door F. Rens.
(2) Elders : *Is dat niet e koekske weerd?*

2¹. — *Variante.*

Op nieuwejaerkens avond
de bakker sloeg zyn wyf
met eenen dikken kluppel
zoodanig op haer lyf:
het wyf kroop in den oven,
de bakker achterna,
zy was zoo wit bestoven,
als 'ne zalige nieuwejaer.

I. V. D. V.

3. — *St. Jans-feest. Dendermonde.*

Hout, hout, timmerhout,
wy komen om Sint Jans hout;
geeft e wat,
houd e wat,
op sint Pieter nog e wat.

4. — *St. Gregorius-feest. Dendermonde.*

De primus zal tracteeren,
kom, my liefke, kom, kom, kom;
de primus zal tracteeren,
kom, my liefke, kom;
van den jambon, bon, bon, bon,
van den jambon.

Pr. V. D.

5. — *Driekoningslied. fragment. Geeraerdsbergen.*

Ik ging op hooge bergen staen,
ik zag de sterre van verre staen:
wel sterre gy moet zoo stille niet staen,
gy moet met my naer Bethlehem gaen;

naer Bethlehem, de schoone stad,
waer dat Maria met haer klein kindeken zat..
. . . .
wy kwamen al voor Herodes zyn deur
en den koning Herodes kwam zelfs herveur.
. . . .

6. — *By verscheide gelegenheden. Gent.*

Bim, bam, bare;
de klokken luiden te Gend tegâere
over eenen dooden man:
dood manneke zoet,
Jesusken is gaen houtje rapen,
om e vierken te maken:
sinte Cathelyne,
laet de zonne maer schynen,
dat de regen overgaet,
dat de kinderen ter scholen gaen:
wie zal ze leeren?
onz' Lieve Heere;
wie zal ze vragen?
onz' Lieve Vrouwe;
wie zal ze kerstenen doen?
Pieter met zyne gelapte schoen,
Pieter achter de mestpoel.

C.

7. — Een ander. Dendermonde en omstreken.

      Wille wy,
      wille wy
      't haeske jagen door de hei?
      ja het haeske
      gy en icke,
      door den dunne,
      door den dicke,
      't haeske wille wy jagen gaen.

8. — Een ander. ibidem.

Zyn we niet al byeen,
zyn we niet al byeen,
jong kadullekens,
jong kadullekens,
jong kadullekens ondereen?
zoude we niet mogen e mondje geven,
zoude we daerom 'nen deugniet zyn?
zyn we niet enz.
                              Pr. V. D.

9. — St. Martens Feest. Westvlaenderen.

Sinte Martens avond
den toren gaet voren naer Gent;
als myn moérken wafels bakt,
dan ben ik daer gaerne omtrent.
Sla vier,
maek vier,
Sinte Marten komt alhier

met zynen blooten sabele ;
't koordeken brak
en hy viel op zyn gat
en zyn hond moest hem oprapen.

10. — *Id., Beveren (land van Waes.)*

De jongens van de dorpen
die waren hier al byeen :
het geldeken, dat wy 's jarent haén,
dat is hier al verteerd.
Wy zullen gaen leeren hout rapen,
turf rapen,
al op sint Jans manieren.
vrolyk zullen wy vieren
gelyk wy 's jarent plagten.
een stuk van zynen mantel
al met zyn billekens bloot
en wilde gy dat niet geven,
dan zyde gy een grooten hoop.
Een houtjen of een turfken
in sinte Martens kurfken.

(Wanneer de zangers iets krygen, gingen zy :)
Hier woont een goei vrouw,
die lang leven zal,
honderd jaer en eenen dag,
tot dat zy geen brood en geenen kaes meer mag.

(maer krygen zy niets, dat zingen zy het volgende ;)
Hier hangt een baksken met zemelen uit,
en daer vliegt den gierigen duivel uit.

11. — Gent.

Daer wierd een kindeken geboren
op het tjoppelken van 't huis;
het had zyn mutseken verloren,
't liep al kryschende naer huis.
speelt, speelt er wat zoetjes,
uw moederken die is er zoo ziek,
en zy eet zoo geerne kapoentjes
en de beentjes en mag zy niet.

12. — Id., uit Iseghem. (Westvlaenderen.)

Daer is een kindje geboren,
Op het toppelken van het huis.
't had zyn brunetje verloren,
het ging al kryschende naer huis,
al spelen met zyn hondje;
ons kindje is zoo ziek,
het eet zoo geern Pompoentjes,
maer de kornellekens niet. (1)

(1) No 9-12 ben ik aen de vriendschappelyke toegenegenheid van F. Rens verschuldigd, die dezelve uit den mond van een oud paerken hoorde en opschreef.

KINDERGEBEDEN.

1.

Grooten heer, Jesusken klein kind,
die ons al zoo zeer bemind;
indien gy myn herteken gesloten vindt,
doet het op met uwer minnen
en sluit den heiligen geest daerbinnen.

2.

Jesusken, myn alderliefste lief,
ik schenk u myn hert tot eenen brief:
schryft daerin al wat u belieft
en gebruikt het geheel tot u gerief.

3.

O Maria, als myn oogen zullen zyn geloken,
als myn herteken zal wezen gebroken,
en mynen mond niet meer zal spreken,
en laet myn arm zielken dan niets ontbreken.

4.

Kruisken, kruisken, goed begin,
den heiligen geest in mynen zin;
dat ik wel mag leeren,
dat bid ik aen onzen lieven heere;
dat ik wel mag onthouden,
dat bid ik aen onze lieve vrouwe.

5.

's Avonds als ik slaepen ga,
volgen my zestien engelkens na;

twee aen myne regte zyde,
twee aen myne slinke zyde,
twee aen myne hoofdeinde,
twee aen myn voeteinde,
twee, die my dekken,
twee, die my wekken,
twee, die my leeren
den weg des heeren,
twee, die my wyzen
naer 't hemelsche paradyske.
        Amen.

6.

Heiligen engel, sinte Michiel,
ik beveel u myn lyf en ziel,
en gy, o heiligen bewaerder goed!
wilt my morgen wekken met ter spoed,
niet te vroeg en niet te laet,
als de klok vyf uren slaet.

7.

Ik legge myn hoofd op het kussen:
door God den Vader wil ik rusten,
met God den Zone wil ik slaepen gaen,
met God den heiligen Geest wil ik opstaen.

8.

Een zalige ure verleene my God;
een heilig leven, een zalig sterven,
op dat ik onderhoude zyn gebod,
het eeuwig hemelryk mag bëerven.

9.

O Maria, zoete vrouwe!
ik bid u met opregte trouwe,

dat gy bidt Jesus onzen heere,
dat hy my van zonden tot deugden keere.

        Amen.

Aenm. N° 5 en 6 zyn my door Jufv. A. van Swygenhoven uit Brussel medegedeeld, maer zy vinden zich ook, gelyk de anderen in: « het dobbel kabinet der christelyke wysheid » Gend. Begyn. 4° bl. 1-3; N° 5 hoort men nog dagelyks te Keulen en in de omstreken; duizendmael heb ik het gesproken. Z. ook E. Weidens « Kölns Vorzeit » In N° 6 vond ik ook een oude bekende, maer het keulsche gebedeken is toch eenigzins anders; daerom laet ik het ter vergelyking volgen:

   Helligen zinter vit! (1)
   weck mich ze regter zick (2):
   nit ze vrög en nit ze spåt (3),
   als de klok funf ore (4) schlåt.

 (1) Vitus. — (2) tyd. — (3) laet. — (4) ure. —

VOLKSFEESTEN EN GEBRUIKEN.

1. — Pryskamp te Dixmude.

Westvlaenderen is het heiligdom der echt zuid-nederduitsche zeden. Alles wat de zoogezegde beschaving met hare prozaïsche begrippen in andere vlaemschsprekende gewesten als onnuttig beschouwt, of als belachelyk heeft verworpen, wordt daer nog in zynen eenvoudigsten vorm bewaerd, en men mag zeggen, dat de vaderlandsliefde er onder het volk eenen grooteren geestdrift baert, dan men in deze eeuw van uitheemschen invloed op den zedelyken stand van België zou durven verhopen. Daervan draegt niet alléén elk westvlaemsch huisgezin, zoo wel in zyne innerlyke levenswyze als in zyne maetschappelyke betrekkingen, onwederlegbare blyken, maer men is daer nog zoodanig aen de voorouderlyke gewoonten verknocht, dezelve worden met eene zoo godsdienstige zorgvuldigheid gevolgd, dat, buiten de pracht, welke de stoffelyke belangen van heden niet toelaten met zoo veel fierheid ten toon te stellen, hunne feesten zelf nagenoeg de gedaente hebben bybehouden, welke zy in vorige eeuwen hadden. Dezelve zyn daer op den rang van echte volksfeesten, in den volsten zin des woords, blyven staen, en dit is zoo zeker dat er by diergelyke gelegendheden in de armste hut zulke edele nayver tot vreugdebetoog, en zoo veel zelfsgenoegen woont als in de byzonderste huizen. Men ademt er dit zalig genot in, dat geen onvaderlandsche schouwburg, geene concertzael, geene paerdenwedstryden, of geene septemberfeesten aen de ziel kunnen byzetten; want de Westvlaming viert niet op bevel van 't bestuer, of wordt niet betaeld om een bly gelaet uittesteken, neen, eene gansche bevolking word daer door 't zelfde gevoel opgewekt en elkeen legt, met ontloken hart, zyn offer op 't feestaltaer ter verspreiding der algemeene vreugd neder. Ter overtuiging hadde men slechts het kunstfeest te Dixmude moeten bywoonen, waer de vereenigde oude maetschappyen van Rhetorica [1], *Heilig kruis scherp duer* en *nu morgen niet*, wedyverden, om hunnen alouden roem te doen herleven. Wy laten er hier onder de korte beschryving van volgen, en kunnen het als een voorbeeld aenhalen, om den westvlaemschen volksgeest te doen kennen.

't Is negentien jaer geleden, dat Dixmude zynen laetsten pryskamp voor Dicht-en Tooneelkunde uitschreef. Dan ook werd dit volksfeest met luister gevierd.

De vaderlandsche Van Roo laet ons eenen bundel [2] na, waerin al de om prys en dingende dichtstukken zyn opgeno-

---

[1] Volgens Kops bestonden zy reeds in de XIV eeuw; zy behaelden 1394 den tweeden prys by den dichterl. wedstryd te Doornyk, 1404 den eersten prys te Audenaerde. V. C. Robaeys in de nederd. letteroeff. p. 117. Kops pp. 225 en en 320 Gramaye antiquit. Brabantiae p. 64.   W.

[2] Dit werk is gedrukt onder den titel van: *Verzameling der dichtwerken die medegedongen hebben* in den *drievoudigen pryskamp voor dicht-tooneel- en schryfkunst, te Dixmude.* Dixmude, P. Stock en zoon, 1823, blz. 160.

men, en waerby men reeds eene loffelyke pooging bespeurde, om de vlaemsche letter- en tooneelkunde, welke door het wigt der vreemde heerschzucht zoe laeg verzonken lag, heroptebeuren; en de heer Ch. Robaeys, yverig lid der vereenigde maetschappyen heeft ons daervan eene beschryving, met eenige aenteekeningen over den oorsprong der Rethoryken van Dixmude gegeven in de *Nederduitsche Letteroefeningen*, 2° aflevering 1834 [1].

Sints heeft het vaderland oneindige stappen in het ryk der kunsten en letteren gedaen; ook voelt het thans beter zyne waerdigheid en durft het eenen fieren blik op de toekomst werpen. De Vlaming is zyn zelfs bewust geworden, en dit betrouwen op eigen kracht heeft den gelukkigsten invloed op al wat zyn bestaen of den duer zyner nationaliteit kan bevestigen en ondersteunen.

De twee bovengemelde maetschappyen hadden zich broederlyk vereenigd en schreven gezamenlyk de pryskaert uit voor eenen kampstryd, welke een driedubbel doelwit had : Dicht-tael en tooneelkunde. « Want, zegt de heer C. R. « in zyne briefwisseling met het *kunst- en letterblad*, daer de « zucht tot de beoefening der vaderlandsche tael- en letter-« kunde, niettegenstaende de schampere verguizingen van « uitheemsche schryvers, zich hoe langer hoe meer ontwik-« kelt, heeft Dixmude, in de zoo edele vlaemsche bewe « ging niet willen ten achteren blyven. » Men ziet het, de pooging der maetschappyen was edel en kon dus niet, dan met den gelukkigsten uitval bekroond worden.

Het schoonste weder der wereld had het feest, dat op zondag 14° van oogstmaend vastgesteld was, begunstigd, als of de hemel scheen deel te nemen in de blydschap der gemeente. Van in den vroegen morgen doorliepen de knapen der beide gilden met slaende trommels de stad, en wie

---

[1] Te Gent, by Snoeck-Ducaju en zoon.

by dit gedruis nog niet wakker werd voor de vreugde, werd het voorzeker by 't gebrom der klokken, het gedaver der kanonschoten en het gerammel van den beijaert, dat elkander afwisselde, of te gelyk als een blyde kreet door de lucht galmde. Al de straten waren met sparreboomkens beplant en men had geen huis, geene armzalige hut kunnen aenwyzen, waer geen driekleurig vaendel door het zoldervenster te wapperen hing. Elke gebuerte of *wyk* had eenen zegeboog opgerigt, die de wapens der stad, het zinnebeeld van den wyk, of zinspreuken en jaerschriften droegen. Overal zag men den goeden wil der inwooners doorstralen, alhoewel de meeste opschriften niet altyd het gezondste verstand aen den dag legden, of door hunne twyfelzinnigheid den aenschouwer deden lachen, zoo als 't deze: Eerbewys van den wyk: *het land van alle gebreken*, waeronder het afbeeldsel van Z. M. geschilderd stond, tusschen twee hoorens van overvloed en met de woorden: LEVE DE KONING.

Ook vertoonde zich de blymoedigheid der Dixmudenaren soms in het uitstellen der koddigste voorwerpen. Er was een venster, waervoor een groot reuzenhoofd stond, een ander waer eene pop op de koorde danste enz.

Eene gebuerte had aen het einde harer straet een amphitheater opgeslagen, dat vol van de liefelykste bloemen stond. Haer zegeboog droeg onder andere verzen het volgende, dat den overwinnaren was toegerigt:

By u is kunstbegryp, voor u zyn lauwerblâren.

Wy schryven het volgende jaerschrift af, dat op een' zegeboog omtrent de markt stond.

DE ALOUDE LOFBARE GILDEN VAN RETHORYKA HERBLOEYEN VOL NIEUWEN LUISTER.

Aen eene andere zyde der stad zag men eenen zegeboog, in 't midden van welken eene schael als eene kroon te waggelen hing. Ik vraegde aen eene oude vrouw wat dit beduidde ? — 't is, zegde zy, snedig weg, om 't goed uit 't kwaed te wegen. — « Ik durf verhopen, » antwoordde iemand van 't gezelschap, « dat, wanneer uwe rekening zal opgemaekt worden, de goede schael zal doorwegen » : maer 't gedrang belette ons die aerdige vrouw verder te aenhooren, en zy verdween tusschen 't volk.

Toen de stoet onder door den zegeboog ging, begreep men eerst wat de raedselachtige schael beteekende. De wyk droeg den naem van *Hooy en droog*, en een klein manneken met een magtig groot vaendel in de schael opgehezen beschutte zich figurativelyk met eenen regenscherm tegen het onweder en werkelyk tegen de zon, die brandend heet was.

Die lustigste verbeelding had aen 't naeste gebuerschap het gedacht gegeven om haren zegeboog met twee aerdig gekleede beeldekens te versieren, die beide een zonnescherm in de hand droegen.

Doch genoeg hiervan. De stoet, welke zich ter schouwburgzael der maetschappy : *Nu, morgen niet*, had vereenigd, om langs de byzonderste straten naer de Noordvoorstad te trekken, ten einde de aldaer verzamelde mededingers te verwelkomen en de maetschappyen in te halen, welke naer den prys der luisterrykste intrede dongen, trok plegtig uit, en hy verdiende zeker alle aendacht.

Drie praelwagens, waervan de eene de onontbeerlyke zanggodinnen, op jeugdig mos gezeten, de andere den beroemden beeldhouwer van Poucke, bekroond en omgeven door lieve kleine engelkens, en de derde Philippina van Vlaenderen met hare staetjuffers voerden, waren allerprachtigst uitgedoscht. De kleeding van Philippina was boven al de andere kostelyk, en haer hoofd schitterde van edele gesteenten. Talryk en lief als hemelkinderen waren de vrouwkens die haer omringden. Die wagen was 't puik van den stoet en men bleef voor denzelven van verwondering opgetogen staen, terwyl de gedachte tot de ongelukige tyden terugvloog, waerop 't vaderland zulke bittere tranen van spyt en ramspoed storten moest.

De beide maetschappyen met hare standaerden en ontplooide vanen, de handboog-, kruisboog- en bussenschutters-maetschappyen, kinderen met de uitgeloofde eerpryzen in het midden van lauwerkransen, het muzyk der weezenschool en dat der toonkunstoefende maetschappy van Ste Cecilia, de burgerlyke overheden en de kunstregters, voorgegaen door Minerva en Themis, die een knaepje in haer midden voerden, dat de bekroonde stukken in een' kostelyken brieftasch droeg, volledigde den stoet, die langzaem de bestemde plaets genaekte, van waer hy met al de mededingers en de maetschappy van Veurne, welke door een' vaenderik te paerde, door twee knapen, die het oude schild der Rhetoryk droegen, en door maegdekens was voorafgegaen, naer het lokael, genaemd de Hal, terugtoog; daer was eene zael uitdrukkelyk voor het feest ingerigt.

Hoe ruim de zael was, kon zy de nieuwsgierige menigte niet inhouden, welke ter aenhooring was toegesneld. Om drie uren werd de kampstryd geopend. De gordyn van het tooneel ging open, en een kreet van verwondering barstte los; want al de maegdekens, welke wy op de praelwagens gezien hadden, stonden daer op het luisterrykste en smaekvolste in eenen halven cirkel geschaerd en voerden met hun liefelyke stemmen, en vergezeld van eenige zangliefhebbers, een koorgezang uit, dat voor de gelegenheid gemaekt was. Eene gepaste redevoering, die niet dan vaderlandsche, gloeijende woorden inhield en alle eer doet aen de yverzucht van den heer Ch. Robaeys volgde. Hier het begin, hetgene wy ons haestten zoo letterlyk als mogelyk na te schryven:

« In een tydstip dat alle ware vlamingen, en wy willen ook zeggen goede Belgen, wedyveren om hunne zoo dierbare moedertael tegen hare onbezonnen vyanden heldhaftig te verdedigen, en haer, in heur vorigen luister te zien schitteren, hebben de aloude Dixmudsche Rederykkamers *Heilig kruis scherp deur*, en *Nu, morgen niet*, ook haer gering offer op het altaer des Vaderlands willen nederleggen. Inderdaed, wat is er natuerlyker en edelmoediger dan dat de vrye mensch onvertraegd stryde voor de handhaving der spraek, die hy, als het ware, met de moedermelk heeft ingezogen. Wee den lafaerd, den ontaerden belg, die zich schaemt deze ingezogen spraek te laten hooren, en zich gedurig met uitheemsche klanken wil ophouden. Die zal de eerste ryp zyn voor vreemde slaverny, daer de vlam der echte vaderlandsliefde in zyn verbasterd hart nimmer ontbranden zal enz. »

Meer dan zestig tooneelminnaers, uit alle hoeken der beide Vlaenderen en Antwerpen, hadden zich doen inschryven; voldoende getuigenis, dat er in 't hart des volks eene algemeene drift is ontstaen om de oude zeden te handhaven, de tael en 't tooneel te doen herbloeijen en de zedelyke onafhankelykheid te herwinnen.

In het boertige vak was Kesteloot-Deman, van Nieupoort, uitmuntend; hy droeg eene prysuitreiking voor: de schoolieren onderstonden het examen nog al tamelyk wel in geschiedenis, cyferkunst en ....; wy verwachtten ook een examen voor de vlaemsche tael, maer den heer examinator verwittigde ons, dat hy dezelve niet meer te leeren gewaegd had, sedert dat zy door het ministerie was verboden [1].

Ook de vrouwen in Westvlaenderen achtten het niet bene-

---

[1] Ik weet niet, of dit juist het woord was, dat de deklamator bezigde; in elk geval zoude ik hier in niet bystemmen kunnen, want *verboden* is het vlaemsch niet, hoewel het tot nu toe niet zeer begunstigdt word. Toch geloof ik, dat wy van den heer Nothomb immer meer voor hetzelve verwachten kunnen, dan van al zyne voorgangers; hy is toch een *Germaen*, (en dat waren zyne voorgangers niet) en echt germaensch bloed verbastert zelden.   W.

den hare waerdigheid de tael harer moeder te beoefenen en hare gaven op 't vaderlandsche tooneel ten toon te spreiden. Twee jufvrouwen hebben in den wedstryd medegedongen: Mej. Nathalia Larmuseau was verrukkend, als Lady Gray in de gevangenis; min goed Mej. Julia de Raedt van Veurne, toch geeft deze ons immer nog groote hoop voor de toekomst.

't Was vier uren des morgens, eer de kampstryd een einde nam, en nog zat het volk met geduld naer den uitslag te wachten. Onmiddelyk daerna gaven de aengestelde regters hun oordeel over den tooneelstryd te kennen, en de eermetalen, benevens degene voor de beschrevene dicht-en prozastukken uitgeloofd, werden plegtig uitgereikt. De uitkomst daervan is reeds door de meeste vlaemsche dagbladeren bekend; daerom gelooven wy het onnoodig, dezelve hier te herhalen.

Des anderendags werden al de bekroonden op een gastmael ten stadhuize uitgenoodigd, en men zag met genoegen dat een nauwe band hen allen vereenigde. De heer De Breyne-Peellaert, burgemeester der stad, welke tevens voorzitter van eene der maetschappyen en een warme voorstander der kunsten is, stelde de eerste een heildronk voor, die aen de mededingende vreemden gerigte was; een tweede door den heer van Duyse uitgebragt, was aen Waterloo en den Rhyn gewyd, waerna een aenwezige Hoogduitscher met eene van verrukking en ontontroering sidderende stem en vochtige oogen den derden op hartelyke, nooit meer gebrokene verbroedering tusschen hoog- en nederduitschers uitbragte, die gelyk de andere met de volste toejuichingen ontvangen werd; en met regt, want wy, Vlamingen, hebben reeds te veel onder het zuidelyke juk geleden, om al het heil niet te gevoelen, dat er in eene zedelyke vereeniging met Duitschland opgesloten ligt. Het ongeluk heeft ons hart veredeld, en wy drukken met dankbaerheid de hand aen hen, die onze zelfstandigheid help bevestigen.

Den laesten toast stelde de als toneelkunstenaer bekenden Delacroix, van Kortryk, voor op het heil van den braven Burgemeester der stad, aen wiens echtvlaemschen geestdrift het feest zoo veel van zynen luister te danken had.

Even als den vorigen avond, waerop de heer Van Duyse, naer zyne loffelyke gewoonte, den overwinnaren by de prysuitreiking eenige aenmoedigende woorden in rym toestuerde, sprak hy hier talryke verzen voor de vuist uit, welke op de omstandigheid waren toegepast en die in eene godsdienstige stilte werden aenhoord. Zyne geestrykheid bragt niet weinig toe ter verheffing van het feest. Jammer maer, dat ons geheugen niet sterk genoeg is geweest, om er eenige regelen van op te schryven.

Ten slotte gaf de kortryksche maetschappy der *Kruisbroeders*, eene vertooning van *Menschenhaet en Berouw*, waermede zy op den gentschen tooneelstryd van het voorledene jaer den tweeden prys behaelde. Derzelver uitvoering is met eene volmaektheid afgeloopen, die schaers by de Rhetoryken te vinden is. Het hart voelde zich by elk dramatisch tooneel van aendoening getroffen, en wy aerzelen niet om te zeggen, dat de kundige leiding van den heer Larmuseau eene goede waerborg voor den hoogen stand is, waerop die maetschappy zich thans bevindt. Indien ooit eenige toejuiching met ongeveinsheid aen de verdienste gegeven is, dan was het wel ter dezer gelegenheid. Ook mangelde het aen bravos noch aen lauweren. Jufvrouw Nathalie Larmuseau, welke de rol van jufvrouw Muller vervulde, is eene voortreffelyke treurspeelster. Zy behoort tot een huisgezin, waervan al de leden met voordeel het tooneel beoefenen. Met hartelyke vreugde zagen wy haer eene lauwerkroon toegeworpen, die dit opschrift droeg : « Hulde van verbroederde Hoog- en Nederduitschers aen de Vorstin der vlaemsche tooneelkunst. » Inderdaed, zy verdiende deze hulde.

Wy kunnen ons hier van eene aenmerking niet ontslagen, die zich ons by deze gelegenheid opdrong : het is die, hoe oneindig de vlaemsche tooneelspeelster met die van andere natiën verschilt. Zy is en blyft brave burgeres en ruilt hare eerbaerheid voor geen schitterende kleinoodien, welke haer weldra uit den kring der gewoone samenleving werpen en haren roem met den afschuwelyksten schandnaem bevlekken.

Gedurende de twee avonden waren de byzonderste huizen der stad en al de zegebogen verlicht. Mev. Van Ackere was hierin niet ten achteren gebleven. Wy juichten by de goede gedachte, die zy gehad heeft, om Van Maerlant, den vader der dietschen dichteren allegader, op het feest tegenwoordig te doen zyn. Zyn afbeeldsel, rond hetwelk de namen der byzonderste vlaemsche letterkundigen geschreven stonden, was door tallooze gekleurde lampjes opgehelderd en deed de menigte, welke door nieuwsgierigheid was uitgelokt, voor hare wooning stil staen.

In 't geheel nam de achtbare vrouw een groot deel in 't algemeen vreugdegenot. Ook, een feest, waerop het de eer der tael en harer geboortestad gold, kon aen haer hart niet onverschillig zyn. Overal was zy tegenwoordig, en overal werd hare tegenwoordigheid als eene gunst gewenscht, want Dixmude weet zyne dochter te waerderen, en het geeft haer die eerwaerdige aendacht, welke aen de deugd en het genie is verschuldigd. Gaerne zeggen wy met Pr. Van Duyse :

> Voor God, onsterflykheid en vryheid
> Van 's menschen ziel, voor 't land dat eens uwe asch besluit,
> Stort gy de melody der bovenwareld uit,
> Rein als de kinderziel, lief als de lach der bruid.
> O, 't streelt myn hart met fiere blyheid :
> Gy zyt een vlaemsche spruit.

Hoe lang onze beschryving zy, blyft zy immer nog onvolmaekt; en op welke wyze wy dezelve voordragen, kan zy toch die voldoening niet geven, welke de vreemdeling genoten heeft, wien zyne goede star naer dit kunstfeest heeft gevoerd. Alles scheen medetewerken om aen de ziel die innerlyke vreugde mede te deelen, welke zy beproeft by 't beschouwen van een volk, dat de eer van 't vaderland viert. Dit deed ons den vurigen wensch vormen, dat Dixmude ons nog dikwerf op dergelyke feesten vergasten en dezelfde volksgeest geheel Nederland bezielen moge.

C. V. R. W. D.

2. — Ste. Pietersfeest.

Te *Geeraerdsbergen* verzameld men in elken wyk of elke gebuerte, onder het afzingen van een zeker liedeken, eene tamelyke menigte hout, dat men dan ontsteekt en onder het geroep van : « *vivat zinte Pieter! vivat zinte Pieternelle! djou, djou, djou, djou, djou!* » omdanst. Dit heeft plaets in den vooravond van het feest. Den volgenden morgen wordt de *roozenkroon* gewonden en in het midden van eene der straten van den wyk opgehangen. Des achternoens is *bollenwerpen*, en alle *leden* van den wyk, zoo mannen als vrouwen, nemen er deel aen.

Op den navolgenden zondag wordt een dans onder de *roozenkroon* gehouden : heimelyk maekt men zich eens, welk paer der dansers *bruid en bruidegom* zyn zal; op hun hoofd laet men de roozenkroon vallen, en het paer is verpligt, een gelag te geven, waerby het natuerlyk niet aen bier en iets daer by behoorende ontbreekte.

In *Hekelgem*, by Aelst, wordt St. Pieter op eene andere wyze gevierd. De jongens en meisjes van het geheele dorp verzamelen zich en maken twee bloemenkransen : den *roozenhoed* en de *kroon*. Dan spelen de meisjes strooikentrek : die het langste strooiken heeft, verkrygt den *roozenhoed* en is eerste koningin, in welke eigenschap zy eenen koning verkiest; die het naestlangste behoudt, verkrygt de *kroon*, is tweede koningin en zoekt zich ook eenen makker. Is dat gedaen, dan stemmen allen een liedeken aen en trekken tot aen den avond naer de herbergen, waer zy by een lustig dansken den dag en het feest sluiten. Komt een vreemdeling den stoet voorby, dan schreeuwt alles *djou! djou!* en klapt in de handen.

Gent heeft maer een magere overrest van het schoone gebruik behouden. Het hemelhoog vlammende vuer veranderde in een kaersje, dat van de kinderen op eenen stoel gesteld en om welken gedanst wordt. Tien jaer later zal ook het kaersje verdwenen zyn.

W.

3. — Mengelingen.

1. — DE PAESCHKROON. Het eerste kind, dat in een dorp na Paesschen geboren wordt, ontvangt de *Paeschkroon* by of na het doopsel. De ouders zyn er trotsch op, want dit is eene soort van onderscheiding voor het kind door het gansche leven, en daerom geven zy ook met vreugde een goed stuk geld aen de brengers der Paeschkroon.

2. — BOSCHMETHKERMIS. De overschot van de honigpypen wordt in eenige gewesten van vlaemsch Belgie in leuvensch bier gesteken en dit voor een tyd lang in den kelder gelegd. Is de honig gansch uitgetrokken, dan belt men uit, by welken waerd van het dorp de

Boschmethkermis gehouden zal worden. Op dien dag mag de jongen met zyn meisje in de herberg gaen, zonder dat een mensch in het dorp daerover spreekt; aen andere dagen zoude dat een *crimen laesae honestatis* zyn.

3. — KERSMISMOT. Op Kersmisavond steekt men te Geeraerdsbergen en in de omstreken het worteleinde van eenen dennen of beukenboom in het vuer en men laet dat verbranden; een ander licht mag niet ontstoken worden. Men drinkt genever daerby en zingt lustige liederen. Is het hout uitgebrand, dan ontvlamt men de rest van den genever.

4. — UITVAERT DER ADELYKEN. By den lykdienst is den grond der geheele kerk met *stroo* bedekt.

5. — STERFHUIS. In Vlaenderen ligt voor het huis, waerin zich een lyk bevindt, *een kruis gevormd uit vier bundels stroo*, die in het middel met eenen steen vastgelegd zyn. Is de gestorvene persoon een jongman, dan ziet men *palmtakken*, is het een meisje, *rosmaryn* op het stroo; is het eene dienstmeid of een dienstknecht, dan ligt er maer een halven steen op. In eenige gewesten wordt het stroo na de uitvaert *verbrand*.

Te Turnhout staet eene *kaers* in de vensterkens boven de deur, zoo lang het lyk in huis is.

In de omstrekken van Brussel ziet men *een zwart vaendel* met een doodshoofd daerop geschilderd aen de deur staen.

6. — TOEBRENGEN. Ook is daer (in Vriesland) de maniere als men 't yemant brincht, dat men 't den naesten nevens hen gezeten bringen moet, met der zonnen ommegaende, *of zy vragen*, *of zy schelmen zyn*, dat men hun overschrydt. Die de maniere niet weten, die onderwyzen zy daeraf goedertierelyck. (*Vaernewyck*, fol. 79.)

7. — St THOMASFEEST. De bewooners van een huis

zoeken elkander in het ééne of het andere vertrek intesluiten; de gevangene moet zich dan door een geschenk verlossen.

8. — KINDERDAG. Op den 28 december zyn de kinderen meester; zy trekken kleederen van hunne ouders aen, hangen zich eenen grooten bundel sleutels aen de zyde en gaen met eene beurs rond; elkeen moet hun iets geven.

9. — ZIELENKOEK. Backt men ergens koeken, dan heet de eerste die uit de pan komt, *zieltjenskoek;* wie hem eet, die moet een vader-ons voor de arme zielen bidden.

10. — KOEKEN OP ALLERZIELENDAG. Op Allerzielendag bakt men in Dixmude en in de omstrekken kleine koeksjes; zoo veel men daervan eet, zoo veel zielen verlost men uit het vagevuer.

11. — St. JANSVUREN. Deze werden in Gent verboden « a°. 1570, 23 juny; » het verbod werd herhaeld a° 1571 op denzelven dag. (Zie de Kempenare, Dagregister. ed Blomm. p. 82). In eenige gewesten van Frankryk stak men nog in het laeste vierendeel der verloopene eeuw een of twee dozynen *katten* in eene mand, en smeet die in het S* Jansvuer. Onder Lodewyk XIV deed men hetzelve nog te Parys. (S*. Foix V. p. 25.)

12. — « Wanneer in een kindergezelschap iemand iets bedreven heeft, waervan een ander den dader wenschte op te sporen, dan *draeit* deze op de tafel een *mes rond*: de persoon, die tegenover de punt van het rondgedraeide mes zit, wordt voor den dader gehouden. » (Hermans, Geschiedk. mengelw. I. p. 94. Cf. Siebdrehen by Gr. D. M. p. 641. Westendorp bl. 352.)

4. — Kinderspelen.

1. — PIETERNELLE. De kinderen vormen eenen kring om Pieternelle; een kind staet buiten den kring en vraegt: Pieternelle waer woont gy.

 P. Hier binnen.
 K. Wat kunt gy?
 P. Haspelen en spinnen.
 K. Wat heeft gy gisteren gedaen?
 P. Een boterham geëten en slapen gegaen.
 K. Wat hebt gy ehe gisteren gedaen?
 P. Dat schilt u niet.

Nu loopt Pieternelle onder de opgehevene armen der kinderen uit den kring, het andere kind op denzelven weg daer in en dat duerd zoo lang, tot dat Pieternelle het kind gevangen heeft. Dan is zy verlost en de gevangene moet hare rol overnemen.

2. — MYN HUIS BRAND AF. Op dezelfde wyze wordt het spel met de volgende rymkens gespeeld:

 A. Myn huis brandt af.
 B. Blusch het!
 A. Ik en heb geen water.
 B. Hael water.
 A. Ik en heb geenen eemer.
 B. Koop 'nen eemer.
 A. Ik en heb geen geld.
 B. Steel geld.
 A. Dan moet ik hangen.
 B. Hang dan.

Vergel. Erbsenspiel by Grimm. Kindermärchen II, XV.

3. — ZOEK SPELLEN. Een kind laet zich de oogen verbinden en de andere stellen zich in een kring, waerna een ander begint :

   A. Zoek spellen.
De Blinde : Ik en vind geene.
   A. Zoek naelden.
De Blinde : Ik en vind geene.

Verscheide andere voorwerpen worden nog opgegeven te zoeken, maer immer kan ze de blinde niet vinden; eindelyk heet het : *zoek menschenvleesch;* dan begint hy te loopen tot dat hy een van de kinders pakken kan, hetgene zich op zyne beurt de oogen moet laten verbinden.

4. — SOLDAETJE. Verwand met N° 1 en 2. Het rymke is zoo :

  A. Soldaetje, soldaetje kom uit den hoek!
  B. Ik en durf niet.
  A. Waerom niet?
  B. Mynheer van Bloem.
  A. Wat heeft hy u gedaen?
  B. In myn voetje gebeten.
  A. Wat staet daer achter?
  B. 'nen boer met 'nen pachter.
  A. Wat heeft hy in zyn hand?
  B. 'ne kaeskant.

Brussel.   Adalse van Swygenhoven.

5. — TOOVERHEKS. Een kind stelt zich achter eene deur; een ander klopt :

Klop, klop.
A. Wie is daer?
B. Op manke tooverheks.
A. Ik en ben niet te huis.
B. Ik heb u schouwken zien rooken.

Daerop springt de tooverheks uit de deur en loopt de andere kinderen na; hetgene zy vangt, moet hare plaets overnemen en het spel begint van nieuw.

6. — AFTELLEN. Er zyn eene menigte spelen, waer in door aftellen naer zekere rymen een kind uitgekozen wordt, om deze of geene rol te spelen. Wy deelen hier eenige dier rympjes meê :

Onder de groene blâeren
daer lag een engelsch schip;
de landsman is gekomen,
hy is zoo ryk als iet;
hy dragt 'nen hoed met pluimen,
'nen hoed van 't beste goed : (1)
pif, paf, jannemarie,
pif, paf, kogel gy zyt af.

Ons liev' heerke,
die over 't toppeke zat,
die gebrade vleeschken at,
die gekoelde wyntje dronk,
dat het over zyn hertje zonk;
pif, paf, jannemarie,
pif, paf, kogel gy zyt af.

Gent. Vr. C.

(1) Hier schynen twee verzen te ontbreken, is dat zoo?

Ik herrinner my nog levendig, met het navolgende rymke afgeteld te hebben; oude lieden verzekeren my, dat zy het van hunne vroegste jeugd kennen en dat het hun dikwyls van vader of moeder of tante voorgezegd was geworden:

> Onder de bank
> leit er wat zand;
> draegt hem mée naer Ingeland,
> van Ingeland naer Spanje,
> appelen van Orange,
> peeren van den hoogsten boom,
> wie het eerste speleken heeft,
> heeft de dubbele goude kroon;
> de kroon die staet gespannen
> met vier yzere bannen, [1]
> waer dat de stoute kinderen
> en de stoute menschen daeraen hangen.

Br.   A. V. S.

VOLKSBYGELOOF.

1. *Scheurd* eene bruid het *bruiloftskleed*, dat is niet goed, want zy zal veel verdriet hebben.

2. Men schenke nooit *ringen van gestorvene* vrienden of magen weg; het is een zeker teeken, dat men weldra ook sterft.

3. Ligt een *brood verkeerd*, dat is niet goed.

4. Een *mes*, dat *verkeerd* ligt, voorspelt stryd.

5. *Springt het vuer in den haerd*, dan kan men zeker zyn, weldra bezoek te krygen.

---

[1] Hy spant de kroon is een bekend spreekwoord en beteekent: *Het is het uitmuntendste*.

6. *Lieve-vrouwe-beestjes* zien, voorspelt geluk.

7. Het *godsnagelken* in de noten mag men niet doorbyten.

8. Die geen *katten* lyden mag, zal geene schoone vrouw krygen.

9. Daer *goede azyn* is, plegen *kwade vrouwen* te zyn.

10. Zoodra de eunjereijeren en *paddestoelen* van de *zon* beschenen zyn, worden ze vergiftig.

11. 'S *maendags spoed* zelden goed.

12. Bindt men eene *stroowis om de boomen*, dan zullen ze beter vruchten dragen.

13. Legt men het *geraemte van een paerdenhoofd* op den stal, dan kunnen de beesten er niet betooverd worden.

14. Om van de *koorts te genezen*, moet men zynen kousen band aen de galg binden.

15. Tusschen *Paesschen* en *Sinxen* vryën de onzaligen.

16. De *eijeren* van den *witten donderdag* zyn goed tegen donder en bliksem.

17. *Sint-Jans-kruid* geplukt vóór zonnen opgang is goed tegen den bliksem.

18. Om in het spel gelukkig te zyn, moet men een *klaverblad van vieren* by zich dragen.

19. Het is niet goed 's *vrydags* het *hair te kammen* of de *nagels te korten*.

20. 's Morgens eenen *spinnenkop* zien voorspelt geluk, 's achternoens ongeluk.

21. Tegen de *koorts* is goed, eenen spinnekop tusschen twee notenschelpen te sluiten en deze aen den hals te dragen.

22. Om de *tandpyn* te stillen, strykt men de tanden met een *doodsbeen* van het kerkhof; het is een zeker middel.

23. Staet het *bed* van eenen stervenden zoo, dat het zich *met de balken kruist*, dan zal hy eenen langen en waren dood hebben.

24. Twee gekruiste *vorken* voorspellen stryd of vyandschap.

25. Een *zoutvat* omwerpen, is niet goed, er zal stryd volgen.

26. Heeft men *eijeren* geëten, dan moet men de *schalen* breken.

27. Om voor de *koorts* bewaerd te zyn, ete men op Paeschdag twee *eijeren*, die op goeden vrydag *gewogen* zyn.

28. Op Paeschdag geen vleesch eten, is goed tegen de tandpyn.

29. Zoo men eene *kitteling* in 't midden van de opene hand voelt, verkrygt men geld.

30. *Hondgehuil* voorspelt den dood van een persoon uit de buerschap.

31. Men neme den avond voor Kersdag een stuk dennenhout en steke het in 't vuer, maer late het niet gansch verbranden; het overblyvende stuk legge men onder het bed, dan zal de donder nooit in het huis vallen.

32. Drie kaersen in ééne kamer brandende, voorspelt een huwelyk.

33. Roode baerd, duivelsaerd.

34. Vrydagregen, zondagregen.

35. Het is niet goed, op eenen vrydag te trouwen.

36. 'T is gezond, in 't vuer te pissen.

37. Met den regten voet eerst uit het bed komen, is een teeken van voorspoed voor den geheelen dag.

38. Eijeren, die op Sinxendag gelegd zyn, mag men wel bewaren; zoo er brand ontstaet, smyte men er een van in de vlammen, en het vuer zal geene magt meer hebben.

39. Wil eene bruid goed geluk en voorspoed in haren echt hebben, dan moet zy uit de kerk, van de trouw komende, *onder twee over de deur gekruiste sabels* in huis gaen.

40. Men beware de *hoendereijeren*, die in de *twaelf dagen* (van kersnacht tot driekoningendag) gelegd worden, en zoo eene henne broeijen wil, legge men ze er onder, dan komen uit alle andere ondergelegde eijeren schoone, groote hoenderen.

41. In den kersnacht staen alle beesten ten twaelf uren op en blyven eenigen tyd regt staen; dan leggen zy zich weêr neder.

42. Wat op kersavond gezaeid wordt, bederft niet, al ware het op sneeuw gezaeid.

43. Schynt de zon op lichtmisdag, dan zal het vlas wel gelukken.

44. Wat op vastenavonds dynsdag gezaeid wordt, blyft altyd groen.

45. Zoo veel nevels er in de maert komen, zoo veel booze nevels komen ook na Paeschen en in Augustus.

46. Op sint Andries-dag zette men een glas vol water op eene tafel: wanneer dat van zelfs overloopt, dan verwachte men een vochtig jaer, blyft het zoo vol als het is, dat beduidt een droog jaer.

47. 's Morgens de handen goed wasschen, is een krachtig middel tegen heksen en tooveraers.

48. Schynt de zon terwyl het regent, dan bakken de heksen koeken.

49. Marentakken over het bed hangen is goed tegen de *Nachtmerrie*.

50. Si vis habere maritum ad voluntatum tuam, quaere clavos ferreos antiquos, de quibus inventis debet formari annulus sexta feria infra missam; postea superlege Evangelium et dic quotidie pater noster: tunc si annulum in digito portaveris, habebis maritum pro tuo desiderio infra annum.

51. Vis ut maritus tuus diligat te, accipe de omnibus

crinibus tuis et offer illos ad altare ter cum cereo ardenti: tunc quamdiu portabis illos super caput tuum, tamdiu exardescet in amorem tui.

(Het vervolg in het v. stuk.)

W.

BEZWEERINGEN.

Deze blyven voor het tweede stuk overgespaerd.

MENGELINGEN.

Vryplaetsen. — Omtrent het huis Oldputten, by Elburg, stond nog voor twintig jaren een zeer oude en zware lindeboom, en wel ten oosten van het huis, by den tegenwoordigen uitweg aen het hek, waer nu eene brug ligt. Men noemde dien boom den *vryheidsboom,* en beweert, dat de veroordeelde misdadigers, de gevangenis ontvlugt zynde, zich hierheen begaven en veiligheid vonden, *ten tyde, toen de heeren van Putten nog het eigen halsregt uitoefenden.* (Gelderschen volksalman, 1842, p. 95, opgen. in het hist. tydsch. II, p. 22).

Mytstede. — « Een half uer ten zuiden van Nunspeet, in de woeste heide, bevindt zich een duin, welke algemeen bekend is onder de benaming van *Mytsteé* of Mytstede. Dezelve bestaet uit eene holte omtrent 8 of 10 voeten beneden het gewoone maeiveld en heeft de gedaente eener halve maen, in welker midden en wel op eene regte lyn, zich drie cirkelvormige zitplaetsen bevinden, van 5 nederlandsche ellen diameter, op eenen onderlingen afstand van 5 nederlandsche ellen. Dit vlak is omzoomd met eenen wal, ter gemiddelde hoogte van 12 ellen boven het maeiveld, op welks kruin aen de west-en noordzyde 17 nog zichtbare ronde gaten, op omtrent 4 ellen onderlingen afstand van elkander, en in verband, op twee ryen zich bevinden, even als of er vroeger groote boomstammen waren uitgedolven. Aen de zuidzyde van gemelde halve maen en wel onmiddelyk aen de helling van den buitenkant bevindt zich eene moerassige, byna ronde watervlakte. Hierby is opmerkelyk, dat de waterspiegel die omtrent 10 voeten hooger gelegen is dan het binnenvlak, waer zich de ronde zitplaetsen bevinden, het geheele jaer door op diezelfde hoogte blyft, en zich nimmer water, het zy uit gemelden plas, het zy regen of sneeuwwater, in de halve maen onthoudt, maer by alle jaergetyden droog blyft, om welke reden dan ook de eimekers of byënhouders van deze plaets gebruik maken, om jaerlyks, wanneer de heidebloemen bloeijen, hunne byënstallen derwaerts over te brengen. Men zoude gaerne weten, of uit den naem dezer plaets, of uit andere kenmerken, wat dezelve vroeger geweest zy. (Geldersche volksalman, 1842, p. 85, HT. II, p. 29.

Het woord Mytstede weet ik op het oogenblik niet te verklaren; maer de beschryving doet my gelooven, dat deze duin eene oude geregtsplaets is. De duin ligt *beneden het gewoone maeiveld;* cf. *Grubengericht*. Senkendorf by Grimm. Deutsche Rechtsalterthümer, pag. 800. Hy heeft de gedaente *eener halve maen.* Die älteste und üblichste figura iudicii ist *rund.* Gr. l. c. p. 809. Er befinden zich *drie zitplaetsen.* De regters waren *drie* of zeven in getal. ib. p. 795. Gaten gelyk van uitgedolvene *boomen.* De oude geregten hadden plaets *onder boomen.* ibid. p. 794. Aen de zuidzyde der mytstede bevindt zich *water.* Geregten in loco iuxta *fluvium,* beim *born* enz. ibid. 799. De mytstede ligt in eene *heide onder den vryen hemel :* ut resideat in curte ad *campos* in *mallo publico.* Baluz 1. 249. Coram libero comite Otberto apud *pratum* iuxta Rethe, in loco legitimo banni regalis, qui locus vulgo *malstat* appellatur. Kindlinger by Gr. l. c. p. 798.

W.

2. — Valsche Munters.

Onder dezen tytel geven wy eene openbare tentoonstelling van hoog romantieke schryvers, die te lui, om sagen op vaderlandschen bodem te zoeken, duitsche verzamelingen nemen, en daer sagen stelen, die zy in Belgie verplanten. Ondernemingen van dezen aerd verdienen een letterkundig brandmerk; zy zyn te *onteerend* voor het land, *onteerender* voor de ondernemers kunnen wy er misschien niet byvoegen, want wie zich onder deze bende kan scharen, heeft geene letterkundige schaemte of eer meer in het lyf. Wy openen onze ry met *Colin de Plancy*. Deze gaf zekere « Chroniques des rues de Bruxelles » uit; N° 6 dezelve is eene rynsche sage; zy staet in de « Sagen aus den Gegenden des Rheins und des Schwarzwaldes » van Aloys Schreiber onder N° 2 p. 5 en is getyteld *Falkenstein.* N° 4 is niet echt en behoort insgelyks aen den Rhyn. Men kan ze lezen by Schreiber onder N° 11, *Hildegard* en met denzelven tytel onder N° 437 In Grimms' Deutsche Sagen II p. 102. Zie ook Simrocks « Rheinsagen » en G. Pfarrius » *das Nahethal.* » Tallen by C. de Pl. moet Taland heeten. N° 15 is eene mosaïek, samengesteld uit sagen van den dom van Keulen, de Lieve Vrouwekerk van Utrecht en andere meer. Te Utrecht behooren de ossenhuiden van p. 151 te huis. De aftogt van den duivel p. 152 is ten minste *belgisch.* cf. N° 21 der vorenstaende sagen. N° 17 is maer een bewys van de onkunde des schryvers met de geschiedenis der straten van Brussel, want de *Wolvengracht* heeft haren naem van eenen zekeren welbekenden *Wolf;* de auteur van *fossé-aux-loups* kan zich waerdig nevens C. de Pl. stellen. N° 35 is naäping van N° 15, doch wy willen niet verder gaen.

In een feuilleton der Emancipation bevindt zich onder den tytel : « Legendes belges » eene die « *la vieille de Lokeren* » heet. Deze is letterlyk vertaeld uit het bovenaengehaelde werk van Schreiber, N° 47 p. 193 « *das Rockenweibchen.* » Zonder twyfel is Colin de Plancy de dief.

De « *petites affiches* », het lieve orgaen van den professeur brévêté Bôn, en soortgelyke kwakzalverige inktpen-en-papierconsumenten gaven eene sage : « *le chateau de Bouillon* », Deze behoort tot den *Taunus*, en het originael staet al weêr by Schreiber onder N° 3. *Burg Eppenstein.*

(Wordt voortgezet.)

W.

4. — Aenmerkingen.

1. *Malagyspeerdeken.* Het spyt my, voor het oogenblik niet het originael te kunnen mededeelen; maer ik zal zoeken het te verkrygen, en dan de verscheidenheden, die zich er misschien in vinden, nauwkeurig opgeven. vergel. de aenm. tot N° 6.

2. *Sagen van den Langen Wapper.* Meer daerover zal het kunst- en letterblad ons eerlang geven. Cf. 13, 25 en 35. Grimm. 243.

3. *De scheidspael.* Cf. 283, 284 en 285 der « deutsche Sagen » der gebroeders Grimm.; in Keulen gaet dezelve sage rond. V. Weiden Kölns Vorzeit: de Landmesser.

5. *De duivel van Nederbrakel.* Cf. 14. Grimm. DS. 38.

6. *De bedrogen Vioolkrabber.* Verwand met 1, 16, 23, 35. Vier andere verwandte vinden zich in myne verzameling. Cf. Henr. Neubrig. rer. anglic. l. 1, c. 38. Delrio disquis. mag. ed. lugd. 1608 p. 89. Grimm. DS. 251.

8. *De klok van Vosselaere.* Cf. 21 en de voorstaende verhand. over Hellia. Drie verwandte heeft myne verzameling. Vergel. Schreiber Sagen aus den Gegenden des Rheins und des Schwarzwaldes; 57 p. 227. H. Goedsche Schlesische Sagen p. 88. Grimm. DS 202. 280. 16.

9. *De katten van Ravels.* Cf. 24 en 25. verder Chieza histor. peruan. II c. 205 en 210 — Barth. Spineus de strigibus c. 16. en nog een dozyn sagen in m. verz.

10. *De brandende Heurst.* Cf. Grimm. DS. 232, 283, 284 en « der Feuermann. » in m. verz.

11. De Hunsberg. Eene verwandte sage by Grimm. Vergel. ook DM. p. 73 seqq.

14. *De zwarte hoenders.* Cf. Andr. Caesalp. de investig. daemon. c. 11 en verscheide andere sagen in m. verz.

25. *De Roodestraet te Veurne.* Wy hebben eertyds eene verhandeling over den wagen zonder peerden van den pseudonymen inzender te verwachten.

27. *Koppel-Maendag.* Dr Hermans meent, dat deze sage niet origineel nederduitsch is. Het verheugt my, door N° 28 het tegendeel te kunnen bewyzen. Nog eene verwandte geve ik in myne nederd. sagen, waer ook nog eene soortgelyke versie der brusselsche sage van den vrouwkensavond.

29. *Het wapen van Westzaanden en Crommenye.* Cf. de keulsche sage van den burgemeester Gryn en den leeuw in Simrocks Rheinsagen, Weidens Kölns Vorzeit, J. C. Wolfs Heliotropen, Ad. van Stolterfoths sagen enz.

30. *De verjaegde katten.* Cf. de geest: eene oude spookvertelling, door H. Conscience medeged. in « de Noordstar. »

31. *Erasmus van Rotterdam.* Cf. Gr. 294 en de sage van het kruis in St. Maria in Capitolio te Keulen door Kreuser in de Rheins. van Simrock.

33. *O. L. V. van Kortryk.* Hier eene andere versie, die in betrek staet met het lasterspreukjen, dat in deze sage voorkomt. Een oud zat wyfje, met name Marie, ging eens voor een Lieve-Vrouwenbeeld en zeide:

Ik Marie, gy Marie, gelyk Marie;

ik ne zoon, gy ne zoon, gelyk Marie;

myne zoon gehangen, uwe zoon gekruist, gelyk Marie;

gy vol van gratie, ik vol van geneverken, gelyk Marie.

Hoe soortgelyke spreukjes hier nog voortleven kunnen, kan ik niet begrypen.

36. *Huis Benthem.* Cf. Gr. 191.

Dertien. p. 88 : « want ik sla met myne vuist eenen beer dood, gelyk een vlieg. » Een echte sagentrek.

Hi soude *wel eenen beere binden*

heet het van den leuvenschen kampvechter. (Willems Belg. Mus. I p. 26.) Cf. Grimm DS 322. Reinhard Fuchs Einleit. pag. XLVII. —

J. W. W.

In het kunst-en letterblad 1842 N° 10, vind ik aengeteekend, dat men de draeiwinden, welke men hier veelal des zomers aentreft, met den naem van *varende vrouwen* bestempelt. Zonder nogtans in een diep onderzoek dezer sage te willen treden, geloof ik uit de uitspraek van den naem dier zoogenoemde *varende vrouw* te kunnen opmaken, dat men daeronder niet eene *varende* maer *barende* vrouw verstaet; trouwens, te Kieldrecht zegt men *Beirena vra*, te Zele *Bornde vra*, te Denderleeuw *Borene vra*, te S^t. Lievens-Essche en Zomerghem zegt men *Booirende vra*, en te Zelzaete wordt zy duidelyk de *Barende vrouw* genoemd. Dit bygeloof heeft by het volk zynen oorsprong door in doodzonde barende en stervende vrouwen, welke, krachtens hunne doorgestane smart, uit de hel verlost doch tot het Ryk der zaligen niet toegelaten zyn, waerdoor zy, op winden gedreven, een zwervende voortduring behouden.

J. B. C.

Wy danken den geëerden schryver hartelyk voor deze aenmerking, die van het hoogste belang voor ons is, en wenschen maer, dit schoone voorbeeld dikwyls gevolgd te zien. Intusschen moeten wy verklaren, dat beide epitheta zoowel *barende* als *varende* vrouw hare gronden voor zich hebben. Na *barende* vrouw geweest te zyn wordt zy *varende* vrouw en stemt in deze laetste eigenschap tot onze godinnen Holda, Hellia, als ook de tot nu toe nog donkere *Herodias* en *Diana* en vele andere. Een grondgeleerde feuilletonnist der Emancipation vertaelt vaervrouw (abbrev.) door *reine de la peur*. (1837 N° 163.)

J. W. W.

SAGEN.

37. De Helleput, te Melden, by Audenaerde.

Onze voorouders hielden veel van de klok-harmonie, en daerom namen zy het hun tot pligt de kerktorens met een tamelyk gebrom te voorzien. Onder al die welklinkende dommelmonden getuigden de schippers geene betere langs de Schelde-oevers aentetreffen dan degene van Melden. Eens, ongelukkiglyk, borst er een vreeselyk onweder los en braekte zyne woede over den toren van dit dorp uit. Met een helsch gerucht werd eene der beste klokken los gerukt en den toren uitgevoerd. Aen het gebouw echter werd niets beschadigd en de inwooners konden zich niet overtuigen, dat er eene hunner sieraden verdwenen was, voor zy dit gemis met eigene oogen erkend hadden. De lieden, die in de weiden aen het werk waren, hadden nogtans alles kunnen bezichtigen; zy hadden de klok met hare touwen in de lucht zien slingeren en eindelyk met geweld in de Schelde nederdompelen, op de plaets, waer sedert dien tyd een monsterachtige draeikolk ontstaen is. Men zegt, dat ten tyde eens onweders er by dit dorp altyd een schoon geluid gehoord wordt, en de Meldenaers, die zich daer omtrent dien kolk bevinden, werpen eenen treurigen blik op het verledene, en zeggen : « daer ligt onze St. Martens-klok voor eeuwig begraven. »

C. Van Den Haute.

38. De Lokerbeek.

De stad Lokeren heeft tot beschermheiligen den H. Laurentius, terwyl de digt byliggende gemeente Zele den zaligen Ludgerus als haren voorspreker by Gods troon eerbiedigt. Beide plaetsen zyn door eene beek van elkander afgescheiden, welke gemeenlyk de Lokerbeek genoemd wordt. Toen in vroegere eeuwen er tusschen de stad en de gemeente eens, uit hoofde van den eigendom der gemelde beek, zekere twist was opgerezen, werd de zaek aldus in der minne vereffend : de twee heiligen zouden te samen kampen, en hy, die de overhand behield, zou den waterstroom voor de onder zyne beschutting staende plaets bekomen. De stryd nam aenvang; en na lang heen en weder slingeren bleef de overwinning aen Ludgerus zyde, waerdoor de beek in vollen eigendom aen Zele afgestaen werd.

J. B. V.

39. Hansken Temmerman en de Katten.

Op de Brusselschestraet te Dendermonde, in een huis dat den naem draegt van de Zon, werd er in vroegere jaren eene brouwery opgerigt, waerin Hansken Temmerman knecht was. De eerste, de tweede, ja zelfs de derde brouwte mislukte, hoe handig ons Hansken ook een werkman wezen mogt. Men wist niet waeraen dien slechten uitval toeschryven, en de knecht, die ver was van te vermoeden, dat zyne kunde gebrek leed, geloofde liever, dat er iets bovennatuerlyksch onder schuilde, en had een kwaed oog op eene kat gekregen, die telkens dat hy bezig was met brouwen, rond den ketel had geloopen. Men ging voor de vierde mael aen den gang en het bier stond te koken, toen dezelfde kat wederom in de brouwery kwam, rond den ketel liep et miauwde. Hansken, die de kat voor eene tooveres aenzag, ging by haer en vraegde, van waer zy kwam? — Miauw, antwoordde de kat en liep door, doch eenige oogenblikken daerna kwamen er wel een dozyn van die soort te voorschyn en zongen onophoudelyk :

> Hansken Temmerman vroeg aen my :
> Katje van waer komde gy ?

terwyl allen, poot aen poot, rond den ketel dansten. De knecht maekte zich gram, schepte stillekens eenen aker vol met kokend bier en goot het over haer hoofd. De katten verdwenen en de brouwte lukte, maer 's anderendags zag men in St. Rochusstraetje vyf of zes vrouwen, wier gezigt geheel verbrand was, op de straet dood liggen. Nu bleek het zonneklaer, dat die katten niet anders dan leelyke tooveressen waren, die de drie eerste brouwten hadden doen bederven.

J. V. D. V.

40. Het wit Konyn, te Dendermonde.

Op het Vestje had er eene melkboerin gewoond, die aen hare kalanten altyd gedoopte melk, dit is, met water by, bediende. Die boerin stierf, zonder biechten zeker, want haer geest kwam weder onder de gedaente van een wit konyn, dat 's nachts altyd langs de straet liep al schreeuwende:

> Ik heb myn ziel aen den duivel verkocht,
> Omdat myn zoete melk niet en dogt.

Sedert dat de oude vestingen der stad afgebroken zyn, komt dit konyn niet weder te voorschyn.

J. V. D. V.

41. — Ik heb de pael verzet!

Tusschen Lokeren en Zele woonde een boer, die een land bezat, welk alleenlyk met een pael van dit van zynen gebuer gescheiden was. Van tyd tot tyd verzette de boer een weinig de pael en won alzoo onregtveerdig een deel van zyn gebuermans akker. Die boer stierf, maer kwam alle nachten aen zyn land weérom, en riep daer aen die voor by gingen! « Ik heb de pael verzet! ik heb de pael verzet! » — Een zatte Zelenaer kwam daer 's nachts ook eens voorby en hoorde ook 't geroep : « Ik heb de pael verzet! ik heb de pael verzet! » waerop die zatterik antwoordde : « Zet hem, waer gy hem gevonden hebt! » — De ziel was verlost; het geroep zweeg, en niemand heeft het meer gehoord.

Nathalia Boqué.

42. — Het zwarte katje.

Op de Torrebrugge in de overblyfsels van de oude poorte van Gent, welke voorleden jaer zyn afgebroken, woonde de ryke blekslager Masquilier. Hy werkte dag en nacht met wel dertig knechten: eene van deze moest 's avonds laet daer naer toe gaen langs St. Michiels, en op het plein zag hy dikwyls een klein katje, geheel zwart, dat miauwde en zich tegen zyne beenen kwam stryken. Eens peinzende, dat het een verloren katje was, nam hy 't op, om het naer zyn meesters te dragen, maer nauwelyks was hy in St. Michiels straet gekomen, of het woog hem zoo zwaer! zoo zwaer! dat hy het moest laten vallen; als het op den grond viel, wierd het grooter als een ezel. De knecht liep van schrik zoo zeer hy kon, naer Masquiliers, waer hy dood bleek binnen kwam en zyn voorval vertelde; sedert heeft hy dit katje nooit meer weder gezien.

Adolf Vandevelde.

43. Nu heb ik u vast gehad.

Te Lokeren op de kaei aen Daknam-veer zet men des avonds in den winter na negen uren niet over; want na die uer was de veerman eens in zyn bedde en hoorde roepen: Over! Hy stond op, ging naer zynen boot, maekte dien los en stak naer den overkant. Als hy maer twee stappen meer van de kaei was, hoorde hy schielyk een geploemp in 't water, net, als of er iemand insprong, maer hy zag geen mensch die wilde overgezet zyn. Hy keerde weêrom naer zyn bedde, maer hy was nog niet in slaep, of men riep weêral : Over ! Hy kwam daerop vergramd beneden aen den wal, en vroeg dees mael, om voor niets niet overtezetten : Waer moet gy naer toe ? en men antwoordde : Naer Daknam ! De veerman kwam met zynen boot aen de kaei en daer stapte een mensch aen boord ; maer als zy in 't midden van de Durme waren, zeide de onbekende met een schaterenden lach : Nu heb ik u vast gehad, he ?... ah! ah! ah! en op eens veranderde hy in eenen zwarten hond, die wederom in 't water sprong. Het was een weerwolf. De veerman was zoo verschrikt, dat hy sedert na negen uren nooit meer heeft willen overzetten tot nu toe nog.

Nathalia Boqué.

44. — Spook op de Preêkheerenbrug te Gent.

Zekere vrouw moest 's nachts eenen doktor voor een zieken gaen roepen en langs de oude Ajuinleije gaen; daer zag zy op straet iets liggen, dat aen een zatten mensch geleek, en ronkte, als of hy in eenen grooten slaep lag. Zy naderde hem en wilde hem wakker maken, maer op eens stond hy op en rammelde schrikkelyk met zware keetens; de vrouw zag, dat het Osschaert was, en liep naer de Preêkheerenbrugge, waer Osschaert haer achtervolgde; maer als hy op 't midden van de brugge was, sprong hy in 't water en verdween.

Adolf Vandevelde.

45. — De betooverde herberg.

Daer was eens een man, en die man ging op reis. Als hy nu al lang gereisd had, kwam hy s'avonds geheel lael aen eene herberg, en hy vroeg om daer te vernachten. De vrouw zeide hem : « Ik zou wel geern hebben, dat gy hier bleeft; maer het spyt my, dat het niet zyn en kan : al myne beddens zyn beslapen, en daer en is maer één meer over, dat in een kamer staet, waer het alle nachten styf spookt. Durft gy daer slapen, gy moogt, en gy moet er my niets voor geven. » — « Ik wil wel, zeide de man; maer ik zou toch niet geern vóór twaelf uren in myn bedde gaen. Wilt gy my 't een of 't ander geven, om my bezig te houden, dan ben ik tevreden. Ik heb van den avond nog niet geëten; wilt gy my daer laten koeken bakken? » — « Koeken bakken! zei de vrouw, daer voor heb ik geen meel in huis; maer wilt gy pap koken, ik zal u kernen en melk geven? » — « Ja, zei de man, 't is ook al goed. » En de vrouw maekte vuer in de kamer, hing er den yzeren pot met melk over; goot er de kernen in, en de man zette er zich by. Na dat de vrouw hem eene keers gegeven had, wenschte zy hem den goeden nacht en ging weg; en de man roerde zynen pap op zyn gemak. Die kookte nog niet, of hy zag eene zwarte kat aen de deur. » Hola! zei de vent, zy komen al af : poes, poes, kom poezeken, kom! » — Miauw, zei de kat en ze kwam zich aen den heerd zetten, en keek naer den man met vlammende oogen, dan naer het vuer, en dan naer den ketel. Ze was maer een minuetje neêrgezeten, of daer kwam eene tweede kat. Hy riep die ook, en ze zette zich by de andere. Een beetje daerna kwam er eene derde, en zoo wel tot zes. « Ho! ho! zei de man, de hoop begint wat groot te worden! » — « Ja zeide er eene; en wy gaen hier wat dansen, om u den tyd te verdryven. Wilt gy meê dansen? » — « Neen, neen, zei de man, danst maer op, ik zal terwyl mynen pap roeren. » Daer kwamen er nog by, en als ze er al waren, begonnen zy te miauwen, te dansen en te zingen : « Poot aen poot, steert aen steert, katjes laet ons dansen. » In 't begin moest de man daerom lagchen; maer op eens brandde zyne pap aen en liep over, om dat hy vergeten had van te roeren. Hy was daerom zoo kwaed, dat hy in eens eenen geheelen pollepel over de katten smeet, die al verdwenen. De man at dan, en als het twaelf uren geslagen was, ging hy slapen, en hoorde niets meer den geheelen nacht. 'S anderdags 's morgens stond hy op en vertelde zyn geval aen de vrouw, die daer zoo te vrede van was, dat zy hem toeliet, van er nog eenen nacht te blyven; maer de man wierd niets meer gewaer en hy ging weg. Als hy weg was, hoorde men zeggen, dat er wel zes geburevrouwen verbrand waren; en alzoo waren de tooveressen gekend, die nimmer durfden weêrom komen, om te spooken.

ADOLF VANDEVELDE.

46. De betooverde Brouwer.

Daer was eens eene ryke brouwer, die wierd zoo arm als Job; want al zyne kinderen teerden uit, zyne beesten stierven, en al zyne brouwten mislukten. Niemand wist waerby dit kwam; maer alle dagen kwam er een oud wyveken op den hof een aelmoes vragen, en 's nachts als er gebrouwd wierd, zag de knecht eene zwarte kat, die rond den ketel liep. Eens dat hem dit verdroot, wierd hy zoo kwaed, dat hy eenen stok pakte en de kat het been afsloeg. 'S anderendags kwam het vrouwken niet, en de brouwerinne, die geheel godvruchtig en goedhertig was, ging er naer toe, om te zien, wat haer overgekomen was. Zy lag in haer bedde en jammerde schrikkelyk. « Wat is er u voorgevallen, vrouwke, » zei de brouwerinne. — « Och Heere! zeide zy, als ik gisteren naer huis kwam, heb ik tegen eenen steen geschupt en heb ik myn been gebroken. «— « Och arme! zei de brouwerinne, schreeuwt daerom niet, ik zal voor u zorgen. » En zy ging eenen doktor halen, en gaf aen het vrouwken al wat het noodig had, zoo lang als het ziek lag.

Terwyl dat het vrouwken ziek was, ging het beter met den brouwer, en hy meende, dat het hem weêr zou gelukt hebben; maer eenigen tyd daerna, als het vrouwke genezen was, en weêr om eene aelmoes kwam, ging het hem nog eens zoo slecht, als te voren: zyne kinderen, die op 't genezen stonden, hervielen; zyne koeijen en peerden wierden met de ziekte besmet, en de brouwte was geen duit weerd. De kat kwam wederom 's nachts by den knecht, en die vertelde dit aen zynen meester. « Weet gy wel wat; zei de meester, als ze nog eens komt, giet haer eenen haker kokende bier over 't lyf; is het eene tooveres en is ze dood, dan blyft ze dood; maer sterft zy er niet van, dan zullen wy weten, wie dat het is. » Ja, de knecht ging 's avonds nog eens aen 't brouwen en de kat kwam weêr hare perten spelen.

« Hoe! die leelyke beest, zei de knecht, ik zal u gaen hebben! » en hy smeet haer eenen haker kokende bier over 't lyf. De kat liep al miauwende en schreeuwende weg, en 's anderendags lag 't oud wyveken weêr ziek in haer bedde, en wilde niet zeggen, wat haer schortte.

Nu was er geen twyfel meer, of dit wyveken was de tooveres; want zoo lange zy niet genezen was, ging het beter met des brouwers kinderen en beesten, en de brouwte was goed. « Laet ze nu nog eens komen, zei de knecht, ik zal ze wel krygen! » Ja, na dat het vrouwke genezen was, kwam ze nog eens bedelen, en 's nachts kwam de kat in de brouwery by den knecht; maer in plaets van haer een been af te slaen, of eenen kokenden heeten haker bier over 't lyf te gieten, sloot de knecht de brouwery toe, pakte de kat en smeetze levendig in den kokenden ketel, waer ze geheel en gansch verbrandde. 'S anderendags vond men het wyveken dood verbrand in haer bedde; de kinderen van den brouwer geneesden; zyne beesten stierven niet meer; hy brouwde lekker bier; hy wierd wederom ryk; en zoo was hy van de toovery verlost.

Adolf Vandevelde.

47. — De geest van den Groenen Dyk.

Op den Groenen dyk, aen 't Sluizeken, om naer 't Sas van Gent te gaen, hoorde men alle nachten zuchten en iemand vragen: « Waer moet ik liggen? waer moet ik liggen? » Een zatterik, die daer voorby ging, dit hoorende, antwoordde daerop: « Leg u op den duivel zyn nek. » De stem zweeg, en niemand heeft ze meer gehoord.

Adolf Vandevelde.

48. De Katten van den Groenen Dyk.

Op den Groenen Dyk plagt er alle nachten eene vergadering van katten te zyn, die daer op 't gras dansten, sprongen en zongen : « Poot aen poot, steert aen steert, katjes laet ons dansen. » En 's morgens was er een kring in 't gras gebrand, waer zy zoo gedanst hadden.

Adolf Vandevelde.

49. De Priester in St. Baefs te Gent.

Er was eens eene jufvrouw naer St. Baefs te biechten gegaen; 't was al donker en redelyk laet, en zy was daerom de leste. Als zy in den biechtstoel zat, ging de priester in de sakristy, waer men hem riep, om iemand te gaen beregten. De beregting ging deur, en de jufvrouw bleef zitten, denkende, dat hy wel zoude wederkomen, maer hy kwam niet. Het was zoo stil in de kerk, dat zy van benouwdheid eens rond keek, of er nog iemand was; maer zy zag niet, als eenige keerskens, die nog brandden, en zy hoorde niet, als iemand, die gedurig eenen grooten boek open en toe sloeg, en doorbladerde. Zy ging daer op in de sakristy, en vond er waerlyk eenen priester, die gedurig in eenen grooten boek zocht. Zy vroeg hem, om haer uit te laten. De priester antwoordde niet, maer nam eenen grooten reessem sleutels en leide haer naer het poortje, dat uit komt langs den kant van 't seminarie. Zy was maer buiten gestapt, als zy zich omkeerde, om den priester te bedanken; maer de deur was al toe, zonder dat zy 't gehoord had, en de priester was weg.

Zy zeggen, dat het een priester is, die geld ontvangen heeft, om missen te doen, en die niet gedaen heeft. De jufvrouw heeft dien voorval dikwyls verhaeld.

ADOLF VANDEVELDE.

50. — De kroft van St. Baefs.

In de kroft van St. Baefs had men dienst gedaen voor eenen dooden, en na den dienst had men de kroft gesloten; maer dry kinderen, die uit nieuwsgierigheyd waren gaen rond kyken naer de grafsteden, waren er in gebleven tot na den dienst en wierden er ingesloten; ongelukkiglyk konden zy zich niet meer doen hooren, zoo dat zy daer tot 's anderendags moesten blyven. Als het nacht wierd, kropen de kinderen van benouwdheid onder eene bare, die met een baerkleed bedekt was, en men kan wel denken, dat zy niet sliepen. Rond de twaelf uren zagen zy van onder hunne schuilplaets eene menigte priesters en krealen, die met vanen en kruissen de processie gingen en zongen. Als de koster 's morgens in de kroft kwam, vond hy de dry kinderen nog onder de bare zitten, het eene was dood van schrik, het ander deed eene doodelyke ziekte en stierf, en alleen het derde is blyven leven en heeft de zaek verteld. Men kent zynen naem te Gent nog. Sedert dien tyd is het, dat de koster dry kloppen op de deur geeft met den sleutel, om dat er niemand meer in de kroft zou gesloten worden, als hy die toe doet.

ADOLF VANDEVELDE.

51. — De tooveressetraet te Oultre.

Als men er by nachte door gaet, dan hoort men er schoon muziek.

In die straet is er ook eene schuer, op welkers plaets in vroegere tyden eene kamer bestond; daer is een man in gestorven, die beloofd had eene kapelle te bouwen, en het niet gedaen heeft; waerom alle de beesten, die men er in stelt, verworgd worden.

ADALSE VAN SWYGENHOVEN.

52. — Hoe Sinte Marten patroon van Assche werd.

Voor ruim een aental jaren, toen men op 't gedacht kwam, van voor ieder stad en dorp eenen heiligen voor patroon te kiezen, wilden de inwoonders van Assche er ook eenen hebben; en wel eenen regt braven heiligen. Het volk wierd ten dien einde op het dorp by een geroepen, waer men raed sloeg, wie men zou kiezen. Eenige wilden St. Pieter, maer andere zeiden: Neen, hy is te oud, wy moeten St. Marten nemen, die is ten minsten een jonge knappe kerel. De beraedslaging duerde zoo lang, dat men door den twist weldra van kiezen tot stryden zou overgegaen zyn, indien er niet een der bezonderste tusschen gekomen was, die voorstelde, van gezamentlyk naer de kerk te gaen, om daer de zaek te beslissen. Thans wierden St. Pieter en St. Marten uit den hemel geroepen en op den autaer gezet, om te zien, wie van hun beiden het best zou aenstaen. De ouderlingen bleven voor St. Pieter, om dat hy oud was, en bovendien de sleutels des hemels droeg; maer de jongelingen hielden het met St. Marten, om dat hy jong was, en in zyn leven zich eenen nog al goeden krygsman getoond had. Zoo kwam men wederom niet overeen, en Assche zou misschien zonder patroon zyn gebleven, had er niet iemand den voorstel gedaen, van ze alle twee in eenen diepen steenput te smyten, en den genen, die boven zou zwemmen, aen te nemen. Zoo gezeid, zoo gedaen; men liet ze in den naest gelegen steenput neder zinken, waer de eene den anderen zocht onder te krygen. Maer op het geroep der jongelingen : « Toe, Marten, weer u! houd u boven! » bleef hy waerlyk boven, en zoo wierd St. Marten voor altyd tot patroon van Assche uitgeroepen.

C. Vandenhaute.

53. — De duivelsput te Oultre.

Daer was eens een man, die tooverboeken had, en op zekeren dag, dat hy naer 't veld was gaen werken, had hy die 't huis vergeten. Zy wierden er gevonden en gelezen van eenen anderen, die schielyk van de duivels bezeten en in de locht wierd opgenomen.

Als de eigenaer van de boeken terug kwam, en dit zag, bevool hy aen dien vent van twee vierendeelen vlaszaed in eenen steenput te werpen, om het door de duivels daer te doen uitrapen; en, na dat zy gedaen hadden, van hun het zelve spel te spelen, om hun werk te leveren en zoo van hun verlost te zyn. De man deed het, en de duivels rapen nog tot heden toe.

Adalse Van Swygenhoven.

54. — St Baefs toren.

Men vertelt dat rond 1460, toen de bouwmeester de werken van dien toren begon, hy langen tyd verlegen was, om te weten, op welke wyze hy zou te werk gaen in het zand, welk hy vond, wanneer hy in de aerde graefde op de plaets, waer de fondamenten moesten geleid worden. Hy dacht er dry dagen lang op; eindelyk in den nacht van den vierden viel het hem in. Zyne blydschap was zoo groot, dat hy dit aenstonds aen zynen zoon bekend maekte, hem verzoekende van het te zwygen, om dat hy zelve aen de werklieden van zynen middel wilde kennis geven. Maer de zoon, misleid door valsche eigenliefde, wilde doen gelooven, dat hy den middel gevonden had, begaf zich 's anderendags by de metsers en droeg hun het geheim van zynen vader over. Als nu deze hun iets nieuws dacht aen te brengen, was hy zeer verwonderd, dat zy het reeds wisten; hy vroeg terstond den naem van den prater en ieder noemde zynen zoon. Hy schoot hierop in zoo groote gramschap, dat hy eenen balk nam en zynen zoon er mede sloeg, die stokke dood ter aerde nederzonk.

55. — De Remonstrantie van Loochristi.

Een keizer die in Vlaenderen heerschte, waerschynlyk Baudewyn van Constantinopelen, voerde den oorlog tegen de Turken. Het gebeurde eens, dat hy groot verlies had, niet tegenstaende zyn talryk leger. Hy deed dan de belofte, indien hy den slag won, van dry remonstrantien van zilver en goud te schenken; de eene aen O. L. V. van Halle, de ander aen O. L. V. van Scherpenheuvel en de derde aen O. L. V. van Loochristi, die in eene kapelle stond in 't midden van eenen bosch. Schielyk werd de nacht voor de Turken dry mael vier en twintig uren lang, terwyl de dag niet een oogenblik verdween voor de christenen, die veel volk van de ongeloovigen doodden en ze volkomen versloegen.

Als de keizer in Vlaenderen wederkwam, verhaestte hy zich, om zyne belofte te volbrengen, en de tegenwoordige remonstrantie van Loochristi is nog die, welke hy gegeven heeft.

56. — De twee monikken van Villers.

Zekere heer werd verliefd op de kastelyne van Charlet, maer hy had eenen mededinger, Arnold, die den voorkeur bekwam. Na lange tyd terug gestooten te zyn, vond hy de juffvrouw eens 's avonds alleen, benam haer het leven, en Arnold, die ter hulpe snelde, wierd ook van hem verworgd. Eenige jaren later, door getwetens knagingen gefolterd, werd hy monik. Als Arnold, die den voorval overleefd had, ondekte, dat de moordenaer de monnikskap had aengetrokken in de abdy van Villers, besloot hy van ook in dit klooster te treden. Eens deed hy zich 's nachts aen zynen vyand kennen, en, hem in zyne armen vattende, wilde hy hem in eenen diepen afgrond werpen, welke onder de abdy was uitgehold door den bogtigen loop der Dyle, eene kleine rivier van waelsch Braband, maer de misdader slingerde zich zoo sterk aen Arnold vast, dat beide in het water rolden en nimmer te voorschyn kwamen. Men toont dien kuil nog op den huidigen dag in de onderaerdsche gewelfsels der puinhoopen van de abdy te Villers.

57. — De Momie van Tylly.

Tylly is een dorp, twee uren van Geldenaken (Gemappes) gelegen, waer een oud kasteel stond, eerst over eenige jaren geslecht. De prins van Moorbeeke, de heer daervan, was naer het heilig land gegaen, om er de ongeloovige te bevechten, leidde er grooten moed aen den dag en maekte de koningin eener streek van Egypte gevangen, die de Mahometanen ter hulpe gekomen was. Van hare schoonheid ingenomen werd hy op haer verliefd en bragt ze naer zyn slot te Tylly. Hy deed de grootste moeite, om zich van haer bemind te maken, maer hy kon er niet in gelukken, om het hart der gevangene te winnen, en de ongelukkige vergiftigde zich met het vergif van haren ring.

De prins bedroefd over 't verlies van zyne schoone, deed haer balsemen op de wyze, welke de Egyptenaren gebruiken voor hunne momien, bouwde haer een kapelleken en begraefde ze onder den autaer in een slach van glazen kas, zoo dat eider die de kapel bezocht haer gantsch en welbewaerd kon zien.

De boer, die my die overlevering vertelde, verzekerde my over vyftig jaren zelve die momie gezien te hebben. Maer de Fransche verwoestten het slot tydens hunnen inval in het land op het einde der vorige eeuw, en vernietigden zonder eerbied de overblyfsels der Egyptische koningin, wier aendenken nog onder de dorpelingen gebleven is.

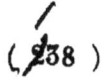

58. — De Kernmelkbrug te Gent.

Tot aen den Franschen tyd (1792) zag men elken middernacht by de Kernmelkbrug een schim of spook verschynen. Juist met het slag van twaelf uren rees het op uit den Othogracht, waerover deze brug gelegen is, plaetste zich te midden derzelve, en riep met heldere stem, tot drymael toe :

« Kernmelk.! Kernmelk!
» Ik heb myn arme ziele vergeten;
» Want 'k heb meer water dan melk gemeten! »

En toen verdween het tot den volgenden nacht. — Men zegt, 't was de geest eener boerin, welke even als vele andere melkmeisjes, langen tyd hare melk met te veel water gemengd voor goede ware had verkocht. Eindelyk erkende zy dien onregtvaerdigen handel, en haer ontwaekt geweten scheen haer gedurig toe te roepen : « Doe boete voor dit kwaed, of gy zyt het helsche vuer schuldig! » — De boerin, welke niet wilde of niet kon het gestolen goed wedergeven en steeds voor straf beducht was, vervielt tot wanhoop, zelfs zoo, dat zy in een aenval van razerny, over deze brug in het water sprong en ellendig verdronk! Haer lyk werd opgevischt, maer haer geest zweefde nog een geruimen tyd op de aerde, om te verkondigen, hoe onregtvaerdig zy hare kleine negotie had gedreven.

Van dit voorval heeft de Kernmelkbrug haren naem.

59. — Konyn op het kerkhof.

Een man uit Kortryk kwam 's avonds laet nog over het kerkhof en zag daer een aerdig wit konyntje huppelen. « Ah, » dacht hy by zich zelf, « dat diertje zal ik my vangen; het is iets in den pot voor Zondag aenstaende, » en daermêe nam hy zynen hoed in de hand en liep achter het konyn tot aen de kerkdeur; daer wierp hy er den hoed op, zoo dat het diertje er onder zat. « Nu zult gy niet lang meer huppelen, » sprak hy, en greep met de hand onder den hoed, maer het konyn was verdwenen en niets anders te zien, als een hoopje aerde, juist gelyk een molshoop. Toen maekte de man een kruis en las vyf Vader Ons en Vyf Weest Gegroet, want hy erkende wel, dat het konyntje een geest was.

J. B. Dimé.

60. — De Magdalena in het park te Brussel.

Die staet of beter ligt niet verre van het groot bassin op een kunstelyke steenrots. Zy heeft een boek voor haer, waerin zy te lezen schynt. Elke nieuwejaersnacht tusschen twaelf en een uren heft zy de hand op en draeit een blad in dat boek om. Er zyn verscheide menschen, die dit gezien hebben.

Adalse van Swygenhoven.

61. — Sint Lenes loop.

Eens woonde er te Dilbeek, twee uren van Brussel, een zeer wreedaerdige heidensche koning, Hecca genoemd; hy was getrouwd met Helena, eene jonge en schoone vrouw, die hy hartelyk beminde. Deze had hooren spreken van eenen apostel des kristendoms, die langs den anderen kant van Brussel te Foreest, het evangelie predikte, en, onderrigt van zyne groote welsprekendheid, wilde zy hem zelve in persoon gaen hooren. Men zegt, dat er eene onderaerdsche gang bestaet, welkers poort men beweert uit te komen in het kasteel van den heer De Viron, en die van Dilbeek naer Foreest toe leidt, langs onder de Senne; andere denken langs onder Brussel. De vrouw van Hecca nam dezen weg, wachtte niet van bewogen te zyn door de waerheden van het geloof, en wierd buiten wete van haren man in de kerk van Foreest gedoopt. Alle zondagen ging zy er henen langs den onderaerdschen loop, om het offer der misse by te woonen; Hecca vernam welhaest de geheime wandelingen zyner vrouw, en verbood haer van voortaen nog naer de kristenkerk te gaen; maer Helena, versterkt door de woorden des geloofs, nam geen acht op het verbod van Hecca en ging voort, met zich in den waren godsdienst te onderrigten, zoo zy meende zonder dat haer man dit wist; maer die deed haer bewaken en hare voetstappen volgen. De hofmeester, andere zeggen Hecca zelve met zynen gunsteling, wachtte haer eens in den doortogt af, en toen zy kwam, wilde hy haer beletten, van naer den goddelyken dienst te gaen; maer de jong bekeerde stelde zich daertegen en hield zich vast aen eenen boom. De hofmeester, of Hecca, verwoed, hief zyn zweerd op en hieuw haren regten arm af, doch Helena, zonder dat zy scheen pyn te gevoelen, vlugtte langs den onderaerdschen weg en ging de misse hooren naer Foreest, waer de priester haer wachtte om te beginnen. Gedurende het H. sacrificie, wanneer de priester aen de elevatie was, verschenen er schielyk engelen boven den autaer, lieten er den arm der martelares op nedervallen, en hy hechtte zich van zelve weder vast aen het ligchaem van Helena, die onbeschadigd en onverzeerd te Dilbeek terug komende, haren man in zoo groote verwondering stelde, en hem zyne misdaed zoo deed berouwen, dat hy zich ook bekeerde en het kristendom omhelsde.

Tegen dien onderaerdschen loop ziet men nog eenen waterput, sint Lenes borre genoemd, welke volgens het zeggen van het volk eene wonderlyke kracht bezit.

62. De reuzen van Wetteren.

Iedereen weet, dat er te Wetteren eene schoone van wissen en bordpapier gemaekte reus bestaet, die in groote gelegenheden in ommegangen wordt rond gedragen.

Men zegt, dat er eertyds in dit dorp een geslacht van reuzen woonde, die eene andere reuzenfamilie in het kasteel van Laerne gingen belegeren, want deze laetste kwelden het volk ten uittersten tot Wetteren toe. Het beleg was gevaerlyk en duerde lang; eindelyk wierden die van Laerne geheel en gantsch verslagen, en slechts ééne bleef er over, dien de overwinnaers gevangen maekten en in zegeprael naer Wetteren mede voerden. Andere in tegendeel vertellen, dat de reuzen van Wetteren vernietigd wierden, uitgenomen eenen, die dit ongeluk aen zyne medeborgers kwam aenkondigen en weinig oogenblikken daerna overleed.

Het is om dien voorval te vereeuwigen, dat men te Wetteren dien reus rond draegt, wiens beenderen men beweert weder gevonden te hebben (1).

63. — Klare maenschyn drinken.

Voor eenige twintig jaren leefde een mannetje in Kortryk, die overal bekend was onder den naem van: Heer klare mane. Dien naem had hy van een zonderlingen voorval, dat ik u hier vertellen zal.

Hy sliep eens 's nachts op den zolder, als hy plotselings een groot gerucht op het dak hoorde; het scheen, als of er eenige honderde menschen over hetzelve heen en weder liepen; ook meende hy verscheide vrouwenstemmen te onderscheiden, die hem niet onbekend waren. Hy stond stillekens van zynen ezel op, loerde eens door eene der vier glazen pannen die zich in het dak bevonden, en zag daerboven, tot zyne grootste verwondering een talryk gezelschap van vrouwen, die sprongen en zongen:

> Wy drinken alhier den zoeten wyn,
> Bourgonderwyn,
> Champagnerwyn,
> Wy drinken de klare maneschyn.

« Wat donders! riep de man uit, want hy werd er bliksems kwaed over, « wat heefd dit volk op myn dak te doen, » en sprong naer een klein zoldervensterken toe, na dat hy zich nog met eenen deftigen stok voorzien had; maer als hy den kop door het venster stak, hoorde hy slechts een pff! en alles was verdwenen.

J. B. Dimé.

(1) De sagen 54, 55, 56, 57, 61 en 62, hebben wy aen de vriendlyke mededeeling van Mr den Baron J. de Saint-Génois te danken.

64. — De witte reuzenvrouw te Kortryk.

Voor vele jaren leefde in Kortryk een leêrtouwer, een wulpsch, woest mensch. Die kwam eens tusschen twaelf en een 's nachts uit de herberg, zat, dat hy nauwelyks voort kon, en waggelde naer huis toe. Plotselings hoorde hy iemand achter zich gaen; hy keerde zich om en zag eene vrouw, in 't wit gekleed, die van verre langzaem op hem toe kwam. Nieuwsgierig, wat dit voor eene vrouw zyn, en wat die nog zoo laet op straet zoeken mocht, daerby ook vol van wulpsche gedachten, vertoefde hy een weinig en ging langzaem nog eenige stapjes voort. Dan zag hy nog eens om, maer hoe verschoot hy! de vrouw was zoo groot geworden, dat haer hoofd bykans met de dakken der huizen gelyk stond. Nu begon ons vriendje toch grootere schreden te maken, maer die vrouw bleef niet achter en naderde hem immer meer en meer. Het koude doodzweet stond in dikke droppels op het voorhoofd van den zatlap; hy werd zoo nuchtern, als of hy geen glasje gedronken had en liep, dat hem de hielen in den nek sloegen. Aen den hoek zyner straet aengekomen, keek hy nog eens om — de vrouw was grooter als een kerktoren. In dry sprongen stond hy aen zyn huis; de sluitel vloog in het slot, de deur open, paff, toe, en hy de trappen op in zyn kamertje, dat naer de straet toe lag. « Oef! riep hy, « dat was myn geluk; maer ik zou dat wyf toch gaerne eens nazien, waer zy heengaet. » Daermée kroop hy stillekens naer de venster toe, die nog open stond; doch, nieuwe en grootste schrik: de reuzenvrouw stond aen het venster en keek er door met twee oogen, zoo groot als taljooren. — Bewustloos zonk hy neder.

Als hy 's anderen dags morgens ontwaekte, was zyn koolzwart hair — sneewit.

J. B. Dimé.

65. — De Halsbrekersbrug te Gent.

Deze brug leidt van by H. Kerst (of Christi) kerk over de oude rivier de Moere naer 't Meerhem. Oude lieden, die deze omstreken bewoonen, verhalen, van hunne voorouders te hebben vernomen, by welk geval deze brug haren naem verkreeg. — In vroegere tyden toen de kersmis nog des middernachts werd gecelebreerd, waren vele menschen, die deze misse wilden bywoonen, en vreezende, zoo zy op 't gewoone uer te bed gingen het niet by tyds te kunnen verlaten, bleven zy den kersavond uit het bed en hielden zich met eenig huislyk vermaek den vaek uit de oogen, tot dat de kersmis luidde. — Eens dat eenige jongelingen daer toe te vroeg van huis waren gekomen, verkoren zy den tyd tot het luiden der misse in de naestgelegen herberg het Wanneken (de kleine wan) te gaen slyten; onder 't ledigen van een glasje smakelyk bier, viel 't gesprek over de geboorte onzes zaligmakers, en was er een der gezellen, die verzekerde gehoord te hebben, dat elke kersnacht juist om 12 uren, het tydstip dat ons heere ter wereld kwam, het water overal in wyn verandert. — Naest deze verteller zaten eenige vrolyke gezellen die al menig kannetje hadden geledigd; een dier dronkebroers dit verhael hoorende riep luidkeels tot den verteller : « dat liegt gy! » de andere, daardoor eenigzins verschrikt en verlegen, antwoordde eenvoudig, dat hy het zoo meermalen had hooren verhalen, maer nooit het zelf had geproefd. — « Dat wil ik beproeven, sprak de dronkebroer, en nog dezen nacht! » — Inderdaed op slag van twaelf uren verliet hy de herberg, en stapte over de brug, om aen den watertrap eenig water te gaen scheppen en te proeven of het nu wyn geworden was. Doch nauwelyks had hy onder 't uitbraken van eenige spotwoorden en eeden, de eerste schreden op de brug gemaekt of hy sukkelt, valt plotselyk neêr, en — geeft geen teeken van leven meer. — Zy, die hem gevolgd waren snelden toe, tilden hem op, maer bevonden, helaes! dat hy door den val zyn hals gebroken was. — Om dit droevig voorval te vereeuwigen gaf men deze brug sedert den naem van *de Halsbrekersbrug*, dien zy nog heden draegt.

66. — De Paruikemaker en de Kaboutermannekens.

Te Brugge woonde een paruikemaker, die met veel gasten werkte. Op éen achternoen kwam een heer in den winkel en vraegde den meester, of hy hem niet voor 's anderen dags 's morgens eene paruik konde maken. « Neen, Mynheer, dat is volstrekt onmogelyk, » zei de baes. « Hm, hm, » bromde de heer, « dat is my zeer onaengenaem, ik moet op eene uitvaerd zyn en zou toch zoo gaerne die paruik hebben; ik betael ze u dubbel. » — « Ik zou u zeer dankbaer zyn, « antwoordde de baes al wêer, » maer ik kan ze niet gedaen krygen. » Een van de gasten hoorde dat, sprong van zyn stoel op en zei : « Meester ik zal er een maken; zy gerust en neem het maer aen. » Toen begon baesje luidkeels te lagchen en riep : « Nu, dan verstaet gy het beter als ooit iemand van ons ambacht het verstaen heeft; kom, kom, zet u maer op uw stoeltje en ga voort in uw werk. » — « Och meester, » zei die heer, « laet hem doen, ik betael u de paruik dubbel en geef hem nog eene kroon als drinkgeld. » — « In gods naem, » lachtte de meester, « dat zal een schoon werk geven. » Als de heer nu weg was, vraegde de gast alles, wat hy van doen had en daertoe een kamertje, waer hy alleen werken kon; de meester stond hem alles toe en de gast vertrok.

Het was reeds laet in den avond en de knecht kwam noch eten noch drinken. « Men hoort hem gelyk niet meer, » zei de meesteres, « ik moet toch eens loeren, wat hy uitregt. Daermêe ging zy naer boven, geheel stillekens en keek eens door het sleutelgat van het kamertje, waer de gast zat; maer doodsbleek beefde zy terug en vloog de trappen af. » Wat is't? wat is't? vraegde de meester, doch zy kon geen ander woord over hare lippen brengen, als: « Och God, ga en zie zelf. » Meester ging; hy kwam even zoo terug en zonk als dood op een stoel neder. » Wat is er meester? vraegden de gasten en de meid. « Laet my gerust; ziet zelf, » zuchte hy. De gasten liepen naer boven, keken en keerden allen half onmachtig weder. « Nu wat is't dan? » vroeg de meid. « Och, » zei er een van hun, « hy ligt en slaept gerust en honderdduizend kleine mannekens zyn met de paruik bezig; de duivel is er in spel. »

'S anderen morgens kwam onze vent beneden met de schoonste paruik, die ooit op eens menschen hoofd is te zien geweest; hy liep regtstreeks naer den heer, die er buitenmaten te vreden over was, en ontving zyne betaling en zyne kroon drinkgeld. Als hy naer huis terug keerde, riep de meester hem alleen en haelde het boek en zei: « Vriendje, gy zyt nu zes maenden by my; zooveel was ons akkoord, zoo veel hebt gy van u loon ontvangen; daer is de rest en nu maek u al gauw uit myn deur, want ik wil geene duivelskunstenaren by my in huis hebben. » — « Goed, meester, » antwoordde de gast, en ging door, « gy zult aen my gedenken. »

De heer intusschen had zyne paruik opgezet en was er mée in de kerk gegaen; hy nam daer wywater en sprengde dit op zyn voorhoofd, maer, hemel, in hetzelfde oogenblik viel de paruik in hondertmillioenen hairkens van alle kanten en hy stond daer met zyn kalen kop, en werd er nog voor goed by uitgelagchen.

Weldra liep dit voorval in de stad rond en geen mensch wilde meer eene paruik van dien meester hebben, die daerdoor zoo arm werd als Job op zyn mesthoop. Hy liet de gast overal zoeken, om vergiffenis van hem te vragen, maer die vent was gelyk verdwenen.

J. B. Dimé.

67. — Duivel Gebonden.

Eertyds kwam de duivel dikwyls in het oude kl. oster Sander en kwelde de paters en de fraters op eene jammerlyke wyze. Als hy het hun echter te erg maekte, bezweerden zy hem eens dags, bonden hem met yzere ketens en sloten hem aen eenen steen in den kelder vast, waer hy nog heden ligt. Een oud man vertelde, de paters hadden hem ook gedwongen, zynen naem te zeggen, waerop hy antwoordde, dat hy *Bornus* (!) hiet.

Vr. C..s.

68. — Palingsmoeder.

Zoo hiet eene oude Jippenesse, die lang te Audegem by Dendermonde woonde. Als zy ziek werd en te sterven kwam, pakten de andere Jippenessen haer, en staken haer onder 't water, zeggende : « Palingsmoeder, gy hebt in uw leven zoo veel en zoogaerne palingen gëeten, eet nu zoo veel u belieft; » en zoo versmoorde zy de oude palingsmoeder.

Vr. C...s

69. — Sinte-Gudula 's-boom.

Nauwelyks had men sinte Gudula, de heilige maegd te Ham begraven, als een populierboom, die omtrent het graf stond, plotselings groen werd en begon te bloeijen. Eenige zeggen zelfs, de boom had vroeger daer niet gestaen, maer hy was er eerst gezien geworden, na dat men de godgewyde maegd begraven had. Later is er nog een groot wonder met dien boom gebeurd; namentlyk, als men de overblyfsels der heilige jongvrouw van Ham naer Moorsel brengen wilde, kwam er 's avonds een overschoon vogelken, dat zette zich op den populier en sloeg met de vleugelkens en maekte zulk een zonderling gerucht, dat elkeen er van verwonderd stond. 'S anderen morgens, als de inwoonders van Moorsel tot de kapelle des zaligmakers kwamen waerheen men de heilige reliquien gebragt had, zagen zy den populier voor de deur van het kerkje en het vogelken zat er op en zong de schoonste liedekens. Nog stonden de Moorselaren daer en wisten niet, wat zy over dien boom en den vogel zeggen of denken zouden, als eenige boeren van Ham toevallig voorby de kapelle passeerden. Ook die stonden stom van het wonder, doch wilden zy er niet eerder aen gelooven, voor zy naer Ham teruggekeerd waren en zich overtuigd hadden, dat de populier zich niet meer daer bevond. Zulks deden zy terstond en elkeen erkende het wonder en loofde God.

70. — De Roode Mannekens.

Op eene hofstede omtrent Gyseghem was het niet pluisch; men hoorde er nu dit, dan dat, en geen mensch wist te zeggen, wat het eigenlyk was, tot dat eindelyk eene meid er toevallig op kwam.

Die was eens 's zaterdags 's avonds nog laet bezig geweest met naeijen, eer zy naer bed ging, zorgde zy dat de vensters alle wel gesloten waren, zag dan ook naer de deur, maer die was reeds door de bymeid vastgemaekt. Nauwelyks was zy echter in het bed, of de boer riep: « Mieken! Mieken! het brandt gelyk in huis en gy hebt de huisdeur open gelaten; loop gauw en zie wat er is en maekt de deur toe. » Het meisje staet op en gaet beneden en — wat zag zy! Eene ontelbare menigte kleine roode mannekens zaten in het huis om de tafel en redekavelden en aten en dronken vrolyk; en het haerdvier brandde, het kon niet meer. De meid vertoefde er niet lang, als zy dien spook zag, maer liep zoo zeer zy kon by den boer en vertelde dien alles. Die zei slechts: « Het is goed en gaet naer uw bed; » het scheen, dat hy reeds elders soortgelyke zaken ondervonden had.

Niet lang na dit voorval kwam de vrouw van den boer in het kinderbed. Eens 's nachts moest de vroedvrouw opstaen en pap heet maken, want het kind schreeuwde, het was niet te aenhooren. Zy pakte dus het kind en zette zich er mee aen het vuer neder, om te wachten tot dat de pap goed ware. Maer zy zat er nog geene twee minuten, of er kwam een tafelboord van het stelsel af, vloog juist voorby haer hoofd en met zulke magt tegen den muer, dat het in duizend stukken verbryzelde. « Wat sirnebliksem! »

riep de vrouw, « gy zoudt my wel nog een gat in den kop werpen ; neemt u een weinig in acht ; » en met die woorden maekte zy het kruisteeken op voorhoofd, mond en borst ; zag en hoorde verder niets meer.

71. — De Spookwagen.

Zekere man woonde omtrent een kasteel, waer men zeide, dat elke nacht een wagen rondreed. Eens 's nachts kon de man niet slapen en dacht by zich zelf : « Het is nu omtrent twaelf uren ; ik zal opstaen en eens zien of ik den spookwagen niet ontmoeten kan. » Daermede stapde hy de deur uit en ging naer het kasteel toe. Eer hy er nog was, hoorde hy in de lucht plotselings een gebriesch, gevloek, geween en gekletter en gerammel gelyk van ketens, als of de geheele hel losgelaten ware. Verwonderd bleef hy staen, en zag om zich, maer de duisterheid belette hem, iets zekers te onderscheiden. Op eens rammelde het achter hem; hy draeide zich om en plof viel een groote zwarte hond met eene lange keting en gloeijende oogen nevens hem neder, stond echter gauw weder op en liep naer de plaets toe, waer dat helsch gedruisch heen getrokken was. De man wachte niet, om nog meer te zien, maer haestte zich, om naer huis te komen, en is ook in zyn geheel overig leven 's nachts niet meer naer het kasteel gegaen.

72. — Mosselen verdwynen.

« In 't jaer 1441 werd te Sluis een nooit voor henen in gebruik geweest zynde schatting gesteld op de mosselen, van welker vangst veel arme lieden in de gemelde stad zich geneerden. Terstond werden er geen meer gevonden. Elkeen hield dit voor een wonder en een teeken der godlyke gramschap; want zoo haest deze tol afgeschaft was, ving men weer mosselen, gelyk te voren. Alle onnoodige en drukkende schattingen op de onderdanen gelegd, waerdoor dezelve worden opgeëten als brood, zyn beroovingen van de gemeente, en grouwelyk voor den heere onzen God. 'T is een duister leelyk goud, 't welk onder de tranen wast. » — 4.

(MEYERI, *Annal Flandr.* 19 — S. DE VRIES, *Wonderen*, 152.)

73. — Het knaepje in de sneeuw.

Een Cisterciensermonnik uit een klooster in Brabant kwam eens 's winters alleen over 't veld en vond daer een schoon knaepje van omtrent dry jaren, dat in de sneeuw lag en jammerlyk weende en schreeuwde. De goede monnik reed er op toe, steeg neder van zyn paerd en nam het knaepje in zyne armen; hy had er zoo diep medelyden mede, dat de tranen hem in de oogen kwamen. Hy vraegde het kind, wat het alleen in de sneeuw dede en waer zyne moeder was en of het die verloren had? maer zuchten en weenen was de eenige antwoord. Op zyn herhaeld vragen zeide het knaepje eindelyk : « Och god en heer! waerom zoude ik niet schreeuwen! Ziet gy dan niet, hoe alleen en verlaten ik in de koude sneeuw zitten moet? geen mensch neemt op my acht of wil my in zyn huis ontvangen! » Toen drukte de monnik een kus op 's knaepjes kaekjes en zeide : « Houd op van schreeuwen, liefste zoontje, gy zult met my gaen en ik zal zorg voor u hebben. » Onder het spreken van deze woorden wilde hy zich weder op zyn paerd zetten maer in dit oogenblik sprong het kind van zynen arm en was verdwenen. — 4.

(THOM. CANTRIPAT, ed. Colvener. p. 122).

74. — Bloed uit den goudwortel.

Een knaepje uit het bisdom van Cameryk vertelde aen Thomas Cantipratensis het navolgende:

« Ik zat met eenige myner makkers op het veld by de ossen. Om my den tyd te verdryven, wilde ik my een pyl snyden en vond weldra eenen schoonen goudwortel, die er gantsch goed toe pastte. Maer nauwelyks kwam ik met myn mes daeraen, of het klare bloed liep er uit. »

Het arm jongetje was geheel ontsteld over dien voorval, maer Thomas sprak hem moed in en het ging gerust naer huis terug. — 4.

(Thom. Cantiprat. ed. Colven. p. 533).

75. — De bloedige pyl.

Een speler had al zyn geld met teerlingen verkwist en werd er zoo wanhopig over, dat hy eenen pyl nam en dien onder vloeken en verwenschingen naer den hemel schoot. De pyl kwam dadelyk weder terug en viel voor des spelers voeten neder en als deze hem opnam, vond hy hem met versch bloed geverwd. — 4.

(Thom. Cantiprat. p. 450).

76. — Moedertranen.

De grootmoeder van Thomas Cantipratensis had twee zonen; de eerste was braef en goed, en schoon aen lyf en ziele, maer hy stierf vroeg. De tweede was wel een goed wapenman, maer ydel en de wereld toegedaen en een van de grootste verkwisters, die er zyn kunnen. De arme moeder kon hem niet aenzien, zonder aen haren eerstgeboren te denken en daerby vergoot zy immer stroomen van tranen. Na eens weder zeer geweend te hebben, had zy de volgende verschyning. Zy zag eene schoone straet, waerop een hoop van jongelingen juichend en met snelle schreden heenwandelde. Op het oogenblik kwam de eerstgeborene in haren zin en zy schouwde wel toe, of zy hem niet onder den hoop ontdekken kon, maer te vergeefs. Bedroefd vaegde zy eene trane uit het oog, als zy haren zoon van verre langzaem naderen zag; hy ging zoo moeijelyk, al had hy de grootste last moeten dragen. Zy liep hem met haest te gemoed en vraegde: « Wat hebt gy, myn liefste kind, en waerom blyft gy achter? » — Toen wees de jongeling op zynen tabbaerd, die zoo nat was, dat hy dropte, en zeide: « Daer zie, moeder, wat myne schreden hemt; uwe tranen zyn het, die zoo zwaer op my drukken, dat ik onmogelyk de andere kan opvolgen. Houd dus op van weenen en offer uwe tranen aen God op. » Dit dede de vrouw en weende niet verder. — 4.

(THOM. CANTIPRAT. p. 501).

77. — Ziele als vogel.

Na den slag van Walatria, waerin de Vlamingen van graef Floris van Holland en van de Zeelanders in de vlugt gedreven werden, ging eene zeer ryke en godvruchtige vrouw op het met lyken bezaeide veld rond, om den gewonden hulp en den stervenden troost toetebrengen. Plotselings hoorde zy iemand roepen, en als zy naer de plaets toeliep, van waer de stemme kwam, zag zy een sterk gewonde man, wiens laetste uer niet verre meer was. Zy zette zich nevens hem neder, nam zyn hoofd op haren schoot en sprak hem toe met troostryke woorden. Toen verhief de man oogen en handen ten hemel en zeide: « Heb ik iemand gedood, het is myne schuld niet, gaerne vergeef ik aen mynen moordenaer en bid God, dat hy my ook zoo vergeven moge. Een wensch heb ik slechts; hy is, het heilig ligchaem des zaligmakers nog te kunnen ontvangen; maer dat is nu onmogelyk; doch kan ik het ook niet met den mond ontvangen, ik ontvang het toch met myn hart. » Onder die woorden maekte hy het heilig kruisteeken en zyn hoofd zonk terug op den schoot der vrouwe; in dit oogenblik opende zyn mond zich en er vloog een vogel uit, zoo schoon, dat de schepping er geen schooner kent, en verhief zich juichend naer den hemel toe; daerby vulde een zoo zoete reuk de lucht, dat de vrouw later dikwyls vertelde, nooit iets zoo kostelyksch ondervonden te hebben. — 4.

(Thom. Cantiprat. p. 126. ed. Colven).

78. — De Laplanders te Langdorp.

Te Langdorp waren er vroeger eene groote menigte kabautermannetjes of Laplanders, geheele kleine ventjes die veel kwaed en weinig goed deden en met eenen opregten geest van tegenstrydigheid bezield waren. Zy kwamen dikwyls by myn moeders grootvader Bergh, landbouwer in die plaets, om keukengereedschap te leenen; verkregen zy het niet, dan ging het werk den geheelen dag niet vooruit, het kwaed was er gelyk mede gemoeid, en men ondervond alle soorten van onaengenaemheden; maer stond men het hun toe, dan ging alles naer wensch, alles bleef gerust en het werk werd niet gestoord. — Zy vroegen meest lepels, vorken en potten: gaf men hun die zuiver, dan kreeg men ze vuil terug; maer leende men ze vuil dan wierden ze afgeschuerd en net wedergebragt.

Eens dat men hun eenen yzeren pot liet gebruiken, om boonen in te koken (want aerdappelen kende men nog niet), gingen zy daermede in de schuer, staken eenen stok in het strooi en hingen er den pot aen, over een groot vuer. Bergh verschrikt liep er naer toe, en zeide hun: « Gy gaet myn graen in brand steken en geheel myn hof in assche leggen. Is dit de dank voor myn goedheid? » — « Zy niet benauwd, antwoordden zy, er zal niets verbranden: en, in plaets van u schade te doen, wy zullen voor u werken. » Het was juist in den oogst. De knechten vertrokken naer 't veld, om graen te pikken; maer zy kwamen te laet; het werk was al afgedaen; het graen was beter afgepikt als iemand doen kon. Rond den noen stonden de mannetjes weder aen de deur, en vroegen nog eens den yzeren pot. « Ik zal hem u geven, zeide Bergh; maer zult gy voor my nog werken? » — « Om dat gy het vraegt, neen, van dag niet meer, antwoordden zy; maer morgen, als gy ons dan ook vorken en lepels met den pot leent. » Bergh beloofde het hun, en als men den dag daerop het graen wilde schooven, was het al geschoofd, en stond regt te droogen op den akker, zoo dat men het maer naer huis te voeren had.

Later moesten er eens boomen uitgekapt worden, en waerschynlyk waren de kleine deugenieten niet voldaen geweest; want de boomen waren wel uitgedaen, maer dwers over de straet geleid en niemand kon ze verleggen. Men zocht de mannetjes daerom te vrede te stellen; en dan eerst wilden zy de boomen uit den weg ruimen, en zelfs naer huis brengen op voorwaerde dat men de kar en het paerd moest brengen en alleen laten staen, zonder die aen te trekken, op de plaets waer de boomen lagen. Alleen één groote eik bleef liggen, welken niemand de magt had om zelfs maer een weinig te keeren, want onze voorouders kenden de *keldervys* niet en ander tuig, dat men nu gemakkelyk bezigt. De mannetjes lachtten met de menschen die er aen bezig waren; maer de heer Bergh deed hun wel, en zy bragten den eik waer hy zyn moest.

In 't algemeen zetten zy vele kwade streken uit, en de wet zat er gedurig achter, maer kon ze nooit betrappen; want als zy te zamen waren, het zy om te eten of om andere reden, dan staken zy een groot mes, dat zy altyd byzich droegen, met den punt in de tafel. Was de wet op zoek, dan beweegde zich het mes, het beefde en waggelde om en wéer (de grootvader van myn moeder heeft dit zelve gezien), en op een oogpink was het volkje met pot en panne verdwenen.

Nogtans zyn zy eens van de wet overrast geweest in een bosch, dat gedeeltelyk was uitgekapt. Zy aten er, dronken en zongen en dansten in 't rond op hunne ellebogen met de beenen omhoog; maer de wereldlyke overheid kon hun niet hinderen. Men ging daerom den pastor halen, en och armen! die ook moest wederkeeren gelyk hy gekomen was; de geestelyke overheid kon zoo min tegen hen iets uitregten, als de andere.

Die Laplanders waren in 't land gekomen met den duitschen oorlog, en de Franschen hebben ze er uitgejaegd. Sedert zyn zy niet meer te zien geweest.

(*Naer mondelingsche overlevering*).

ADOLF VANDEVELDE.

79. — Het wit konyn te Windham.

Een boer te Windham zag alle nachten een wit konyn onder zyne houtmyt kruipen, welke op zyn hof stond. Hy verlegde het hout; vond er eene pyp onder, en zette er zich den volgenden nacht op. Toen het konyn aenkwam, en dit zag, liep het lang rond hem zonder te naderen. Hy vroeg eindelyk : « Waerom kruipt gy in uw pyp niet? » Het konyn sprak en antwoordde aen den boer, die niet weinig verschrikt was : « Ik geloove 't wel, gy zit er op. » — « Kom dan, ik zal weggaen, sprak de boer. » — « Neen, dit niet, zeide 't konyn; gy kunt beter doen. Ik heb daer een schat begraven; graef de pyp op, gy zult er hem vinden; neem hem weg, en ik zal verlost zyn. »

Hy deed dit en vond zoo een grooten schat, dat hy de hofstede kocht, waerin hy als pagter woonde, en al wat er rond stond.

Zeker is het, dat die boer ryk werd, al is 't dat niemand wist waervan; en wanneer men vroeg, waer hy dit geld gehaeld had, antwoordde hy : « van den schat van het konyn. » En hy vertelde zyn voorval,

Adolf Vandevelde.

SPROOKJES.

6. — Dwaze Pier.

Daer was eens een vrouw, die met haren zoon en hare dochter in een arm hutteken woonde. De zoon die hiette Dwaze Pier en werd t'huis verstooten. Hy was al slechter dan een hond, want een hond die krygt nog schoon stroo om op te slapen, maer Dwaze Pier kreeg niets als de blåren van de boomen, en 't stalleken waer hy in sliep, was zoo ondicht, dat het 's nachts op hem regende. Gy zoudt gezegd hebben, Dwaze Pier was nievers goed voor, gelyk ze met hem handelden. Die arme jongen! 't was nogthans hy, die al 't vuilste en 't grofste werk deê. Dwaze Pier schelde de patatten, Dwaze Pier moest hout gaen rapen, hy moest de koeijen wachten, hy moest het huis schueren, hy moest de schotelen wasschen, hy moest naer de markt gaen. Dwaze Pier moest alles doen; hy deê meer dan hy kon en nog konden ze t' huis hem niet lyden, want als hy om zynen boterham kwam, toen was 't : Gy luye beest van hier, gy luye beest van daer, gy werkt van uw leven niet, maer als er te eten is, zyt gy altyd de eerste. — Ja, zei Dwaze Pier eens in zyn eigen : dat kan toch niet blyven duren, ik werk gelyk een slaef, en in plaets dat ze my daervoor zouden gaerne zien, kryg ik niet als slagen en word ik geheele dagen bekeven; myn zuster is nog de ergste, ze kan van my niets verdragen, ik ga door!

Op eenen keer, dat hy weêr zyn huid vol slagen kreeg, zonder dat hy het verdiend had, ging hy by zyne moeder en zei: Moeder ik ga door, want ik zie wel dat ik hier de verstooteling ben.

— Dat is goed, jongen, antwoordde de moeder, gaet gy door, en ziet dat g'uwen kost op een ander wyze verdiend, want om alzoo te blyven leven, dat kan toch niet zyn; wy zyn veel te arm, en armoê brengt rusie in huis. Neem, daer is een *hamerken*, 't is 't eenigste goed dat ik u geven kan, en vertrek.

Dwaze Pier trok op; als hy al ver, ver gegaen was, zag hy ginder een groot kasteel staen. Hy gaet regt naer dit kasteel, en ziet door het zoldervenster drie jufvrouwen liggen. Dwaze Pier belt en ze doen open. Als hy nu binnen was, vragen ze aen hem wat hy geern zoû gehad hebben?

— Ik ben van huis weggegaen, zei Dwaze Pier, omdat myne moeder voor my den kost niet meer kan winnen, en ik zoek naer 'nen dienst.

— Hoe heet ge en wat kunt ge? vraegen die drie jufvrouwen hem.

— Ik heet Dwaze Pier en ik kan koewachten.

Dat is my goed. Die jufvrouwen hadden juist eenen koewachter van doen, en na dat ze malkanderen eens aerdig en op beduidende wys bekeken hadden, namen ze Dwazen Pier in haren dienst. Dwaze Pier bleef daer nu en ze gaven hem wel te eten en te drinken.

— Saper! zei Dwaze Pier, hier is 't beter dan t'huis.

'S anderendags 's morgens kreeg Dwaze Pier 'nen boterham en hy ging met de koeijen naer de wei. Nu zal ik u eens zeggen, waerom dat die jufvrouwen malkanderen zoo aerdig bekeken : van al den tyd, dat ze op dit kasteel woonden, hadden ze nog geen eenen koeiwachter twee dagen kunnen houden. Iederen keer, dat ze eenen nieuwen hadden om met de beesten naer de wei te gaen, keerden 's avonds de beesten alleen naer hunnen stal en de *koeter* (koewachter) was weg en bleef weg, zonder dat ze wisten, waer dat hy vervaren was.

— Ja, zeiden de jufvrouwen, 't zal t' avond wederom al 't zelfde zyn.

Als Dwaze Pier daer nu den geheelen dag in de wei geweest was en dat hy meende zyn koeijen naer huis te jagen, want 't begon al dampig te worden, zag hy van verre een heer te peerde komen aengereden, die geheel en gansch in 't zilver gekleed was. Die heer reê regt naer hem toe, en zag er heel kwaed uit.

— Wat doet gy hier? vraegde hy grammoedig.

Dwaze Pier bezag hem eens op zy : — Dat zyn uw zaken niet, antwoordde hy.

Wat zegt ge daer, dat het myn zaken niet zyn? wacht, kerel, ik zal ik het u anders gaen leeren, hernam die heer, en trok zynen sabel om Dwaze Pier te vermoorden; maer Dwaze Pier viel niet slinks, want als hy de andere zyn hand naer t' zy (zywaerts) zag uitsteken; pakte hy het hamerken dat hy van zyn moeder gehad had, en sloeg hem den kop in. Als die gast daer nu dood lag, nam Dwaze Pier het peerd by den breidel en bond het aen zyn huizeken vast. Hy speelde dan den heer zyne zilveren kleederen uit, stak ze weg en wierp het lyk in 't water.

Nu ging Dwaze Pier naer huis. De jufvrouwen lagen weêr door het zoldervenster te kyken en als ze den koewachter van verre zagen terugkomen, waren ze zoodanig verwonderd, dat ze alle drie te gelyk riepen : — Ah! Dwaze Pier is daer! en ze sprongen de trappen af regt naer beneden; want ze waren zoo bly als een haesken. Dwaze Pier zweeg dat hy zweette. Nadat hy zyn koeijen in den stal gedaen had, moest hy binnen komen, en hy kreeg weêr te eten en te drinken. Dwaze Pier was opgezet, gelyk een koning, als hy dien lekkeren kost op tafel zag staen.

— Saper, zei Dwaze Pier weêral, 't is hier een ander leven dan t' huis!

'S anderendags, Dwaze Pier ging weêr met zyn koeijen naer de wei. De jufvrouwen gaven hem zynen boterham meê en de tranen stonden in hare oogen, als hy den hof aftrok. Ja, man, hy bleef daer geheel den dag, en gelyk als 't dampig begon te worden en dat hy meende naer huis te keeren, zag hy van verre weêr eenen heer te peerd aenkomen gereden, die geheel en gansch in 't goud gekleed was. Juist gelyk den dag te voren reê die heer regt naer hem toe en vroeg met groote gramschap, wat dat hy daer deê?

— Dat zyn uw zaken niet, antwoordde Dwaze Pier.

— Wacht, zei de andere, ik zal ik u leeren stout zyn; en wou zynen sabel uittrekken om Dwazen Pier den kop in te kappen. Maer Dwaze Pier had dat weêr seffens in de oog; hy pakte zyn hamerken en sloeg den anderen dood. Als die daer nu op den grond lag, nam Dwaze Pier het peerd by den breidel en bond het by 't ander aen zyn huizeken vast; toen stroopte hy weêr den heer zyn gouden kleeren uit, stak ze weg en wierp het lyk in het water.

Dwaze Pier ging met zyn koeijen naer huis. Die drie jufvrouwen lagen weêr te wachten door het zoldervenster, want ze waren ongerust en meenden, dat de koeijen zonder den koeter zouden wedergekomen zyn. Gelyk ze hem in de verte van achter de boomen zagen verschynen, waren ze nog meer verwonderd, dan den eersten dag, en riepen alle drie te gelyk : Ah! Dwaze Pier is daer. — Ja man, Dwaze Pier was daer. Hy zette seffens zyn koeijen in den stal en als dit gedaen was, moest hy weêr binnen komen; want de jufvrouwen waren van blydschap de trappen af komen geloopen en hadden fynen kost ter tafel gebragt. Dwaze Pier kwam binnen, maer hy zei niets; hy zweeg, dat de druppelen zweet op zynen neus stonden.

— Saper! peisde hy in zyn eigen, als hy dat lekker eten zag staen, alzoo heb ik t'huis nooit geenen kost zien gereed maken.

En hy likte zyn lippen af, dat hy er zulken zin op had.

Maer nu, het was de derde dag. De jufvrouwen peisden : dezen keer zien wy hem niet meer weder, dezen keer is hy zeker vermoord. Ze zouden zuiver gekreten hebben, als ze hem zagen vertrekken; doch zy durfden hem niet waerschouwen. Dwaze Pier met zynen boterham in de hand, joeg de koeijen voor zich, wederom naer de wei. Als hy daer nu zoo lang vertoefd had, dat de zonne achter de heuvelen wegzonk, zag hy van verre in de wei eene valle omhoog gaen, en uit den grond 'nen heer opstygen, die te peerd zat en geheel en gansch in 't diamant gekleed was. Dwaze Pier lette wel op waer die valle lag en zette zich gereed tegen dat die heer kwam. Die heer reê regt naer Dwazen Pier toe en vroeg zeer gramstoorig, wat hy daer deê? Ja, man, maer Dwaze Pier die wachtte niet, tot dat de andere zynen sabel getrokken had en sloeg hem botsdood met zyn hamerken. Als die heer daer nu dood lag, nam hy 't peerd by den breidel en bond het aen zyn huizeken vast by de twee andere. Daerna deê hy dien heer zyn diamanten kleederen uit en wierp het lyk in 't water.

Dat was nu wel; maer Dwaze Pier zoû geern geweten hebben, wat er in dien onderaerdschen gang omging, die door eene val bedekt was. Daerom liet hy zyn koeijen staen en liep regt naer de plaets, waer hy den grond had zien bewegen. Als hy daer kwam, hefte hy de val op en zag er eenen diepen kuil onder, waer hy intrad. 't Eerste dat hem aerdig docht, was eene schoone zael, die vol met kostelyke kleederen hing. — Neen; zei Dwaze Pier, als hy alles had nagegaen, dat kan my niet dienen; ik heb ginder drie kazakken liggen, die ik van myn leven toch niet zal kunnen verslyten. Hy ging dan die zael voorby en kwam in eene andere, waer alle soorten van spys en drank op tafel stonden. — Dat is 't, dat ik hebben moest, zei Dwaze Pier, en schoof zynen stoel by.

Als Dwaze Pier daer nu van alles zoo veel gegeten en gedronken had, dat zyn buik met een toreken stond, keek hy eens rond, en zag in den hoek van de zael een yzeren deurken. Hy gaet regt naer dit yzeren deurken en beproefd eens, hetzelve te openen, maer dat ging niet, want daer was noch sleutel noch sleutelgat aen. Dwaze Pier schopte er eens tegen, maer 't ging nog niet. Toen maekte Dwaze Pier zich kwaed, pakte zyn hamerken en sloeg op de deur, dat ze in stukken vloog. — Dat was een hamerken, he? — Dwaze Pier meende daer nu ook binnen te gaen, maer hy viel over eenen hoop met blinkende scherfkens, dat zyn neus er bykans eene buil van kreeg. — Wel, lieve God, zei, Dwaze Pier, 't is altemael goud. — Dwaze Pier wreef eens aen zyne oogen, want hy meende, dat hy droomde en als hy wel gezien en gevoeld had, dat hy zich niet bedroog, wentelde hy er zich eens in rond en stond op. — Nu weet ik genoeg, zei hy, ging uit dit onderaerdsch paleis en liet de valle stillekens toeklikken.

Dwaze Pier was zoo bly en zoo fier geworden, dat hy niet meer wist, waer hy het had. Hy liep rond de wei gelyk een koe, die hoorndul wordt. Nadat zyne zinnen een klein beetjen gestild waren, zette hy den draeiboom open en liet de koeijen alléén naer huis gaen.

De drie jufvrouwen lagen weêr door het zoldervenster te kyken. Als ze al lang, lang gewacht hadden, zagen ze van verre de koeijen, die alleen naer huis keerden.
— Och, God! riepen zy, Dwaze Pier is dood!

't Was avond en daer werd aen 't kasteel gebeld. Men doet open en een heer te paerd, die geheel en gansch in 't diamant gekleed was, stond voor de deur. De drie jufvrouwen deden hem binnen komen en zetteden hem, even als of een 't reiziger geweest ware, eten en drinken voor. Zy waren ten uiterste over zyne kostbare kleeding verwonderd en konden er zuiver hare oogen niet afhouden. Die heer bezag hun ook altyd, als of hy vragen wilde: kent gylie my niet? Maer 't scheen dat zy hem in 't geheel niet kenden. Op 't laetste, na vele beleefde woorden tusschen elkander gewisseld te hebben, zei die heer al lachende: — Ik ben ik Dwaze Pier!

— Wel, wel! en zyt gy Dwaze Pier!

— Ja. — Wie zou er u kunnen kennen hebben met die kostelyke kleeding! wy meenden dat gy al dood waert! wy waren zoo ongerust! wat zyn wy blyde van u weêr te zien!

De jufvrouwen zouden hem zuiver gekust hebben. Dwaze Pier was zoo gevleid over dit onthael en die toespraek, dat hy van naeldeken tot draeiken vertelde, hoe hy gedurende die drie dagen gevaren was.

Als ze nu wisten, wat voor eenen grooten schat hy ontdekt had, zei Dwaze Pier, dat hy gaern met de oudste van de drie jufvrouwen zou getrouwd hebben. De oudste antwoordde, dat zy te vrede was en eenige dagen naderhand was het bruiloft.

Nadat zy eenigen tyd te samen op het kasteel geleefd hadden, zei Dwaze Pier tegen zyne vrouw, dat hy geern nog eens zou naer huis gegaen hebben, om te weten, hoe het zyne familie stelde, maer dat hy ze eene verrassing wilde aendoen.

— Ik, zei hy, zal myne oude slechte kleederen op nieuw aensteken en alléén doorgaen. Daeraen zal ik weten, of ik wel gekomen ben ofte niet; en gy, vrouw, gy moet achterna komen in eene koets. Gy zult u op uw beste kleeden, en wanneer gy regt over onze deur zyt, zult gy laten, of dat er iets aen het rytuig gebroken is. Ik zal u dan vragen om binnen te komen en gy zult t'onzent vernachten.

Zoo gezegd, zoo gedaen. Dwaze Pier ging naer huis. Ja, maer ze zagen hem t'huis nog maer van verre komen, dat ze al begonnen te schreeuwen en te roepen:

— Wel, gy leelyke schobbejak van 'nen jongen, wat komt gy naer huis doen? Wy hebben wy geen eten voor u en gy moet gy weêrom gaen, van waer dat gy gekomen zyt, of wy schoppen wy u de deur uit!

— Och, moeder! och, zuster! gy moet my weêrom in huis nemen, of ik sterf van honger, want ik kan nievers mynen kost niet verdienen. Och moeder! heb toch medelyden met my, ik zal werken.

Terwyl Dwaze Pier dit zei, ging hy in huis en zette zich daer.

Als de meeste vlaeg over was, deê moeder aen Dwaze Pier de patatten schellen; — dit was voor 't avondmael.

— Dwaze Pier schelde de patatten en als hy een beetjen

bezig was, kwam er een koets aengereden, waer dat een mevrouw in zat, die zeer kostelyk gekleed was. Als nu de koets regt over de deur was, bleef ze staen en de mevrouw kwam er uit, om te vragen, of ze daer een beetjen mogt rusten, want dat er iets aen de koets gebroken was.

— Ja wel, mevrouw, riepen moeder en dochter gelyk, kom maer binnen en zet u wat néer!

En terwyl, dat d'een mevrouw in huis leidde, schreeuwde d'ander met gramschap tegen Pier:

— Toe, Dwaze Pier, sta op en trekt met uw vuiligheid naer de keuken! Spoed u, spoed u, want daer komt een mevrouw in huis.

Dwaze Pier stond op zonder tegenzeggen en zette zich met zynen korf in de keuken.

— 'T is al laet, zei de mevrouw, en myn koets zal zeker van daeg niet meer hersteld geraken; zoû 'k hier van den nacht niet kunnen blyven slapen.

— Ja zeker, mevrouw, zet u wat néer, mevrouw, gy zult met ons het avondmael nemen, mevrouw.

Nu, dat was wel, mevrouw bleef daer. Als 't eten nu gereed was, zetteden zy zich altemael aen tafel, behalven Dwaze Pier, die in de keuken alleen moest blyven en niet als eenen droogen boterham kreeg. Dwaze Pier zei niets, maer als ze nu fraei aen 't smullen waren, kwam hy stillekens binnen geloopen en langde met zyn bloot hand 'nen patat van mevrouw 's talloor.

— Wel gy ongekweekte bullebak, zei de moeder, terwyl zy naer den pallepel pakte, om Dwazen Pier op zyn kneukelen te slaen; maer mevrouw hield moeders hand tegen en zei: — 'T is niet met al.

— Wat mevrouw, is 't niet met al, iemand op zulke

wyze smaed aendoen? Eh gauw, dommerik, spoed u naer uw bed, of ik zal uw les anders opspellen.

Dwaze Pier zeî nog niet met al en ging slapen : ge weet wel, op dien hoop met natte blâren, 't zag er al erger uit dan een mesthoop.

'S anderdags morgens al heel vroeg kwam de zuster aen Piers kot roepen. — Eh! Dwaze Pier, sta op; ge moet de koffy malen! Ja, maer, die niet en sprak, was Dwaze Pier.

De zuster stak eens van verre heuren neus in 't stalleken, om te zien of Dwaze Pier nog sliep, maer Dwaze Pier was weg, hy was de gaten uit. Nu, 't was wel besteed, waerom moest ze den jongen alzoo verstooten ook; ze moest den koffy zelf malen en opgieten. Als 't ontbyt gereed was, moest ze de mevrouw oproepen.

— Ze ging naer heur slaepkamer, en klopte 'nen keer op de deur, maer mevrouw antwoordde niet. Ze klopte nog eens en mevrouw antwoordde nog niet. Dan dêe ze de deur met een spleetjen open en 't eerste dat ze zag, was Dwaze Pier die in 't bedde van de mevrouw lag.

— Eh, moeder! riep ze, Dwaze Pier ligt by de mevrouw in het bed!

— Ui, zeî Pier, ik ben ik getrouwd en ik ben ik ryk.

Nu stonden Dwaze Pier en zyne vrouw op en vertelden alles. Als de moeder en de zuster dit hoorden, waren zy verlegen, dat Dwaze Pier haer zoude laten loopen hebben, om dat ze hem zoo slecht onthaeld hadden; maer Dwaze Pier, die een goed hart had, en zich herinnerde, dat hy al zynen rykdom verschuldigd was aen de bovennatuerlyke kracht van het hamerken, dat zyne moeder hem geschonken had, deê nu een schoon huis bouwen op de plaets, waer 't hutteken afgebroken werd, gaf zyne moeder en zyne zuster geld genoeg, om zonder kommernis te leven en trok wéer naer 't kasteel, waer hy met zyne vrouw bleef woonen, en als hy niet verhuisd is, dan woont hy er nog.

Jaek Vandevelde.

7. — Het Moordslot.

Een schoenmaker had drie, dochters; op een tyd dat hy uitgegaen was, kwam een heer in eenen prachtigen wagen en nam eene van de jonkvrouwen met zich, die niet weder kwam; dan haelde hy de tweede, eindelyk op dezelve wys ook de derde, die met hem medeging in de hoop haer geluk te maken. Onderwegen, als de avond imbrak vraegde hy haer:

> 't Maentje schynt zoo hel,
> Myn paerdje loopt zoo snel,
> Soete liefje, rouwt 't u niet? (1)

« Neen, antwoordde zy, waerom zoude 't my rouwen, ik ben immers by u wel bewaerd, » doch beneep een innige angst haer hart. Zy genaekten haest een groot woud, dan vraegde zy, of zy nu in 't kort zouden aenkomen. « Ja, sprak hy, ziet gy dit licht in de verte, daer ligt myn slot. » Nu kwamen zy aen en alles was er zeer schoon. Des anderen daegs zeide hy haer : « Ik moet op reis, maer ik wil slechts een paer dagen uit blyven; daer hebt gy de sleutels van gansch het slot, dan kunt gy zien van welke schatten gy meester zyt. » Als hy vertrokken was, ging zy door 't gansche huis en vond alles zoo schoon, dat zy vollyk te vreden

(1) Dit doet aen het bekende Doodruiterlied herinneren, dat in 't norweegsche volksrym luidt : *maanen skijne, docmand grine, varte die ikkje raed?* (Idunna 1812. 5. 60.) Gr.

was. Eindelyk kwam zy ook in eenen kelder, waer eene oude vrouw zat, die darmen schrapte: « Ei, moederken, sprak het meidjen, wat doet gy daer? «— « Ik schrappe darmen, myn kind, morgen schrap ik de uwe ook. » Daervan verschrikte zy zoodanig, dat zy den sleutel, welken zy in de hand hield, in een bekken met bloed liet vallen, 't geen niet goed kon afgewasschen worden. « Nu, sprak die oude, is uwe dood zeker, daer myn heer aen den sleutel zal zien, dat gy hier in deze kamer waert, waer buiten hem en my niemand komen mag. » Dan zag de oude, dat op het oogenblik een wagen met hooi uit het slot ging wegvaren en sprak: « Wilt gy uw leven behouden zoo versteek u in het hooi, dan zult gy daermede heenvaren. » Dit deed zy en gelukkig ontsnapte zy. De heer echter als hy terug kwam, vroeg naer het meidjen. « O, zeide de oude, ik had geen arbeid meer en daer zy er morgen toch aen moest, zoo heb ik ze seffens geslacht; hier is eene vlecht van heur hair en ook het hart, daer staet ook nog warm bloed, het overige hebben de honden geëten, ik schrap daer nog de darmen. « Hier mede was hy te vreden, hy geloofde, dat het meisjen dood ware. Zy was echter in een slot gekomen, waer de wagen met hooi geleverd werd, daer sprong zy er uit en verhaelde den heere van dit slot, wat haer wedervaren was. Hy bad ze, daer te blyven en na eenigen tyd gaf hy al de edellieden der omstreek eene feest, en verzocht daer ook den heer van het Moordslot. Het meidjen moest zich ook aen de tafel zetten, gezicht en kleedy waren echter zoo veranderd, dat het niet te erkennen was. Daer zy allen te zamen zaten, zou elk wat vertellen; als de keer aen het meidjen kwam, verhaelde het zyne eigene geschiedenis. De heer van het Moordslot werd daerby zoo beangstigd, dat hy met geweld wilde weggaen; maer de heer van den huize liet hem vastzetten. Dan werd hy gerecht, zyn moordslot geslecht en zyne schatten behield het meidjen, die met den zoon des huisheeren huwde en lange jaren leefde. —

Deze nederlandsche sage is naer mondelyke overlevering door Grimm eerst medegedeeld (*Kinder und Haus-Märchen*. III. B. bl. 77), die nog andere verhalen van den zelfden aerd opgeeft.

Ph. Blommaert.

8. — De Visscher en zyne Vrouw.

Grimm geeft in het boven aengehaeld werkjen verscheiden opstellen van deze vertelling aen, met afwykingen en onderhoorige veranderingen, zoo als zy in verscheiden streken van Duitschland wordt verhaelt. In Vlaenderen is deze vertelling ook verspreid, schoon zy in zekere deelen, van die door Grimm aengegeven, nu en dan afwykt. De korte inhoud is, als volgt: Manneken Tiektoektee woont met zyne vrouw in een waterpot op het strand der zee; eens na lange visschens niets gevangen hebbende, beklaegt het wanhopend zyn lot en neemt het besluit, van zich van dit rampzalig leven te ontmaken; maer op het oogenblik, dat het in zee denkt te springen, hoort het de stem van een vischje, dat den kop boven water steekt en zegt:

« Wat wilt, gy manneken Tiektoektee ? —
Dat 'k in een pispot woon, dit doet myn hart zoo wee,
Och, had ik toch een beter huis ! » —
Ga naer huis het zal u geworden !

zegt het vischje, en het manneken keert naer huis en vindt reeds zyne vrouw in eene schoone woonst; die echter welhaest weêr ontevreden is en zendt heur man naer zee om een hof en boomgaerd te bekomen. 't Manneken gaet daer heen en roept :

« Vischje, vischje uit de zee ! » —
Wat wilt gy, manneken Tiektoektee ? —
« Myn vrouwtje, myn katilletje,
Die heeft zoo geern heur willetje. » —
Wat zou dit vrouwtje geern hebben ? —
« Een hof en boomgaerd ! —
Ga naer huis het zal u geworden ! » —

zegt het vischjen; en immer zoo voort worden de wenschen aengegeven: zy bekomen koeijen, ossen, landen, en alle schatten der wereld. Als het manneken nu in volle weelde leeft en niet meer weet wat begeeren, keert het echter by het vischjen nog weder, en geeft hem den wensch te kennen, dat hy geern de lieve heer God zou zyn en zyne vrouw de moeder Gods ! « Nu steekt het vischjen voor de laetste mael den kop uit de zee, en roept :

« Gy dryft met my den spot,
Daer is maer eenen God,
Kruip weder in uwen pispot ! »

Ph. Blommaert.

9. — Vischke Ruiterke.

Het lezen van Grimms sprookje *Von dem Fischer und süne Fru* (kinder- und haus märchen B. I. bl. 79) deed my aen *Vischke Ruiterke* denken, waervan myne moeder ons in ons kinderjaren vertelde, en welk van den volgenden inhoud is.

Manneke Tintelteen was zoo arm, dat hy met zyne vrouw en zyn kind in eenen pispot woonde, en genoodzaekt was, voor hunnen nooddruft dagelyks met de lyn te gaen visschen in de zee. Eens trok hy een klein vischken op, dat sprak en *Vischke Ruiterke* heette. Het vroeg hem om te mogen blyven leven, en verkreeg het, aengezien het maer eene beet groot was en beloofde van alles te geven wat men maer wenschen kan, uitgenomen geld, 't geen zelfs niet mogt gevraegd worden, op straf van al het vroeger gevraegde te verliezen. De visscher trok naer huis en vertelde den voorval aen zyne vrouw, die alles vroeg wat haer voorkwam : een schoon kasteel, koets en peerden, eenen grooten hof met alerhande vruchten en bloemen, en eenen glazen berg voor haer kind om er met zyn achterste van af te ryzen. Op iederen wensch ging de man naer de zee en had er het volgende gesprek :

Vischke, vischke Ruiterke! —
Wat belieft er u Manneke Tintelteen? —
Myn vrouw zou geern hebben een schoon kasteel.
Ga maer naer huis, het staet er al.

Toen al hare wenschen voldaen waren werd de vrouw krank van verdriet, om dat het haer aen geld ontbrak. De man werd zoo lange geplaegd, dat hy eindelyk nog eens naer de zee vertrok, en tot zyn ongeluk voor de laetste mael vroeg :

Vischke, vischke Ruiterke! —
Wat belieft er u, Manneke Tintelteen. —
Myne vrouw zou geern geld hebben! —
Och! zy is zot.
Kruipt wederom in uw' pispot.

Adolf Vandevelde.

10. — Jan de dief.

Daer was eens een arm vrouwken, die eenen zoon had, die zoodanig steelde, dat hy van al die hem kenden niet anders genoemd wierd als Jan de dief. Zyne moeder had er veel verdriet om, sprak hem dikwyls schoon, maer niets en hielp er. Zy ging dan alle dagen lezen in de kerk voor den autaer en vroeg aen God, wat er toch van haren Jan zou worden. Eens dat zy daer laet zat, om God vergiffenis te vragen voor de deugenietery van haren Jan, liet zy in de vurigheid van haer gebed luid hooren : Och God! wat zal er toch van mynen Jan komen? De koster, die achter den autaer zat en dit hoorde, antwoordde daerop : Dief, grooten dief, altyd dief! De droevige vrouw verschrikt, dacht dat het God was, die haer gesproken had en antwoordde : Heer uw wil geschiede; en ging al kryschende naer huis. Als zy t' huis kwam, vroeg haer Jan, waerom zy weéral zoo droef was? en zy vertelde hem, wat haer voorgevallen was en zeide daerop, dat zy liever zou hebben, dat hy deur ging, als hem altyd dief te moeten hooren noemen, tot van God toe. Neem, zeide zy, daer is al wat ik u geven kan, eene kanne water en eenen kant brood, en ga deur in Gods naem, of ik sterf van verdriet.

Jan ging deur en vertrok uit 't land en kwam by eenen boer, waer hy vroeg, om knecht te zyn; maer de boer wilde hem niet nemen of hy moest weten, wie hy was. Daer 't niet anders zyn kon, zeide hy : Al die my kennen noemen my Jan den dief. Dief! dief! zeide de boer, hoe komt het, dat gy nog niet aen de galg hangt te spertelen als gy zoo steelt? — Ja, zeide Jan, ik zal my daer wel af wachten; daer voor ben ik te slim! — Zyt gy zoo slim, antwoordde de boer? dat zullen wy eens zien; hoort: gy zult in mynen dienst komen, maer op dry voorwaerden, en als gy die kunt uitvoeren, dan geef ik u nog myne dochter daertoe. Gy zult in dry weken al den pastor zyn geld, het hemde van myn vrouw haer lyf en myne peerden van onder de knechten weg stelen. Pas op, als gy mislukt, dan doen ik u stroppen. — 'T is wel, zeide Jan, en hy at en dronk met den boer en ging dan werken.

De eerste dagen wist hy niet regt, hoe aen den pastor zyn geld te komen, maer eindelyk viel hem iets in. Hy stool twee kiekens van den boer, pluimde ze, stak de pluimen in eenen zak en verkocht de kiekens op de merkt, en met het geld dat hy daervoor kreeg kocht hy eenen pot siroop. 'S avonds ging hy naer 't lof en als 't gedaen was, liet hy zich in de kerk sluiten. Als 't ontrent nacht was, trok hy zyne kleéren uit, bestreek zyn lyf met siroop en wentelde zich in de pluimen, dat hy er uitzag gelyk eenen engel; dan ging hy kleppen, en ging op den hoogen autaer staen. De pastor, die niet wist, waerom de klokken luidden, stond op en ging zien naer de kerk, wat er te doen was, en als hy in de kerk kwam riep Jan van op den autaer: Herder van deze parochie, gy hebt lang genoeg uw schapen gewacht, ik ben een engel van God gezonden om u tot den hemel te leiden. Maer om u nog eens te beproeven, heeft God my geboden, dat gy my uw geld zoudt brengen om het uit te deelen aen den armen. — De pastor was zoo blyde van dit te hooren, dat hy niet kon antwoorden; maer toch twyfelde hy wat, om dat de engel zyn geld vroeg, nogtans ging hy naer huis om het te halen. Jan volgde hem stillekens om te zien, wat hy voor had, spiedde hem af en kwam seffens weêr. De pastor kwam achterna en gaf hem twee borzen met geld, maer Jan, die gezien had en wist, dat er nog een derde in zyne kas lag, verweet hem zyne vastgekleefdheid aen de aerdsche goederen en dreigde hem, indien hy de derde borze niet bragt, dat hy voor eeuwig uit het hemelryk zoude gesloten worden. Nu geloofde de pastor zeker, dat het een engel was, die hem aensprak; hy liep de derde borze halen en gaf ze en vroeg dan om mede te gaen. Om te gemakkelyker met hem te kunnen vliegen raedde hem Jan, van in den zak te kruipen, dien hy medegebragt had, de pastor kroop er in, en Jan stropte den zak toe, en liep er mede van onder tot boven de trappen van de hoogzael, dan droeg hy hem naer de pastory en als hy aen de deur kwam zeide hy, dat zy aen den hemel waren, maer dat hy by sinte Pieter den sleutel moest gaen vragen; en verbood hem van te spreken wat er ook voorviel. Jan liet den pastor op den dorpel en liep weg en droeg het geld aen den boer; die geheel verwonderd stond van Jan zoo gauw met 't geld te zien. Als 's morgens des pastors meisjen de deur open deed, schupte zy tegen den zak, om te weten wat er in was; eerst antwoordde de pastor niet, om dat het hem verboden was; maer hy rolde op zynen kop en dan moest hy roepen: Laet my gerust! Ik ben hier van een engel gebragt, hy is om de sleutels by sinte Pieter. Toen het meisjen dit hoorde schoot zy in eenen grooten lach, en deed den zak open om te zien wie er in zat, en 't was de pastor die er uit kroop en die te laet zag dat hy bedrogen was. En zoo had Jan zyn eerste proef gedaen.

De tweede was moeijelyker, maer hy gelukte er toch

ook in. Hy had opgelet, dat de boer alle avonden zyn pintje ging pakken, en, om in 't weêrkomen niemand wakker te maken, de deur op de klink liet staen. Jan zeide niets, maer kocht wat jalap, nam het in den voor-avond in, en ging naer zyn bed. Een weinig voor dat de boer gewoonlyk t' huis kwam; ging hy stil in de kamer van de vrouw, gelyk de boer, stout weg, veinsde van groote koude te hebben, zuchtte wat, dekte zich wel in 't bedde, en maekte als onverwist het hemd der vrouwe vuil. Wel man, hoe is 't mogelyk, zeide de vrouw. Och, zeide Jan met halve stem, om niet herkend te worden, ik ben zoo onpasselyk. Kom, doet uw hemde uit, ik moet er ook van veranderen; ik zal u terwyl een ander geven. — De vrouw liet zich overhalen, en Jan zeide daerop, dat hy nog eens moest naer buiten gaen, maer kwam nimmer wederom. Later stapte de boer binnen en de vrouw, die in slaep gevallen was, weêr wakker wordende vroeg hem, waerom hy zoo lang achter was gebleven, en waerom hy zich weêr gekleed had? — Ik ben niet langer achter gebleven als na gewoonte, zei de man; maer waerom vraegt gy, dat ik my weêr gekleed heb? — Wel! was de antwoord, als gy daer seffens zyt uitgegaen, dan waert gy in u hemde, en nu zyt gy gekleed. Al is 't, dat de boer half zat was, begreep hy toch waer dit naer toe wilde; ondervroeg de vrouw nog meer, en de zaek kwam uit. De boer ging op het oogenblik by Jan, en Jan gaf hem 't hemde van zyne vrouw weêr, en hy had zyn tweede wedding gewonnen.

Nu werd de boer benauwd, dat hy zou verliezen en pastte zoo wel op, dat het eindelyk de laetste dag van de dry weken was. Hy riep dan zyne knechten en belastte hun strengelyk, niet alleen van in den stal te blyven, maer van zich op de paerden te zetten, en te waken. Met den avond begon het te hagelen en te sneeuwen, dat men er geenen hond zou hebben konnen deurjagen; de knechten ontstaken eene lantaern, en zetten zich in den stal te paerd. Zy zaten er al lang, als er iemand aen de deur klopte; eerst antwoordden zy niet, maer om dat men bleef kloppen, vroegen zy eindelyk : Wie klopt daer ? — Ach! wierd er geantwoord, ik ben eene oude kluizenaer, die rond gaet om aelmoessen te vragen, de nacht heeft my overvallen, het hagelt en sneeuwt en ik verstyve van koude. Laet my toch om Godswil in, dat ik niet en vervriese ! — Neen, neen, zeiden de knechten, wy mogen niemand binnen laten. Men is er op uit om onze paerden te stelen, en gy zyt misschien de deugniet zelf. — Och, arme ! zeide de kluizenaer, hoe kont gy zoo onbermhertig zyn ; laet my toch in, en ziet of ik de deugniet ben, ik oude versletene man ; ik zal met u waken, en u misschien nog wat kunnen helpen als de dief komt, laet my toch hier op de sneeuw niet. — Hy zeide dit met eene zoo bewegelyke stem, dat de knechten raed sloegen, en eindelyk meenden dat, al ware die kluizenaer de dief, hy alleen tegen dry toch niets zou konnen verrichten. Zy lieten hem dan in, en de kluizenaer met een langen witten baerd kroop in een hoeksken met wat strooi om wat warmer te hebben, waer hy zich nederzette en zweeg. Maer de knechten, aen wie de nacht lang wierd begonnen met hem te klappen. Als hy zag, dat hy hun vertrouwen gewonnen had, trok hy stillekens, als om niet gezien te worden, een flesken uit den zak en zette het aen den mond. De knechten, die dit zagen, vroegen wat hy daer had. — Och ! zei de kluizenaer, ik moet altyd zoo veel koude uitstaen als ik rondga, dat ik sedert lang de gewoonte genomen heb, van iets mede te nemen om my wat te verwarmen. — Laet ons eens proeven ? antwoordden zy hem. — Ik wil wel, zeide de oude man, al is't dat ik niet veel en heb; maer 't een goed werk is 't ander waerd, en gy hebt my laten schuilen. — De knechten, die versteven op hunne paerden, waren te vrede van onverwachts eenen druppel te krygen, en ieder dronk er een goeden slok; maer zy hadden hem nog maer een kwartierken binnen, of zy begonnen van grooten vaek te zwygen, dan vielen zy in slaep en ronkten gelyk beeren.

Ha, zeide Jan, nu heb ik ze vast. Hy nam den eenen van zyn paerd en zette hem scherlings op de krebbeplank, den anderen zette hy op eene gaffel, en den derden op eenen riek; en ging met de paerden naer den boer, die nog opzat in de keuken by het vuer. De boer verschrok en meende eenen tooveraer te zien, maer als hy Jan zynen baerd en zyne kap zag afdoen, wierd hy als van den bliksem getroffen. En de knechten? was zyn eerste woord. Die kunt gy op een wonderlyk paerd gaen zien ryden, zeide Jan. Zy gingen getwee naer den stal, en daer zaten de dwaze nog gelyk ze Jan gezet had. De boer maekte ze wakker, en van beschaemdheid konden zy niet gauw genoeg de deur uit zyn, om dat zy zich zoo hadden laten bedriegen. En Jan bleef by den boer, die hem zyn dochter gaf, met wie hy gelukkig leefde.

PAULINE VAN CUYCK.

11. — Gierigheid bedrogen.

Sinte Pieter en Ons Heer waren eens samen op reis, en rond den avond gingen zy aen een huizeken kloppen en vragen, om daer te mogen vernachten. Zy werden ingenomen, en alhoewel maer arm, toch zindelyk en hartelyk geherbergd. 'S anderen dags vertrokken zy zeer vroeg en Ons Heer, vóór dat hy de deur uitstapte, zeide aen de vrouw : « Het eerste wat gy van dag begint, zult gy den geheelen dag dóór doen. » Zy dankte Hem en sloot de deur. Dan begon zy te wasschen, en waschte tot zonnen ondergang; waerdoor zy zooveel lynwaed had, dat zy haer leven lang geen meer koopen moest.

Hare gebuervrouw hoorde dit, en zeide : « Laet ze maer eens by my komen, ik zal 't wel beter doen. » Sinte Pieter en Ons Heer kwamen 's anderen dags 's avonds in 't dorp terug en wilden naer hunne eerste herberg gaen; maer de gebuervrouw liep hun tegen en bragt ze in haer huis, waer zy hun van alles voorzag, wat zy noodig hadden; en toen zy te bed waren plaetste zy eene borze met geld op de tafel, met 't gedacht van den volgenden dag dóór geld te tellen. 'S morgens wilden sinte Pieter en Ons Heer vertrekken, maer eer dat Ons Heer gesproken had, vroeg zy hem reeds een loon. « Vrouw, zeide Ons Heer, het eerste wat gy van dag begint, zult gy den geheelen dag dóór doen. » Zy dankte hem, en liet hem uit. Doch, uit vrees van onder het geld tellen te moeten verletten, ging zy eerst hare noodzakelykheid doen, en de dwaze bleef op 't gemak tot zonnen ondergang, en verdiende voor hare gierigheid met regt den stank voor dank.

Adolf vande Velde.

12. — Van Ons Heere en sinte Pieter.

Ons Heer en sinte Pieter gingen eens te samen en kwamen in de nabyheid van Mechelen. « Och, » zei Ons Heer, « ik zou niet gaerne door de stad gaen, zy maken te veel komplimenten met my, als zy my daer zien, en ik heb toch zoo grooten honger. Hier, Pieter, is een kwartkroon, ga en hael ons een gebraden kieken; dat eten wy te samen hier op en gaen dan rond de stad.

Sinte Pieter nam het geld, ging in de stad en kocht er een almagtig schoon kieken voor. Als hy voor de poort was, bezag hy het eens en kreeg er zoo grooten lust naer, dat hy er een beentjen afbeet en het op at. Maer nauwelyks had hy dit gedaen, of hy werd geweldig benauwd, wat hy aen Ons Heere zeggen zou. Hy peinsde er lang over; eindelyk toch vatte hy moed en stapte voorts, tot dat hy by Ons Heer kwam.

« Pieter, Pieter, wat is dat voor een schoon kieken, » zei Ons Heere, en Pieter lachte en sprak : « Ja dat is een van de vetsten die er zyn, nogtans heeft het een gebrek. » — « Dat zie ik ook, » sprak Ons Heer, « want het heeft maer een been. » — « Ja, maer, » zei Pieter, « dat gebrek hebben hier te lande de hoenderen al; ik heb er hier nog geen met twee beenen gezien. » — « Zoo, is dat waer? » vroeg Ons Heer, « ik heb er niet eens op acht gegeven, maer dat is toch een zonderling land. »

Na dat het kieken nu geëten was, stonden de twee reizigers op en gingen om de stad. Weldra kwamen zy aen eene hofstede, waer zy wel vyftig hoenders zagen, die al op een been stonden en sliepen. Toen greep Pieter Ons Heer stillekens by de mauw en fluisterde hem toe : « Ziet gy daer die hoenders en dat die al maer een been hebben? »
— « Waerlyk, gy hebt gelyk, » zei Ons Heer, « maer ik zou toch eens gaerne zien, hoe die dieren met dat eene been loopen kunnen; » en daermée riep hy ps! ps! ps! ps! en tegelyk liepen al de hoenders met hun beide beenen door.

« Pieter, Pieter, daer hebt gy my eens sterk bedrogen, »

zei Ons Heer, en Pieter werd er rood van tot achter zyne ooren, maer hy vatte zich noch al gauw en zeide : « Niet met allen, niet met allen; daer zyt gy mis; want had gy ons kieken eens ps! ps! ps! ps! toegeroepen, het zou wel ook zyn twee beenen gekregen hebben. »

— 4.

VOLKSLIEDEREN.

8.

1.

Ik heb een wagen
Vol geladen
Vol van oude wyven;
Als zy kwamen op den markt
Begonnen zy te kyven
Zy keven alhier en keven aldaer
Oude wyven is slechte waer.
'k Wil niet meer laden
Op mynen wagen
Van die oude wyven

2.

Ik heb een wagen
Vol geladen
Vol van oude mannen;
Als zy kwamen op den markt
Gingen zy t'samenspannen
Zy spanden alhier, zy spanden aldaer
Oude mannen is slechte waer.
'k Wil niet meer laden
Op mynen wagen
Van die oude mannen.

3.

Ik heb een wagen
Vol geladen
Vol van oude dochters.
Als zy kwamen op den markt
Deden zy niet als krochen.
Zy krochten alhier, zy krochten aldaer
Oude dochters is slechte waer.
'k Wil niet meer laden
Op mynen wagen
Van die oude dochters.

4.

Ik heb een wagen
Vol geladen
Vol van oude heeren
Als zy kwamen op den markt
Deden zy niet als zweeren.
Zy zweerden alhier, zy zweerden aldaer.
Oude heeren is slechte waer.
'k Wil niet meer laden
Op mynen wagen
Van die oude heeren.

5.

Ik heb een wagen
Vol geladen
Vol van jonge dochters
Als zy kwamen op den markt
Werden zy al verkocht.
Verkocht alhier, verkocht aldaer

Jonge dochters is goede waer.
'k Wil nog laden
Op mynen wagen
Van die jonge dochters.

J. V. D. V.

9. — Van Jesus en sint Janneken die spelen met het Lammeken.

Lestmael op eenen zomerschen dagh,
Maer hoort, wat ick bevallycks sagh,
Van Jesus en sint Janneken:
Zy speelden met een lammeken
Al in dat groen geklavert landt,
Met een papschoteltjen in de handt.

—

Die witte, vette voetjens die waren bloot,
Hun lippekens als corael zoo root,
De zoete vette praterkens,
Die zaten by de waterkens,
Het zonneken dat scheen daer zoo heet,
Zy deden malkanderen met melcksken bescheet.

—

D'een troetelde dat lammeken zyn hoôt,
En d'ander kittelde het onder zynen poot:
Het lammeken gingh springhen,
En Janneken ging singhen,
En huppelde en trippelde door de wei
En deze crolle-bollekens die dansten alle bei.

En als het danssen was ghedaen,
Zoo moest het lammeken eten gaen,
En Jesus gaf 't wat brooiken,
En Joannes gaf 't wat hooiken;
Ter wereldt wasser noit meerder vreught,
Als deze twee cousyntjens waren verheught.

—

Joannes zyn klein neefken nam,
En zette hem boven op dat lam:
Schoon manneken, ghy moet reſen,
Ik zal u t'huis gaen leſen:
Want moeërken die zal zyn in pyn,
Waer dat wy zoo langh ghebleven zyn.

—

Zy zaten en reden al over-handt,
En rolden en tuymelden in het zandt,
En deze twee clein jongskens
Die deden zulcken sprongskens,
En al de kinderkens zagen hen aen,
Tot dat zy ten lesten zyn t'huis ghegaen.

—

De moeder die maekte op staende voet
Van suyker en melck een pappeken zoet;
Daer zaten de twee babaertjens,
Daer aten de twee slabbaertjens,
En waren zoo vrolyck en zoo bly,
Gheen koninghs banquet en heefter by.

—

Naer tafel zoo danckten zy onzen Heer,
En vielen beid op hun kniekens neêr:

Maria gaf een cruiseken,
Daer toe een suiker huizeken,
En zongh hen stillekens in den slaep,
En naer het stalleken gingh het schaep [1].

10. — Meideken Jong.

Meideken jong, meideken fier,
Waer staet uw vaders huiseken hier?
« Ginders aen de groene wei,
Voor de deure staet een mei, »
Sprak dit loddelyk meisje.

Meideken jong, meideken fier,
Hoe geraken wy in dit huiseken hier?
« Trekt by het koordeken van de klink,
Dat het deurken open springt »
Sprak dit loddelyk meisje.

Meideken jong, meideken fier,
Hoe geraken wy in dit beddeken hier?
« Voor het beddeken staet een plank,
Springt daerop en wacht niet lang, »
Sprak dit loddelyk meisje.

Meideken jong, meideken fier,
Wat doen wy in dit beddeken hier?

[1] Letterlyk uit eene oude editie van het masker van de wereld.

« Legt uw hoofdeken op myn kussen,
Dat zal uw jong harteken lusten, »
Sprak dit loddelyk meisje.

Meideken jong, meideken fier,
Waer steek ik nu myn voetjens hier?
« Steekt uw voetjens by de myn,
Het zal t'sint Jansmis zomer zyn, »
Sprak dit loddelyk meisje.

Meideken jong, meideken fier,
Waer leg ik nu myn handjes hier?
« Legt uw handekens op myn hart,
Het zal verdragen met u pyn en smart »
Sprak dit loddelyk meisje.

J. V. D. V.

Dit lied wordt te Dendermonde *onder de Kroon* gezongen. De knechtjes en de meisjes houden zich alsdan aen hand vast en dansen in eene ronde.

11. — Onze koning drinkt [1].

Wy zyn dry koningen ryk aen magt,
En wy gaen zoeken dag en nacht
Al over berg en over dael,
Om te vinden
Waer wy van wisten,
Regt over berg en over dael;

---

[1]. Deslyons, Doctor der Sorbonne, schreef een geleerd tractaet: Paganisme du roi boit. In de Gazette van Gent stond voor eenigen tyd een feuilleton: « Oorsprong van: Den koning drinkt. » Jaer en datum kan ik er niet van opgeven; het was geteekend R. D. C. W.

Om te vinden
Den God van al.
Jaspar, Melchior, Balthazar,
kwamen by dit kindeken daer;
Zy knielden met ootmoed,
Offeranden,
Wierrook branden,
Zy knielden met ootmoed
Voor dit kindeken
Jesuken zoet.

—

Geheel de stal die was vol vrêe,
'T kindeken en de beestekens mêe;
Dan roepen zy dat 't klinkt:
Vivat!
Vivat, Vivat!
Dan roepen zy dat 't klinkt:
Vivat, Vivat
Onze koning drinkt!

J. V. D. V.

12. — *Lied des drinkers.*

Erwetjen, boontjen, strooiken
En koolken vier,
Haet ik nog een oordjen,
Ik dronk een pintje bier;
Ik wilde, dat den eerste weerd,
Die van myn geld begeert,

Wierd gehangen
Met een tange
In zynen heerd.

F. R.

13. — Een oud liedje.

1.

Ik kwam lestmael langs de Lombaerdstraet,
En ik vond daer een mooi meisken staen,
Jolie, jolie, ons Katoken heette Benjamine.

Ik kwam lestmael langs de Lombaerdstraet,
Ik vond daer eenen Brusselaer staen,
Kiekenfreten, kiekenfreten, zei de Brusselaer;
Jolie, jolie, ons Katoken heette Benjamine.

2.

Ik vond daer eenen Antwerpenaer staen,
Kauwetter, kauwetter, zei de Antwerpenaer.

3.

Ik vond daer eenen Lovenaer staen,
Op sinjoorken, op sinjoorken, zei de Lovenaer.

4.

Ik vond daer eenen Mechelaer staen.
Bluscht de mane, bluscht de mane, zei de Mechelaer.

5.

Ik vond daer eenen Gentenaer staen,
Stroppendrager, stroppendrager, zei de Gentenaer.

6.

Ik vond daer eenen Aelstenaer staen,
Pelt ajuinen, pelt ajuinen, zei de Aelstenaer.

7.

Ik vond daer eenen Ninovenaer staen,
Sluit de poorten, sluit de poorten, zei de Ninovenaer.

8.

Ik vond daer eenen Eecloonaer staen,
Stookt den oven, stookt den oven, zei de Eecloonaer.

9.

Ik vond daer eenen Derremondenaer staen,
Gy knaptander, gy knaptander, zei de Dermondenaer. *

JAEK VANDE VELDE.

* De vrouw, welke my dit lied voorzong, zegde dat er nog andere *coupletten* bestaen, maer dat haer geheugen daer omtrent niet getrouw gebleven was.

Zy gaf my, overleveringshalve, de verklaring der verschillige spotnamen, waerop dit lied gegrond is. Dezelve scheen my merkwaerdig genoeg, om er het volgende van medetedeelen:

Den naem van *Kiekenfreters* is den Brusselaren gegeven geworden, ter oorzake van het talloose pluimgedierte, dat er naer de hoofdstad gezonden en aldaer ter tafel gebragt wordt.

Door *Kauwetter* verstaet men *snapper*. De zanger spreekt het woord *Kawyter* uit, om 't Antwerpsch dialekt na te volgen. Te Dendermonde wordt dit woord meest op de vrouwen toegepast; men zegt dus *Kauwetteres*.

Het *Op-Sinjoorken* van den overbekenden Quinten Metsys zou, zoo de vrouw zegde, de oorsprong van bloedige twisten tusschen Antwerpen en Leuven geweest zyn.

Stropdrager is algemeen gekend.

De Aelstenaers zyn zoo wel onder den schimpnaem van *Ajuinpelders* als onder dengenen van *Drayers* gekend. Zie over dit laetste woord de anekdoot, welke 't *Kunst-en Letterblad* heeft opgenomen, 1841, bladz. 63.

Sluit de poorten. Er bestaet daeromtrent een volksanekdootje. De poorten van Ninove gaen niet vast, zegt men. De grendels, waermede men dezelve voorgaendelyk sloot, waren niet van yzer, maer van wortels (carottes) gemaekt, en de menigvuldige ezels, welke er dagelyks naer de stad kwamen en misschien nog komen, hebben dezelve opgegeten.

Stookt den oven zinspeelt op de volksspreuk: Iemand naer Eecloo zenden om herbakken te worden.

Knaptander. By de Dendermondsche volksfeesten der vorige eeuwen, was de *knaptand* zoo onontbeerlyk als 't moedige *Ros Beyaert*, en diende om de toegesnelde menigte op eenen respectieven afstand te houden, wanneer 't gedrang den eerstoet met verwarring bedreigde. Hy bestond namelyk in een houten hoofd ten top van eenen langen stok vastgemaekt. Door een verborgen werktuig, dat de drager bestuerde, kon men het hoofd af doen gapen of doen *knappen*. Wanneer dus iemand den stoet te naby kwam, deed de *knaptand* zyn ambt en *knapte* den hoed of de muts van den nieuwsgierige vast, welke vervolgens, by 't opgaen van een schaterlach, tusschen het volk werd geworpen.

J. V. D. V.

KINDERLIEDEREN.

(Medegedeeld door C. Stroobant).

Tourhout. — Nieuwejaer.

13.

Nieuwejaerken komt in 't land,
Het verken heeft zyn gat verbrand
Van achter aen zyn poortje :
Moederken geeft me een oordje,
Is 't geen oordje, dan is 't een duit :
Morgen is de nieuwejaer uit.

14.

Nieuwejaerken zoete,
Het verken heeft vier voeten,
Vier voeten en eenen steert,
'T is nog wel een wafel weerd.

15. — *Variante.*

Nieuwejaerken zoete,
Het verken heeft vier voeten,
Vier voeten en een kloon,
Ik ben N..... zoon.

16. — *Variante.*

Nieuwejaerken zoete,
Het verken heeft vier voeten,
Vier voeten en een fleschken
Ik ben N..... mesken (meisken).

17. — *Variante.*

Al op een nieuwejaers avond,
Toen sloeg de bakker zyn wyf,
Al met eenen dikken kluppel
Zoo deerlyk op haer lyf;
De kluppel en woû niet breken
Het wyf en woû niet spreken;
De kluppel die brak,
Het wyf dat sprak :
Het wyf kroop in den oven,
De bakker van achter na,
Zy waren zoodanig bestoven :
Ik wensch u een zaligen nieuwejaer.

18. — *Variante.* (*Gent.*)

'T was op een nieuwejaer avond
De bakker sloeg zyn wyf
Al met de heete palen
Zeer deerlyk op haer lyf.
Wat zal men den bakker geven?
Al voor zyn nieuwejaer

Een kindjen in eene wiege
Met veel gekroezeld hair.
Hoe zal men 't kindjen heeten?
 Jaspaerd
 Scheere mynen baerd
 Scheert hem schoone
 Voor een kroone;
 Scheert hem net
 Voor een plaket;
 Scheert hem zuiver
 Voor n'en stuiver;
 Scheert hem rond
 Voor een' roggen peerdestront.

(A. V. D. V.)

19. — Dry Koningen.

Dry koningen, dry koningen,
Koopt my een nieuwen hoed;
Myn ouden is versleten,
Moeder mag 't niet weten
Vader heeft het geld,
Op den rooster geteld.

Des avonds springt men over brandende keêrsjes, en men zingt:

Keêrsken, keêrsken onder de been,
En al die daer niet over en kan
En weet er niet van.

20. — *Half-Vasten.*

Kinderkens hangt uw korfkens uit,
Ik heb wat nieuws vernomen,
    Dat de Greef,
    Uwe neef,
Die zal morgen komen.

Wat heeft de Greef al mêe gebragt?
Vygen en rozynen,
    Koek en tes,
    Scheer en mes,
Haentjens op een steksken.

Maer als gy dan niet wys en zyt,
Dan zal ik me er niet mêe moeijen
    Dan zal de Greef,
    Uwe neef,
Brengen een dikke roeije.

21. — *Sinte Nicolaes.*

Sinte Nicolaes,
Nobele Baes,
Brengt wat in myn schoentje,
Een appeltje of een citroentje;

Een nootje om te kraken,
Dat zal wat beter smaken :
Een pintje om te drinken,
Dat zal wat beter klinken.

22. — Sinte Marten.

Van daeg is 't sinte Merten,
En morgen is 't de kruk,
Wy komen uit goeder herten,
En helpt ons uit den druk.
Wy zullen zyn leven van hier niet gaen,
Of wy hebben wat opgedaen :
Hout, hout, turf en hout,
Och ! wy zyn zoo zeer verkoud;
Kloeren kloeren haentje,
Een turfken, of een spaentje :
Hoe ver zal dat vliegen?
Over de Merk en over den Rhyn,
'T zal nog wel een goede sinte Marten zyn.

23.

Kaetje woû gaen koolen stoven,
'T vet lag op den zolder
Hoog is de zolder,
Laeg is de vloer,
Wit ziet het meisje,
Zwart ziet de boer.
'T is van kaetjes,
Koolen, cameraedjes
'T is van kaetjes koolen.

24.

Klein, klein kleutergat,
Wat doet gy in den hof?
Gy plukt papakens bloempjes af,
Gy maekt het veel te groof.
Mamaken, die zal kyven,
Papaken, die zal slaen,
Klein, klein kleutergat,
Laet al de bloempjens staen.

C. STROOBANT.

25. — *Braband.*

Klein, klein kleuterken,
Wat doedegy in mynen hof?
Gy plukt er al de bloemkens af,
Gy maekt het al te grof:
Mamaken die zal kyven,
Papaken, die zal slaen:
Klein, klein kleuterken,
Maekt u maer gauw van daen!

— 4.

26. — *Overysselsch.*

Ariaen, klikspaen [1]
Durf niet over strate gaen,
Het hondeke zal hem byten,
Het katje zal hem krabben,
Dat komt van al dat labben.

— 4.

[1] Hollandsch: klikspaen, halve maen.

27.

Heentje
Zat op 't steenke,
Spon een garen kleedje,
Fynder dan een zyden draed;
Daerover spon hy zeven jaer;
Zeven jaer alomme
Voor eene gouden blomme.
Meisje wildege een nonneke zien,
Gy moet u keeren omme
Drymael en nog eenen keer.
Daer zyn de sluitels van de zee,
Wy zullen de zee gaen sluiten,
Van binnen en van buiten,
Dat er niemand binne kan...

SOPHIE VAN DUYSE.

28.

Sinte Nicolaes van Tolentin,
Breng my een beetje leckerding,
Leckerding van Safferaen,
Ik zal 't al in myn korfke slaen:
Myn korfke staet te verkoopen,
Tien pond en een half,
Een koe is geen kalf,
Een paerd is geen zwyn,
'T zal morgen sinte Nicolaesdag zyn.

SOPHIE VAN DUYSE.

29.

Daer wandeld een katje rond de zee,
Het vangt een vischje met zyn tee,
Vischje in de panne,
Goet bier in de kanne,
Witte brood
In moederkens schoot,
Koekeloere
Myne haen is dood.

Sophie van Duyse.

30.

Nieuwejaerke ik sta hier buiten,
Ik heb een korfken en 't wil niet sluiten,
Ik heb een mesken en 't wil niet snyden,
Ik heb boter en 't wil niet braeijen,
Ik zie een koekje en ik kan 't niet koopen,
Geef my een stuiver en laet my loopen.

A. Van Swygenhoven.

31.

Al van Deurne naer Borgerhout,
Kaetje doet open, kaetje doet open,
Al van Deurne naer Borgerhout,
Kaetje doet open, myn voetjes zyn koud.

C. P. S.

VOLKSFEESTEN EN VOLKSGEBRUIKEN.

5. — Begravingen.

Te Wilsbeke, en nog eenige dorpen in het Kortryksche, bestaet er een zeldzaem gebruik, welk nog in andere plaetsen van Belgien met weinig verandering behouden is, zoo als in de landen van Waes en van Dendermonde.

Wanneer er iemand sterft, dan komen de geestelyken, even als elders, het lyk processiewys halen, om het ter aerde te bestellen. De kist word gewoonlyk door vier nabestaende, vrienden (of geburen) van de zelve kunne en staet van den overleden gedragen. Aen eenen kruisweg komende, blyven de dragers staen, zetten de baer neder, knielen en doen een kort gebed, waerna zy hunnen weg statig en stilzwygend voortzetten. Dit wordt zoo dikwyls gedaen, als er kruiswegen op de baen ontmoet worden.

De oorzaek van dit gebruik ligt hier in: Het volk gelooft, dat de afgestorvene konnen weder levendig worden, en bidt op de kruiswegen, op dat de doode, indien hy weder kwam, den weg naer zyn huis zou vinden en niet misleid worden door kwade geesten.

Is de overledene een welstellend landbouwer, dan wordt het lyk gevoerd en de vier nabestaende zitten op de vier hoeken van den wagen, en wanneer de doode begraven wordt, dan staen zy aen de vier hoeken van den put, waertoe het volk hun vryen toegang verleend.

Te Oostmalle, niet verre van Turnhout, en ik geloof ook te Hamme en omstreeks Dendermonde, bestaet een nog wreeder gebruik: de weduwe, als haer man naer het dorp gevoerd wordt, zit op den wagen vóór of zelfs wel op de kist tot aen de deur van de kerk.

J. D. S. G.

« Eine harte Forderung liegt in der zu Gelting u. a. Schleswigschen Dörfern geltenden Gewohnheit, dass der nächste Verwandte, Sohn, Tochter, Witwer Witwe der Verstorbenen sich auf den Sarg setzen und so mit der Leiche an's Grab tragen oder fahren lassen muss. » (Schütze holst. Idioticon IV, 2).

14. — Paescheijeren.

In de archieven van Oost-Vlaenderen bestaet er een charter, waerschynlyk de eenigste van dat slag, die tydens de beroerten der XVIe eeuw niet vernietigd is geweest. Het was een decreet van 1510, vernieuwd na een ander van 1420, gegeven door den bisschop van Doornyk, onder welken Gent alsdan voor 't geestelyke gebied stond, en betrekkelyk tot den godsdienst en oude en loffelyke gebruiken tusschen de geestelykheid en de parochianen der parochiekerk van 's heilig Kerst te Gent.

De 23 artikel luidt aldus: « Item, de mendicanten, (bedelende orders), mits dat zy alzo wel prediken binnen vastenen als in andere tyden in de voorsyde kercke, alle de eyeren die men lieden dan gaderen zal, zullen zy geheel hebben ende ontfaen, zonder datter de voorsyde prochiepape eenich recht an hebben sal; ende dat de voorsyde eyeren sullen versamelt werden onder de handen van den ontfanghers van der kercke en niet onder den prochiepape.»

Diericx die ons dit stuk in zyn *Charterboekje* (bl. 137) mededeelt; voegt er by : « Deze eyeren nu genaemt paescheyeren, werden met eene vreemde kleur geverfd, om zoo veel mogelyk te beletten, dat afjonstige lieden geen goede eyeren door slechte zoude vervangen hebben. » Deze rede schynt ons weinig gegrond : wy gelooven, dat de parocheijeren zullen ter onderscheiding van andere eijeren en sieraedshalve gekleurd worden, gelyk het heden nog in gebruik is.

Pr. Van Duyse.

15. — Lyk op het Schip.

Als er in zee een man sterft op het schip, dan werpen de maets hem over boord met al wat aen hem is, al was het nog zoo kostelyk, uit vrees voor ongeluk.

Komt er later een onweder op, dan schryven zy dit toe aen het een of het ander, dat van den overledenen nog op het schip gebleven is, zy zoeken alles dóór, van de kiel tot het dek; en vinden zy iet, het wordt terstond in 't water gesmeten om zich met den vergramden dooden te verzoenen.

Lyden zy gevaer of zelfs nog erger, schipbreuk, dan is het, zeggen zy, om dat niet alles gevonden is en wedergegeven.

16. — St. Gillis.

Te Hamme by Dendermonde is het gebruik, dat de kinderen op St. Gillisdag eene groote pop maken, welke een zaksken draegt, en daer mede rond gaen bedelen voor den armen St. Gillis.

A. V. D. V.

17. — Engelendag.

Deze is in Vlaenderen een feest voor de kinderen, want zy vinden 's morgens eenen vollert (soort van wittebrood) onder hun hoofdkussen.

— 4.

18. — Verkooping der vryster.

In de dorpen *Gheleen, Berg* en andere naburige gehuchten is een zonderbaer gebruik in zwang. De jonge meisjes zyn daer grootsch op een groot aental vryers, die zy allen met gelyke beleeftheid onthalen en jegens welken zy zich ook met gelyke omzichtigheid gedragen. Nu gebeurd het ook menigmael, dat het getal minnaers tot acht of tien beloopt, die wel verre, van elkander als medevryers te schuwen of te haten, dikwyls al te samen hunne gemeene vrydster gezelschap houden en allen met de grootste vriendschap onder elkander in der vrysters huis op een glas bier onthaeld worden. Degene die het zou durven wagen, eenige voorkeur boven zyne medevryers te zoeken, zou welhaest uit den kring gesloten worden. Doch het byzonderste der zaek is, dat die vryers dikwyls onder elkanderen hunne gemeene minnares by opbod, daer het iedereen hoort, *verkoopen*. De hoogstbiedende bekomt dan het regt, van alleen gedurende twee of drie maenden het meisje by hare ouders te gaen bezoeken, met haer te spreken, te wandelen, te dansen, by uitsluiting van al de anderen, die den prys onder elkanderen deelen. Nog geen drie maenden geleden, werd er zoo eene tamelyk welhebbende dochter tot 50 gulden kleefsch verkocht; maer die prys was buitengewoon hoog, zoodanig, dat er gantsch het dorp van sprak en het verkochte meisje er gantsch trotsch op geworden was; want het schynt, dat de betaelde prys als maetstaf der waerde is, die de kooper aen haer bezit hecht. Daerom doet men ook dikwyls den verkoop in tegenwordigheid van het meisje, of ten minste voor hare venster of deur, daer zy de opbieders hooren kan. De kooper laet nimmer na, de koopsom nauwkeurig te betalen, en de afgeboden, dezelve te deelen. Nimmer is het gebeurd, dat er een aen het verdrag te kort bleef, of er eenig uit rees. Na dat de bepaelde tyd afgeloopen is, vertoonen de vryers zich op nieuw te zamen, en dat duert tot dat eindelyk de vryster haren keus gedaen heeft en zich door den echt verbindt.

Antwerpen. J. H. Mertens.

19. — Pelgrimagie naer Veurne.

Eene Rhapsodie.

« Westvlaenderen is het heiligdom der echt zuid-nederduitsche zeden, » zeide onlangs een der medewerkers der Wodana en hy had gelyk. Daer groent en bloeit de goede oude tyd nog ten volle te midden van het nieuwerwetsche gewoel; zy staet er nog in leven met al hare bekoorlykheden, met al hare gebreken en kykt er door het hedendaegsche, gelyk de gryze muren van een reuzachtigen toren door het veilgebladert, dat te vergeefs, ze geheel en gantsch voor het oog des reizigers poogt te doen verdwynen.

Van die overresten is de beroemde processie van Veurne verre weg niet de geringste. Sedert lang reeds leefde in ons de wensch, ons met eigene oogen van haer wezenlyk bestaen te overtuigen; eindelyk zoude daeraen voldaen worden. Wy zetten ons morgens op een waggon — want wy zyn een sterk liefhebber van het rooken en dus tot de waggons verdoemd — en zagen weldra het bevallige Brugge. Daer groetten wy in aller yl den heer hoogleeraer de Jonghe, den witten beer, de verbekende schouw en zoo nog een en het ander, zetten ons weêr op onzen waggon en lieten ons naer Oostende sleepen. Tot daertoe ging alles goed, maer nu wierden wy met een tamelyk groot en zeer bevallig gezelschap en deszelfs resp. bagage in en op eene diligentie gepakt, en alzoo begon onze reis naer Nieupoort, en van daer naer Veurne. Het was schoon weder, te schoon zelf, want wy, die in de met den eerenaem van diligentie bestempelde kas zaten, zweetten er, (dat het water ons weldra tot aen de kniëen stond, zou Münchhausen zeggen, doch wy willen by de waerheid blyven) dat wy er bykans versmoorden.

Opene armen ontvingen ons in het lieve stadje; de oude duitsche gastvryheid is nog een charakteristieke trek van den Westvlaenderling. Het aldereerste, wat wy van onzen vriendelyken waerd vroegen, was natuerelyk een droppel ter laving van onze drooge lippen, het tweede een approbatur voor een pypje te ontsteken, — want tot *Surcroit* van onze lyden mogten wy in de diligentie niet rooken — en het derde een ouden perkementen vriend; dien moeten wy hier eenige regels toewyden.

Het is een oud wetboek der stad en van te meer belang, dat elk artikel der wetten met het jaer geteekent is, van waer het dateert. Het schynt, dat Warnkönig het niet kende; hy zoude er alderbelangrykste bydragen voor zyne *Flandrische Staats-und Rechtsgeschichte* uit hebben kunnen scheppen. In het vervolg komen wy er welligt op terug; voor nu deelen wy hier eenige penproeven en priamelen mede, die wy in ryk getal op de eerste en laetste bladen van het boek vonden.

    Vrouwen, potten en cannen
    Bederven veele mannen.

—

    Amor vincit omnia.
    « Du lieght, » zeide pecunia,
    « Want daer ick pecunia niet en bin,
    « Amor raeckt daer zelden in. »

    Hooghe berghen te clemmen,
    Harde noten te craken,
    Zyn voor een oud man zware zaken.

—

    Die alle syn leet met leet wil wreken
      Manu bellatoria,
    Samsons kracht sal hem gebreken,
      Nec erit victoria;
    Maer leert u leet met lyden breken,
      Sic viues in gloria.

Si bene vixit,
Bene *morixit*.

—

Ik vreese voor den dach
Die jc noynt en zach.

—

Le cœur n'ayant ce qu'il espere,
    Desire,
La longue attente luy est misere,
    Martire.

—

En touts endroits vse de temperanse,
Si tu te vœulx renger des vertueux;
Le trop ou peu font perdre l'asseuranse,
Et te nombrer du rang des malheureux.

—

Als ick dit schreef,
Ick zat en dochte,
Warom dat Godt
Zoo veele (1) ter wereld brochte.

De andere morgen zag ons reeds vroeg in de oude Walburgakerk. Volgens de sage staet zy op de plaets van een heidenschen tempel en men toont er nog een hoekje, waer het altaer van den ouden God stond en menschenbloed hem ten offer stroomde. Onze geleerde vriend H. Van De Velde, beweerde in een artikel over de Roodestraet te Veurne, (in de Annales de la société d'Emulation A. p.) dat die

(1) Die plaets vulde een welgeteekend ezelskop.

tempel een Wodanstempel zoude geweest zyn en zyne getuigenissen daervoor hebben veel waerschynelykheid. Zonder twyfel zullen verdere navorschingen dezes zoo zeer yverigen geleerden weldra die waerschynelykheid tot gewisheid brengen.

Wy kunnen hier niet nalaten, eene opmerking te maken, die ons van niet gering belang schynt. Dezelfde sage, die van deze Walburgakerk omgaet, namentlyk, dat zy op de plaets van een oud heidenschen tempel staet, hecht zich aen de meeste andere kerken van dien naem. Zoo onder anderen aen die van Groningen, Antwerpen enz. Gramaye zelf beweert, dat er eene oude godin Walburga zoude geweest zyn. « Ad extremum D. Willebrordus... inveteratum animis gentilium profanae Walburgis cultum extirpare conatus, sed diu frustra; tandem hoc solo rem se facturum existimabat, si nomen falsae deae in S*ae* Virginis nomen transtulisset, ut quemadmodum ante et perperam Walburgim lapideam orabant et honorabant, ita deinceps recte et citra religionis verae noxam virginem christianam integritatis merito in divos translatam venerarentur. Ita periit profanae Walburgis idololatria... » (Antwerpia p. 13.) Wat daervan te behouden is, valt te onderzoeken, en laten wy aen anderen over. Men vergel. ook Goropius in zyne Atuatica pp. 101 en 102. Er zyn immers weinige heiligen, wier vereering zoo uitgebreid is, als die van Sint Walburgis. Praeg, Wittemberg, eene menigte kloosters in Beieren, Zwaben, den Elsas, het aertsstift Keulen, Heidenheim, Veurne, Yperen, Brugge, Audenaerde, Antwerpen, Brussel, Thielt, Arnhem, Zutphen, Groningen, verscheide plaetsen in Vrankryk en Engeland enz. willen reliquien van haer bezitten. De Vlamingen zeggen zelfs, haer geheel lichaem uit Beieren te hebben gekregen; hetzelfde beweert het klooster Eichstedt.

Op het stadhuis zagen wy een redelyk aental dier kopere vuisten, hoofden en platen met inschriften, die wy al reeds uit Cannaerts bydragen kennen, en die immers een der zonderlingste punten in het oudvlaendersche strafregt uitmaken. Van De Velde heeft ze beschreven in het laetste volume der Annalen van de Brugsche maetschappy.

De archieven der stad lagen tot over eenige jaren in de grootste wanorde en zy zouden er nog in liggen, had de vlytige Burgemeester, de heer Ollevier, hun niet een beter lot bereid. Jammer maer, dat hy niet vroeger dien post bekleedde; wy moesten nu misschien niet het verlies van al de oude tortuerinstrumenten en nog veel andere kurieuse stukken betreuren.

Met ongeduld verwachtten wy de beroemde processie. Ten vier uren des achternoens eindelyk naderde dezelve langzaem.

Om aen onze lezers een zoo veel mogelyk klaer gedacht van háer te geven, zullen wy alle persoonen en voorstellingen die daerin verschynen, nauwkeurig opgeven.

Een engel, 64 heldenverzen als inleiding reciteerende. — Een penitent met den standaerd. — Tamboer. — Twee penitenten met yzere barren. — Engel, 40 heldenv. — De acht propheten, die alle achtereen spreken, namentlyk Moses, 12 heldenv.; David 20 hv; Isaias, 16 hv, Jeremias, 16 hv; Daniel 16 hv; Hoseas, 16 hv; Zacharias, 16 hv; Malachias, 16 hv. — De dry straffen van David : *Mars* (!), hongersnood, en pest. — Engel voor David, 16 heldenverzen. — David. — Een kind met de kroon en het scepter van David. — Eene penitentin met het wapen des broederschaps. — Engel, 12 heldenverzen. — Het stalleken van Bethlehem op eenen wagen, getrokken door vier penit.; in het stalleken ziet men Maria en Joseph, die nevens de kribbe zitten en eene zamenspraek van 36 hv. houden, een osseken en een ezelken. — Vier herders: Coridon, Tites, Menalcas en Orpheus in gesprek; 84 hv. — De dry koningen, voorgegaen van eenen engel en gevolgd door eenen moor; 224 heldenverzen. — Het hof van Herodes, 148 hv. — Engel, 12 hv. — De besnydenis, Simeon met het kind, Maria en Joseph te zamen sprekende; 20 hv. — Vier penit. met kruissen. — Engel, 12 hv. — De vlugt naer Egypten, 20 hv. — Vier penit. met kr. — Engel, 8 hv. — Jesus in den tempel onder de doctoren; 300 hv. — Maria en Joseph, 32 hv. — Vier penit. met kr. — Twee maegden met de juweelen van Maria Magdalena. — Maria Magdelena met twee maegden. — Zes borgers van Jerusalem, palmtakken dragende en zingende: Osanna in excelsis! — Onzen heer zittende op den ezel met eenen ezelleider en de twaelf apostelen. — Vier met kr. — Engel, 32 hv. — Het laetste avondmael in figueren van hout op eene baere, gedragen door tien penit. — Twee met kr. — Engel, 24 hv. — Het hofken van Oliveten, gedragen door 6 penit. — Een hoorenblazer. — Twee met fakkels. — Een meisjen met de 30 zilvere penningen en een ander met de beurze van Judas. — Twee met kr. — Een met een kapper en eene yzere hand. — Engel, 16 hv. — Vier met wapens en oorlogtuig. — Twee met kr. — Twee met pakken van koorde. — Twee met kr. — Engel, 20 hv. — Een met eene lanteirne en eene fakkel. — Twee met kr. — Engel 20 hv. — Het verraed van Judas, gedragen door acht penit. — Twee met koorde. — Twee met kr. — Twee met wapens. — Twee met kr. — Engel, 36 hv. — De gevangneming van Jesus, gedragen door zes penit. — Een meisjen met een schild, waerop de spreuk: De banden der zondaren hebben my ontvangen. — Twee met kr. — Engel, 24 hv. — De verloochening Jesu door Petrus, gedragen door zes penit. — Vier met kr. — Engel, 24 hv. — Het berouw van Petrus, gedragen door zes penit. — Twee met kr. — Engel, 24 hv. — Christus verspot, gedragen door zes penit. — Twee met kr. — Engel 30 hv. — Christus gegeesselt, gedragen door zes penit. — Twee met kr. — Engel, 24 hv. — Christus gekroond, gedragen door zes penit. — Een penit. die een kruis met eene doorne kroone draegt. — Twee met kr. — Pilatus te paerde. — Vier met kr. — Engel, 48 hv. — Ecce Homo, gedragen door vier penit. — Een met een bekken en een lampet. — Twee met trommels. — Twee met kr. — Twee met temmermanstuig. — Twee met koorden. — Vier met ladderen. — Trompetters en tymbaliers en twaelf ruiters, — Engel, 20 hv. — De twee moordenaers met soldaten. — Joden. — Christus, het kruis dragende, Simon van Cyrene, Maria en St. Johannes, de twee laetste in gesprek, 24 hv. — Twee met ladderen, twee met koorden, twee met temmermanswerktuig, twee met fakkels. — Engel, 32 hv. — Veronica met het zweetdoek en twee maegden. — Twaelf met kr. — Twee met yzere barren en nog veertien met kr. — Drie meisjes van Jerusalem. — Een meisje met den rok Jesu en een ander met de teerlingen. — Engel; 20 hv. — Het kruis met de zeven woorden daerop geschreven. — Een meisje met de spongie. — Engel, 24 hv. — Een groot steenen kruis, gedragen door zes penit. — Longinus te paerde. — Twee met kr. — De zonne verduisterd, de verscheurde tempelgordyn. — Penitenten met barren en kruissen. — Engel 22 hv. — De verryzenis der dooden gedragen door vier penit. — Een meisje met de doorne kroone, een ander met de nagels. — Engel, 20 hv. — Drie meisjes met balsempotten. Drie met kr. — Engel, 20 hv. — Het graf Christi gedragen door zes penit. — Onze lieve Vrouwe van de zeven Weeën met twee maegden. — Engel, 44 hv. — De leden des broederschaps van het Heilig Sacrament met fakkels; koraelen, priesters, en te laetst het baldachin met het hoogwaerdige daeronder.

SUMMA, DUS — 1704 heldenversen.

Zedert 1837 zyn nog dry praelwagens by de processie gevoegd. De eerste rydt achter het avondmael; hy draegt : *het geloof, de vyf zinnen* en *verscheiden engelen*; die eene samenspraek van 120 heldenversen houden; de tweede volgt achter Petri berouw en draegt de dry goddelyke en de vier cardinale deugden, benevens nog verscheide maegdekens en een engelken met eene trompet in de hand; zy reciteeren te samen 120 heldenverzen. — De derde verbeeldt het graf des Heeren met eenen sprekenden engel, en verscheiden andere persoonen.

De penitenten dragen cilicien of hairen boetkleederen, die het geheele lyf bedekken en slechts twee gaten voor de oogen hebben; zy gaen allen blootvoets. De vrouwelyke penitenten zyn in een zwart gewaed gekleed en overige blootvoets gelyk de mannen. Niemand kan ze kennen en men beweert, dat de boetsluijer dikwyls zeer voorname persoonen, zoo uit Veurne zelf als uit de omstreken, bedekt.

Wat wy in deze processie te zien hebben, daerover zal de vriendelyke lezer niet meer in twyfel zyn; zy is een christelyk treurspel, een mysterium in zyn alderoudsten vorm, en het eenig verschil tusschen haer en de in de kerken gespelde stukken is, dat de persoonen hier wandelen en dat men, waer het te moeijelyk ware, eene scene door levende persoonen voortestellen, dezelve door figuren in hout verbeeldt. Of buiten de Veurnesche nog andere processien van dien aerd in Belgie bestaen hebben, weeten wy niet, doch dit is te veronderstellen. In Duitschland vindt er zich eene in het einde der XVe en begin der XVIe eeuw in de stad *Zerbst*. Den text van deze processie deelde Sintenis voor eenigen tyd in de Blätter für deutsches Alterthum mede; hy is veel beter, als die der Veurensche, die dikwyls in het belachelyke, ja in het absurde valt. Daerby komt nog, dat deze laetste verbeterd en vermeerdert is; men weet, hoe het meest met het verbeteren en het vermeerderen gaet en voor al by zulke werken. Het zoude eene hoogst verdienstelyke taek voor Van de Velde zyn, wilde hy opsporingen doen, om den origineelen text te vinden, en dit zoude hem, meenen wy, zoo veel moeite niet kosten.

Des avonds was natuerelyk bal en in het theater gaf père Courtois, « de koning van alle natuerkundigen Europa's », gelyk hy zich zelf noemt, in elk geval de koning van alle charlatans, eene buitengewoon brillante voorstelling van tooveryen, die echter zoo weinig tooverachtig waren, dat er het onbegrypelykste by bleef, hoe het publiek dien vent zien kon, zonder hem uittelachen.

Een bal champêtre verzamelde 's maendags de schoone wereld in den tuin des voorzitters der muzyk-maetschappy *Cecilia*, des yverigen Burgemeesters der stad, maer daer hebben wy weinig oudheidskundige opmerkingen kunnen maken en die weinigen zouden zelf niet wel in de Wodana passen. Het zelfde had plaets met een anderen bal champêtre, dien het muzykgezelschap *Apollo* des dyssendags in den lusthof van den heer den advocaet Brill gaf. Die lusthof grenst aen het *allée des Soupirs*, de hoofdpromenade der stad, maer ook zonder oudheidskundige waerde, wat nog al begrypelyk is.

Elders wordt eene kermis met den dyssendag gesloten, of ten hoogsten met den woensdag; in Veurne is het een ander geval, daer viert men ook nog den donderdag. Dat is zeker iets oudheidskundigs en wy mogen het daerom niet voorbygaen.

Donderdaegs des achternoens klimmen mannen en vrouwen, jongelingen en meisjes op groote boerenwagens en ryden alzoo naer het strand der zee. Daer wacht de speelman reeds; weldra begint er een dans op het mosselryke meerzand, en die houdt niet op tot aen den avond. — Hier werpen zich twee vragen op: Waerom heeft dit feest juist op den donderdag plaets? en waerom danst men juist aen de zee?

Wat de eerste dezer vragen aengaet, zoo kon daerby wel aen de oude viering des donderdags herinnerd worden. Ook begint te Keulen het beroemde karneval met den donderdag en viert men in vele plaetsen in Braband slechts kermiszondag, maendag en donderdag. Wy laten het aen de redaktie over, ons dit nader te verklaren en insgelyks ons de tweede vrage te beantwoorden.

Over onze terugreize hebben wy weinig te zeggen, hoewel zy buitenmaten aengenaem was; het eenigste onaengename was haer begin, de afscheid van onzen gastvryen waerd. Toch sluiten wy onze rhapsodie niet gaerne, zonder een verzoek aen den eenen of den anderen letter- of oudheidslievenden Nieupoortenaer te doen: Het zou ons namentlyk een groot genoegen baren, konden wy iets stelligers over het in Nieupoort zoo bekende *duivelsoor* weten; zoo men ons zeide, gaen er sagen om over dit plaetsjen. De redaktie der Wodana zal zonder twyfel voor narigten daerover immer een plaetsjen open hebben.

2 — 4.

KINDERSPELEN.

7. — AFTELLEN.
Bommela, bommela, pot,
De duivel zat in den wynpot,
Hy en wist niet, waer zyn moeder was;
Zyn moeder was in den hemel,
Beter als in den kemel.
Merteko van Vlaenderen
Had zoo gaerne spaenderen:
Poef, paf,
Eenen dikken, vetten vinger af.

8. — IDEM. VARIANTE.
De duivel, die in den wynpot zat,
Hy vroeg, waer dat zyn moeder was?
Zyn moeder was in den hemel,
Beter, als in den kemel,
Beter, als in een bonte koe,
Snip, snap, den hemel toe.

9. — IDEM.
Eunom, deunom, derf; quaterom, simson, serf; serf viole, dikkela mole; ennegat, pennegat; kruigat, muigat; ongeschoren; en klamintie blast den hooren; op de trommel en op de fluit; daermée is myn liedeken uit.

10. — IDEM.
Heudelom, deudelom, derf; sint keizers werf; werf violom; pikkela bolom; ennegat, pennegat, net bonaf.

11. — NALOOPEN. (Vergel. 2 en 5.)

Moerke, wat doede gy daer? —
« Vierken blazen. » —
Waervoor dat vierke? —
« Voor myn water te heeten. » —
Waervoor dat water? —
« Voor myn meskens te schaven? —
Waervoor die meskens?
« Voor alle de kieksjens den kop af te snyden. »

A. Van Swygenhoven.

12. — AFTELLEN.

Bommele, Rommele in den pot,
Waer is Klaes, en waer is zot?
Zot is in de val.
Wat doet hy daer?
Kaetren bal. (?)
Wat heeft hy daer verloren?
Alle bei zyn ooren.
Als hy te huis komt, hy zal wat hooren.
Pif, poef, paf,
Sla de koe den kop af.

13. — MEÊ OF NIET MEÊ.

Wanneer zich onder eenen hoop van kinderen te groote of te stoute bevinden, dan zondert men die op de volgende wyze af: twee van de oudste geven malkanderen de hand en de anderen moeten tusschen hun doorgaen. Komen beminde spelgenooten, dan heven zy de handen omhoog en laten ze onder uitspreken van *Meé* daeronder wegsluipen; maer komt een van die stouten, dan laeten zy de handen zinken en zeggen: *Niet mée.* Tegen dit veto is er geen appel.

14. — AJONKAERD.

Dit spel begint met aftellen. Wien het lot treft, die moet de anderen zoeken, die zich achter hoeken en kanten en zelfs achter de rokken hunner moeders verschuilen.

15. — KAERSJE ONDER DE BEEN.

Met de kermis danst men te Antwerpen om een kaersje of wel om eene geheele kroon somtyds wel van twintig. Dikwyls zet men al de kaersjes in eene lange ry en springt er over; maer dit werd in den laetsten tyd meer en meer verboden.

Om de kaersjes te kunnen koopen, vragen de kinderen van elk voorbygaenden een *kermisoortje*. Daerby zingen zy het navolgende liedje :

> Een oortje, om te vieren,
> Dat gaet met goêi manieren;
> Schiet eens in uwen zak,
> Dat gaet met goet gemak;
> En dan, mynheer, een oordje,
> Om kermis te houden, als 't u belieft.

16. — VERRUILEN.

Dikwyls verruilen kinderen hunne speeltuigen tegen andere van hunne makkers; deze verruiling is onwederroepelyk, wanneer daerby de volgende woorden uitgesproken worden :

> Trappeken op, trappeken nêer,
> Gy krygt myn leven uw ..... niet meer weêr.

17. — MEISJE IN DEN TOREN.

Een meisje gaet op hare knien tegen eenen muer zitten, en heft den bovenrok met beide handen op tot over het hoofd. Dan roepen de anderen :

 Ons lieve vrouwke van boven.
Het meisje vraegt :
 Wie staet er hier aen mynen toren ?
Een van de anderen :
 Mag ik er eenen steen aftrekken ?
Het meisje :
 Eene steen kan my niet letten.
De andere :
 Mag ik er dan wel twee aftrekken ?
Het meisje :
 Twee is te veel ; rydt er al met eenen door.

Dit wordt zoo lang herhaeld tot dat het meisje toestemt, twee steenen af te trekken. Vergel. Grimm K. M. II p. XVI, Konigstöchterlein.

18. — HEL EN HEMEL.

Op elke zyde der straet staen eenige kinderen ; de eene zyn in de hel, de anderen in den hemel. Dry andere wandelen op eene statige wyze over de straet : zy verbeelden Onzen Lieven Heer, Onze Lieve Vrouw en sinte Joseph. Keeren dezen voor eenen oogenblik den rug, dan komen de duivelen en trachten de engelen uit den hemel en tot zich in de hel te trekken ; de engelen bieden dapperen wederstand, maer dikwyls gaet het hun nog al slim en dan roepen zy : Glorie, glorie ! waerop de dry wandelende personaedjes toeschieten, en de engelkens van de duivelen verlossen. Elken keer echter loopen de laetsten met eenige van de engelen weg en dit duert zoo lang tot dat de hemel bykans ledig is en de hel triomfeert. Lucifer gaet dan op zyne beurt *met zyne vrouw* wandelen en de engelen, die nog in den hemel overbleven, vallen de hel aen en verlossen er hunne oude gezellen uit.

Brussel. M. J. T. VAN DER VOORT.

VOLKSRAEDSELEN.

1. Groen zyn de muren,
   Wit zyn de geburen,
   Zwart zyn de papen,
   Die in de kapellekens slapen.

2. Als ik was jong en schoon,
   Droeg ik een blauwe kroon;
   Als ik was oud en styf,
   Sloeg men my op myn lyf;
   Als ik was genoeg geslagen,
   Wierd ik van prinsen en graven gedragen.

3. Iete patiete in d'hagen,
   Iete patiete uit d'hagen,
   Als ge iete patiete pakt,
   Iete patiete byt.

4. Daer loopt een beestje langs den dyk
    Met zyn oogskens kykedekyk,
    Met zyn hairken krullendekrul,
    Gy zoudt het niet raden al wierd gy dul.

5. Daer is een stalen peerdeke
    Met een vlassen steerdeke;
    Hoe zeerder dat het peerdeke liep,
    Hoe korter dat zyn steerdeke wierd.

6. Daer stond een jufferken aen haer deur
    Met een schoon wit voorschootje veur,
    Hoe langer dat er 't jufferke stond,
    Hoe korter dat haer voorschootje wierd.

7. Hoog geklommen,
    Leeg gedaeld,
    Opengekloven,
    'T hert uit g'haeld.

8. Holder de bolder
    Liep over den zolder
    Met zyn muil
    Vol menschenvleesch.

9. 'T eëlste bloemeken plukt men niet;
    'T eëlste vogelken schiet men niet;
    'T eëlste hout vertimmert men niet.

10. Hoe ziet en hoe staet gy op my?
    Als ik niet had wat gaeft gy my?
    Nu dat ik wat heb
    En kan ik u niet geven;
    Maer bid God,
    Dat ik lang mag leven,
    En als ik niet meer heb
    Dan zal ik u wat geven.

11. Ik werp het over 't dak
   En ik houdt het in myn hand.

12. Ik leg het rood in 't water
   En neem het zwart er uit.

13. Ik leg het zwart in 't water
   En neem het rood er uit.

14. Vier zusterkens loopen en loopen altyd
   De eene achter de andere en krygen zich nooit [1].

A. VANDEVELDE.

VOLKSBYGELOOF.

52. Wanneer men eene koude rilling door al de leden voelt kruipen, wordt er gezegd: ze ryden over myn graf.

53. Als 't regent en 't zonneken schynt, dan is 't in de Helle kermis.

54. Twee messen over kruis leggen, voorspelt ongeluk.

55. Wanneer een kind in 't vuer valt, dan moet men, voor aleer het kind er uit te redden, het brood omkeeren, indien 't verkeerd ligt. Te Dendermonde en omstreeks maekt men met het mes een kruis op het brood.

56. Ongelukkig in 't spel, gelukkig in 't huwelyk. Meest op 't kaerten toegepast.

[1] Vergel. Zeitschr. für deutsch. Alterthum, III, blz. 25 en volg. Meer daerover in de naeste aflevering.

57. Hy heeft eenen mollepoot in zynen zak, zegt men van iemand die in 't spel wint.

58. Als de katten met hunnen rug naer het vuer zitten, zegt men : 't zal regenen.

59. Wie lang de koortse gehad heeft, moet om ze kwyt te geraken, eene stroowis aen eenen boom binden op het oogenblik dat de koorts op komt, en dan loopen tot dat de koorts af is.

60. 's Morgens druk, 's noenens geluk, 's avonds min, dat heeft de spinnekoop in.

61. Eenen stoel ronddraeijen, voorspelt gevecht.

62. De schippers beloven geen vleesch te eten op Paeschdag, om van onweder op zee bevryd te zyn.

63. Het kittelen van de palm der hand, beduidt slagen krygen.

64. Te Veurne wil men op een Vrydag geene dienstmaegd huren. Deze mag ook op geenen Vrydag in haren dienst treden.

65. Eenen dooden met de voeten, in steê van met het hoofd, vooruit, naer kerk of kerkhof dragen, is een schimp op het gedrag van den afgestorvene.

66. De persoon, naer wien op eene maeltyd de punt van een mes, dat met de sneê om hoog ligt, is gerigt, zal in dit zelfde jaer trouwen.

67. Twee persoonen, welke in gezelschap zynde, ten zelfden stonde, hetzelfde nieuws beginnen te vertellen, zullen te gelyk, id est, op 't zelfde tydstip trouwen.

68. Kokend schotelwater beduidt dat de persoon, welke de schotels wasschen moet, in geen zeven jaer zal trouwen.

69. Een meisje, dat haren halsdoek *scheef* omhangt, doet om eenen weduwenaer, id est, zou gaern eenen weduwenaer voor man hebben.

70. Gedertienen aen tafel zitten is akelig. Hy die alsdan onder den balk zit, is een verrader. Van de dertien, moet er in dit zelfde jaer een sterven.

71. Een meisje, dat haren koussenband verliest, laet weinig goeds nopens haer gedrag vermoeden.

72. Lammeren zien als men wandelen gaet, voorspelt goed. Verkens en kraeijen slecht. Kraeijen over het vaderlyke dak zien vliegen, slechte mare, ongeluk.

73. Pissebloemen. De kinderen blazen op de wolachtige stofjes welke op de bloembladjes volgen en vragen: Hoe oud zal ik worden? Zoo dikwyls als zy blazen kunnen zonder dat 't laetste stofje er afgevlogen is, zoo veel jaren hebben zy nog te leven. — Het maegdelyn vraegt: Ziet hy my gaern? Ja — een weinig — veel — niet. Het uitgesproken woord, wanneer 't laetste stofje wegvliegt, is het gevoelen dat zy in het hart van haren minnaer mag veronderstellen. Men handelt op dezelfde wyze met de pissebloem om te weten hoe laet het is.

74. Vele menschen, wanneer hun been, hunnen arm, hunne hand of hunnen voet *slapen*, maken met den duim er een kruis over, om de *zingelingen* te doen ophouden.

75. Andere, wanneer zy *geeuwen*, maken met den duim een kruis voor den mond, om dezelfde reden.

76. Wanneer een verdronkene door een bloedverwant aengeraekt wordt, begint hy uit den neus te bloeden.

77. De duiven hebben geen gal.

78. Men kapt de boomen by 't klimmen van de maen, om dat zy niet zouden *zweeten*, alias, om dat ze niet weder in hun sap zouden schieten.

79. Als de inden duiken, mag men zich aen slecht weder verwachten. Blaeskensregen voorspelt aenhoudenden regen. De regen zal spoedig ophouden, als de kiekens schuilen.

80. Eene tooveres kan van haren stoel niet meer opstaen, als eene vrouw haren trouwring verdokenweg onder denzelven weet te schuiven(1).

81. Als men het hair afsnyd en het op een vuer van groen hout verbrandt, dan zal het hair nooit meer groeijen.

82. Men werpe geen afgesneden hair op de straet; het kan door eene tooveres opgenomen worden en dan stond men in gevaer, want die kan er door betooveren.

83. Als iemand niest en het zegt niemand, God zegent u, dan heeft eene tooveres magt, van dien, die nieste, te betooveren.

84. Verliest eene vrouw haren trouwring, dan zal zy spoedig door den dood of anderzins van haren man gescheiden worden.

85. Men geve geen mes of scheer aen eenen vriend; de liefde word er door afgesneden.

86. Kinderen mogen niet in een wagenspoor wateren; zy krygen er roode oogen van.

87. Men drage geen doodsbeen van het kerkhof met zich naer huis; de doode zoude zoo lang u plagen, tot dat gy het op zyne plaets terug dragt.

88. Werpt men een mes op de tafel en het valt toevallig op den rug, dit beteekent eene aenstaende bruiloft.

89. Als de priester in de mis zich omkeert en orate fratres zegt, dan sluit hy de oogen dicht om de tooveressen niet te zien, die dan al met den rug naer het autaer gekeerd staen.

90. Gloeit een sprankje gelyk een starretje onder aen de wiek der brandende kaers, dit voorspelt onverwacht nieuws.

(1) No 52—80, zyn medegedeeld door Jaek Van De Velde.

91. Als er verscheidene zulke sprankjes rond de vlam stralen en gelyk eenen krans vormen, dan zal men triomf over zyne vyanden hebben.

92. Wil men den duivel bezweeren, dan moet er licht branden; in het donker gesproken, hebben de woorden geene kracht [1].

93. De sterren zyn gaten in het welfsel van den hemel en de engelen kyken er door.

94. Als een meisjen geene honden lyden mag, zal zy nooit eenen goeden man verkrygen.

95. Vrouwen mogen niet fluiten, onze Lieve Vrouw die wynt er over.

96. Putant, contra sterilitatis maleficium vel odii inter coniuges prodesse, si quis nidum avium inveniens, capiat ipsam cum pullis matrem.

97. Obstetrices per nodulos umbilico et secundinis adhaerentes coniiciunt, quoties puerpera sit postmodum paritura.

98. Si quis febri laboret, iubent prorsus nudum se soli exorienti opponere ac simul certo numero dominicas orationes et salutationes angelicas recitare.

98. Sancti Lupi libum pinsunt hoc ritu : Coquunt libum triangularem praetexto SS. Trinitatis honore et ei quinque foramina imprimunt in memoriam vulnerum Christi; postea in S. Lupi honorem libum dant in eleemosynam primo mendico non ex proposito, sed ignaro et fortuito occurrenti; sic arbitrantur, armenta gregesque sola in pascis a lupis invadi non posse. Frequens est hoc usus in pagis prope Thenas et Lovanium.

99. Imagines sanctorum in aquam mergunt pro pluvia obtinenda.

---

[1] N° 81—92 zyn medegedeeld door Mevr. Courtmans.

100. Ceram vel aliam sanctis offerunt materiam, illi immiscentes capillos hominis vel pilos animalis aegri.

101. Superstitiosum est, portare crucem circumquaque per campos in vere contra tempestates. (Delrio 936).

102. Est enim apud nostrates hactenus magna superstitione servatum, ut ad divi Joannis Baptistae festum in ipsa praesertim vigilia omnes se herbis cingant et obvinciant non aliam ob causam, ut aiunt, quam ut incantationibus et fascinis et lemuribus toto anno securi vivant. (Gorop. orig. Antw. 595).

BERIGT.

De gunstige wyze, waerop het publiek de *Wodana* en het *Grootmoederken* ontvangen heeft, stelt my in staet nu reeds den prys te verminderen. Dat de inhoud daerom niet min belangryk blyft, zal men uit deze tweede aflevering zien; ook hebben my de meest bekende onzer vlaemsche schryvers en verscheide hollandsche geleerden hunne medewerking toegezegd. En, om op elke wyze, te toonen dat men noch moeite noch kosten spaert, zullen de volgende afleveringen der Wodana ieder met ten minsten dry platen versierd worden.

De buitengewoone vriendlyke hulp en krachtige deelname, waermede de gebroeders H., A. en J. Vande Velde myn tydschrift ondersteund hebben, bewogen my de namen dezer heeren als medeuitgevers op het titelblad te plaetsen. De bydragen kunnen dus zoo wel aen hen als aen my toegezonden worden.

Voor wat de *commercieele correspondentie* aengaet, daermede is de heer A. Vande Velde te Gent, klein Onderbergen N° 7, gelast, aen wie men dus de aenvragen kan doen om inschryvingen of afleveringen te bekomen.

J. W. WOLF.

Van de eerste aflevering zyn er slechts nog een klein getal exemplaren voorhanden.

De Wodana word ook uitgewisseld tegen andere tyd-en jaerschriften van geleerde maetschappyen.

VOOR DE INSCHRYVERS zyn de pryzen de volgende :

Voor de Wodana.	1e aflevering.	fr. 3-00
	2e »	» 2-00
	3e »	» 2-00
	4e »	» 1-00
Voor het Grootmoederken,	1e aflevering.	fr. 2-50
	2e »	» 1-50
	3e »	» 1-00
	4e »	» 1-00

Buiten de inschryvingen kost elke aflevering der Wodana fr. 3-00 en van het Grootmoederken fr. 2-50.

N. B. De volgende afleveringen zullen regelmatig van dry tot dry maenden verschynen.

By F. A. Brockhaus, in Leipzig, is verschenen:

Niederländische Sagen. Gesammelt und mit Anmerkungen begleitet herausgegeben von Johann Wilhelm Wolf. Mit einem Kupfer. XXXVIII en 708 blz. . . . . Prys fr. 12 00

(Depots voor Belgien by C. Muquardt in Brussel, Hoste in Gent; voor Holland by Averdonk in Rotterdam.)

Te bekomen by C. Annoot-Braeckman, te Gent:

Verslag over de Verhandelingen ingekomen bij het staetsbestuer van Belgie, ten gevolge der Taelkundige Prijsvraeg voorgesteld bij koninglijk besluit van den 6 September 1836. Uitgegeven op last der commissie benoemd om dezelve verhandelingen te beoordeelen, door J. H. Bormans. een deel in-8°. Prys fr. 10 00

Annales Abbatiæ Sancti Petri Blandiniensis, edidit R. D. F. Vande Putte, in-4°. . . . . » 8 00

Notice sur la Cheminée de la Grande Salle d'Assemblée du Magistrat du Franc de Bruges, par F. De Hondt, in-8°. . . . » 2 50

Anna ou l'Aveugle Sourde-Muette, par l'abbé Carton, in-8°. . » 2 00

Documents pour servir à l'Histoire des Bibliothèques de Belgique, par A. Voisin, in-8°. . . . . » 10 00

Godfried of de Godsdienst op 't Veld, door P. Van Duyse, in-12. » 2 00

Edouard III, Roi d'Angl. en Belgique, par O. Delpierre, in-8°. » 3 00

Mémoire sur les Forestiers de Flandre, par D. Loys, in-8°. . » 1 50

Guide de Gand, ou Précis de l'Histoire Civile, Monumentale et Statistique des Gantois, par A. Voisin, *sur grand papier*. . . » 5 00

Le même ouvrage, petit format . . . . » 2 50

OEuvres Complètes de J. J. Raepsaet, 6 vol. in-8° avec portrait » 36 00